Ningbo Shehui Zhili Chuangxin Yanjiu

宁波社会治理创新研究

李宜春 / 著

ZHEJIANG UNIVERSITY PRESS
浙江大学出版社

图书在版编目(CIP)数据

宁波社会治理创新研究 / 李宜春著. —杭州:浙
江大学出版社,2017.9
ISBN 978-7-308-17358-2

Ⅰ.①宁… Ⅱ.①李… Ⅲ.①社会管理－体制创新－
研究－宁波 Ⅳ.①D675.53

中国版本图书馆 CIP 数据核字(2017)第 211660 号

宁波社会治理创新研究

李宜春 著

责任编辑	杨利军	
文字编辑	孙 鹂	
责任校对	沈巧华 韦丽娟	
封面设计	春天书装	
出版发行	浙江大学出版社	
	(杭州市天目山路 148 号 邮政编码 310007)	
	(网址:http://www.zjupress.com)	
排 版	浙江时代出版服务有限公司	
印 刷	杭州日报报业集团盛元印务有限公司	
开 本	710mm×1000mm 1/16	
印 张	18.5	
字 数	322 千	
版 印 次	2017 年 9 月第 1 版 2017 年 9 月第 1 次印刷	
书 号	ISBN 978-7-308-17358-2	
定 价	49.80 元	

版权所有 翻印必究 印装差错 负责调换

浙江大学出版社发行中心联系方式 (0571)88925591;http://zjdxcbs.tmall.com

序　言

　　党的十八大报告指出,加强社会建设,必须加快推进社会体制改革。要围绕构建中国特色社会主义社会管理体系,加快形成党委领导、政府负责、社会协同、公众参与、法治保障的社会管理体制,加快形成政府主导、覆盖城乡、可持续的基本公共服务体系,加快形成政社分开、权责明确、依法自治的现代社会组织体制。党的十八届三中全会通过的《中共中央关于全面深化改革若干重大问题的决定》指出,创新社会治理体制,改进社会治理方式。坚持系统治理,加强党委领导,发挥政府主导作用,鼓励和支持社会各方面参与,实现政府治理和社会自我调节、居民自治良性互动。

　　如何以治理理念为指导,总结社会治理创新的经验,对宁波社会治理创新进行思考,是本著的主要研究内容。

　　社会治理创新,是一个近年来热门的话题。如何做到研究的创新,是作者一直以来思考的问题。本著从统筹与多主体互动的角度,从体制创新的角度,研究宁波社会治理创新的问题,力求创新之处如下。

　　一是社会治理"多主体互动"概念的提出。治理理论启发我们可以从社会治理多主体互动的角度思考社会治理体制创新问题。这是一个较为新颖而独特的视角。社会治理的主体大致包括公权力体系、社会组织、社区与村自治组织、公民个体等。在目前阶段,我国公权力体系中的各级党组织在社会治理中居于领导核心地位,与其他主体之间是领导与被领导的关系。因此,把社会治理的主体表述为"多主体互动"比表述为"多元主体"等更为确切。

　　二是对目前社会治理体制的统筹性特征的分析。本著具体分析了社会治理体制所带有的鲜明的统筹性质。这种统筹性不仅体现在党组织对其他主体的统筹协调作用上,还体现在治理技术等许多方面。

　　三是对社会治理综合平台建设问题的专章探讨。这类平台既是社会治理多主体互动的载体,同时又是社会治理体制带有统筹性的重要表现。

　　四是对农村社会治理体制的新认识。鉴于村民委员会的自治性质,以及乡镇党委属于党的基层组织(而非像省、市、县委那样属于党的一级地方组织)的性质,本著指出,在表述农村社会治理体制时,不便简单套用"党委领导、政府负责、社会协同、公众参与、法治保障"这一表述,而要做深入探讨。

　　五是独特的章节逻辑展开。第一章是理论分析,从一般的治理理论演绎出社会治理"多主体互动"的概念。第二章是探讨社会治理体制的统筹性,以及公权力体系这一主体的作用。第三章至第七章则是对于某一类主体的侧重。通篇体现"多主体互动"这一理念的核心精神和"统筹性"这一社会治理体制的重要特征,做到逻辑顺畅,气韵贯通。鉴于公权力在社会治理综合平台建设中具有主导地位,因此,第三章是关于社会治理综合平台建设的研究。第四章是关于社会组织创新的研究。第五章关注社区建设,重点探讨市区街社体制创新以及社区自身建设问题。第六章探讨"三社联动",涉及社会组织、社区、社会工作者、义工等多主体互动问题。第七章是从村民委员会这一自治组织入手,研究农村社会治理体制创新问题。

　　我近年来侧重于对行政体制创新的研究,形成了一些科研成果。① 2013年,作为宁波市社会治理创新研究基地首席专家,我组织申报了宁波市社会科学研究基地——宁波基层社会治理研究基地。基地的首轮课题研究完成后,形成一部由我负责的专著——《统筹与扁平化:宁波行政体制创新研究》。基地第二轮课题立项的内容包括一部专著——《统筹与多主体互动:

----

　　①　如论文:《关于我国行政机关的"行政首长负责制"》《政府部门党组制度与行政首长负责制》《论分权背景下的中国垂直管理体制》(《经济社会体制比较》),《机构改革与部委管理的国家局》《政府管理层级体制改革的实践与思考》《"扩权强县"与政府层级管理体制创新》《试论地方党政领导职数与分工问题》(《中国行政管理》),《新型组织理论与组织、体制创新研究》《民间创新是社会创新体系的基础》《地方党政领导体制创新初探》(《中共青岛市委党校学报》),其中《地方党政领导体制创新初探》又被人大书报资料中心《中国政治》复印),《论中外中央决策(统筹)支持体制》(《当代世界与社会主义》),《健全涉农工作统筹体制的经验与启示》(《新视野》)等。博士后出站研究报告:《安徽省行政管理体制创新研究》(2007年)。

宁波社会治理体制创新研究》，由我负责；两份决策建议稿——《宁波社会组织创新研究》《宁波农村社会治理体制创新研究》，分别由宁波工程学院吴玉霞副教授、高聪颖博士负责；四篇调研报告——《宁波社会治理统筹体制创新研究》《宁波社会治理综合平台建设创新研究》《宁波市区街社体制创新与加强社区建设研究》《宁波"三社联动"促进社会治理创新研究》，分别由宁波工程学院王震副教授、徐静副教授、王恩燕博士、尹辉博士负责。在首席专家的指导下，决策建议稿和调研报告顺利完成，并为专著提供了必要的材料和观点补充。作为专著负责人，我对此深表感谢。

国家行政学院政治学教研部原主任、北京大学政府管理学院博士生导师许耀桐教授，中央编译局翻译部主任、国家首批"哲学社会科学领军人才"入选者杨雪冬研究员，宁波工程学院苏志刚书记、吕忠达校长、陈方猛副书记、冯杰副书记、鲍吉龙副校长等校领导，宁波工程学院原校长、宁波市社会治理创新研究基地主任高浩其，宁波市社科院（社科联）院长（主席）陈利权、副巡视员俞建文、社会发展研究所所长史斌、科研处副处长谢国光，中共宁波市委政策研究室党建社会处处长唐唯，国家行政学院科研部胡仙芝研究员，中国青年政治学院公共管理系高旺教授，宁波大学法学院赵永红副教授，以及浙江大学出版社吴伟伟编辑、孙鹏编辑等，对专著的形成提出过中肯的建议和意见，我在此深表感谢。

宁波市委政法委员会，宁波市综合治理办公室，市民政局，市发展和改革委员会，慈溪市人民政府，象山县委组织部，以及深圳市委组织部、广东省佛山市编制委员会办公室等部门和单位，也对我们的调研工作给予了大力支持，我在此谨表感谢。

由于水平有限，书稿中对有些领域的论述显得有些笼统、粗浅，这是在今后研究中要继续完善和不断努力的地方。

宁波市社会治理创新研究基地首席专家
宁波工程学院中国东海研究院常务副院长
李宜春教授
2017 年 8 月

目　　录

第一章　多主体互动视野下的社会治理

本章的主要内容是阐述有关治理理论,并提出社会治理的"多主体互动"这一概念。

一、治理理论与实践

党的十八届三中全会把"推进国家治理体系和治理能力现代化"与"完善和发展中国特色社会主义"并列为全面深化改革的总目标,不仅首次提出"国家治理"概念,而且在《中共中央关于全面深化改革若干重大问题的决定》中共 24 次提到"治理"一词,并进行多种表述,如国家治理、政府治理、社会治理、社区治理、治理体系、治理能力、治理体制、治理结构、治理方式、系统治理、依法治理等,表明"治理"正式进入国家话语系统。

(一)从传统管理模式到新的治理模式

西方传统的治理模式,是为了适应工业社会的政府组织模式而建立的。它以威尔逊(Wilson)、古德诺(Goodnow)和罗纳德·怀特(White)的政治—行政二分法为基础,以马克斯·韦伯(Weber)的科层官僚制为基本框架,是19 世纪以来西方各国公共行政的主导范式。马克斯·韦伯抽象出了公共行政的工具理性原则,对公共行政的体系进行了明确的形式合理性设计,核心是适应行政发展需要而形成的基于明确的技术化、理性化和非人格化的权威型层级管理体制。①

传统的政府管理模式具有保持组织一致性和连续性的作用,有助于提高机械效率和促进组织的技术理性,但也具有明显的不足:不利于民主参与;官僚制的过分刚性,缺乏灵活性;官僚体系由于膨胀丧失原来的效率优势。随着工业化社会向后工业社会的转变,这种模式受到挑战。

新的政府治理模式,是在对传统管理模式的批判和修正的过程中建立起来的,也是伴随着新公共管理的兴起而提出的。较有影响的主要有以下几种。

1. 戴维·奥斯本(Osborne)和特德·盖布勒(Gaebler)的"企业化政府"模式

该模式于 20 世纪 90 年代初提出,代表了新公共管理的核心理念,核心是公共管理的自由化和市场化取向。基本原则是:催化的政府,"掌舵"而不是"划桨";社区所拥有的政府,授权而不是服务;竞争性的政府,将竞争机制引入服务的供给之中;使命驱动的政府,转变规则驱动的组织;结果导向的政府,关注的是结果而不是投入;顾客驱动的政府,满足顾客的需要而不是满足官僚机构的需要;有事业心的政府,有收益而不只是开支;有预见的政府,预防而不是治疗;分权化的政府,从层级节制的等级制到参与和协同;市场导向的政府,通过市场的杠杆作用来调控变化。

2. E. 费利耶(Ferlie)的"四种"模式

英国学者费利耶认为在当代西方政府改革运动中,至少出现了四种新模式:一是效率驱动模式,代表了将私人部门管理方法引入公共部门管理的尝试,强调公共部门与私人部门一样要以提高效率为核心;二是小型化与分权模式,特征是组织的分散化和分权,加强组织的灵活性;三是追求卓越模式,强调价值、文化、习俗和符号等的作用,强调组织文化、组织学习和组织发展;四是公共服务取向模式,关心提高服务质量,强调产出价值,但同时注

---

① B. 盖伊·彼得斯(Peters)把传统的政府管理模式的基本特征概括为:(1)设想一个政治中立的公务员制度,这个概念是与"政治—行政二分法"和"权限中立"等概念相关联的,其基本思想是指公务员不应该有明显的政治倾向;(2)实行层级和规章制度式管理;(3)政府内部组织的永久性和稳定性,公务员通常被看作是一种终身职业;(4)制度化的公务员制度,是指应该建立一个制度化的公务员制度,并把它当作一个法人团体来进行管理;(5)内部管理制,公务员应该毫不迟疑地接受和响应其名义上的政治家发布的政策命令;(6)平等,主张公务员处理公务时应秉公运用法规,平等对待所有顾客。

重私人管理方式的应用。

3. B. 盖伊·彼得斯（Peters）的"政府未来的治理"（The Future of Governing）模式

一是市场式政府，相信市场是资源配置的最优方式，而政府的自利倾向不可避免，所以要破除政府垄断和引入市场机制，分散决策和政府执行权力；二是参与式国家，倾向于建立更强的民主机制来向政府传达信号，更为关注较低阶层的员工和组织的服务对象，公共组织的结构应该更为扁平，可以建立新的机构以弥补传统政府的不足；三是弹性化政府，指政府有应变能力，能够有效回应新的挑战，可以不断撤销现有组织，避免组织僵化；四是解制型政府，本质是用其他的控制形式来代替法令规章的控制，解除部分政府管制领域的内部控制，使公共部门更有效率，公共利益可以通过一个更积极、束缚较少的政府来实现。

4. "网络治理"模式

为了实现与增进公共利益，政府部门、私营部门、第三部门和公民等众多主体彼此合作，在相互依存的环境中分享权力，共同管理公共事务。核心理论包括：网络结构将成员组织各自的核心优势进行主动优化、选择搭配，使得成员组织相互之间以最合理的结构形式结合成一个优势互补、相互匹配的有机体，收到"1＋1＞2"的整体协作效应；网络治理结构中的每个结点都有能力和动机相互合作，都能在不断的互动、协作中获取"网络利益"，从而实现自身利益的最大化；信息结构从传统的纵横方向向网络化、交互化方向转化，各个结点都能在网络上适时获得所需的各种信息。

5. 珍妮特·V. 登哈特（Denhardt）和罗伯特·B. 登哈特提出的"新公共服务"（New Public Service）模式

这是针对"企业家政府"理论的批评而建立的一种新的公共行政理论。它本质上是对新公共管理理论的一种扬弃，提出和建立一种更加关注公民价值和公共利益、更加适合于现代公民社会发展和公共管理实践的新的理论。新公共服务的主要观点是：服务于公民，而不是服务于顾客，强调在公共行政人员和公民之间建立一种协作与信任关系，而不是对顾客或消费者的消费做出反应；公共利益是目的，而不是副产品，重新肯定公共利益在政府服务中的中心地位，社会愿景的核心是广泛的公共对话；重视公民权胜过重视企业家精神，公共行政官员要与人民分享权力，重视人民和第三部门的作用和地位，重新定位管理者为负责任的参与者而非企业家；战略的思考，民主的行动;满足公共需要的政策和项目可以通过集体努力和合作过程得到最有效并且最负责的实施;公务员除了应该关注市场,更应该关注法律、价值、规范和公民利益;政府的职能是"服务",而不是"掌舵";政府不再是直接提供公共服务,而是作为中介者和调停者,等等。①

上述新的公共治理理论,都呈现出这样的共同特点:在一个民主的变革的时代里,政府组织、私人组织和第三部门等之间的关系格局呈现出了多中心与网络化的趋势。企业化政府模式要求公共服务的民营化和市场化,西方国家在公共服务领域进行了多元化调整,打破政府垄断公共物品供给的局面,进一步提高了政府的绩效。效率驱动模式和市场式政府模式,也是民营化的代表模式。同时,网络治理模式、彼得斯的参与式国家模式和登哈特的新公共服务模式等认为,治理固然要追求绩效,而更重要的则是体现民主、公平和参与等价值观。

(二)治理的含义

治理(governance)是相对于传统的统治(government)而言的。治理理论的提出和兴起,与经济全球化、行政国家的困境以及行政改革的世界潮流密切相关。"治理"概念最早出现于 1989 年的世界银行报告中,此后逐渐被发展为一个内涵丰富、适用广泛的理论,并在许多国家得到运用,拥有了理论框架和逻辑体系,形成了一套评估社会发展和管理优劣的价值标准。②

---

① 此外还有 20 世纪 90 年代末期詹姆斯·N. 罗西瑙(Rosenau)的全球治理(Global Governance)模式。他用"没有政府的治理"来概括这样一种新的国际事务治理方式,将全球治理定义为"在国际政治领域中一系列活动领范围内的管理机制,它们虽未得到正式授权,却能有效发挥作用"。其内容包括:全球治理的价值是超越国家、种族、宗教、意识形态和经济发展水平之上的全人类的普世价值;全球规制是维护国际社会正常的秩序,实现人类普世价值的规则体系;全球治理的主体是制定和实施全球规制的组织机构,包括政府、政府间组织和公民社会组织;全球治理的对象是影响全人类的跨国性的全球公共问题;全球治理的绩效体现为国际规制的有效性。

② 国外对于治理理论有影响的主要学者和作品有:《世界银行 1992 年度报告》、詹姆斯·N. 罗西瑙的《没有政府的治理——世界政治中的秩序和变革》、R. 罗茨的《新治理·没有政府的统治》、盖伊·B. 彼得斯的《政府未来的治理模式》、E. 费利耶的《行动中的新公共管理》、埃利略·奥斯特罗姆的《公共事务的治理之道》、莱斯特·M. 萨拉蒙的《全球公民社会——非营利部门视界》和《政府工具——新治理指南》、吉尔斯·佩奎特的《通过社会学习的治理》、格里·斯托克的《作为理论的治理:五个论点》、沃尔特·基克的《管理复杂网络:公共部门的行动战略》。国内有影响的学者和作品有:俞可平的《治理与善治》、毛寿龙的《西方政府的治道变革》等。

全球治理委员会在 1995 年的《我们的全球伙伴关系》一文中认为,治理是各种公共的或私人的个人和机构管理其共同事务的诸多方式的总和。它是使相互冲突的或不同的利益得以调和并且采取联合行动的持续的过程。

治理理论创始人詹姆斯·罗西瑙认为,治理是一种内涵极为丰富的现象,既包括政府机制,也包含非正式、非政府的机制。治理是一系列活动领域里的管理机制,它们虽然未得到正式授权,却能有效发挥作用。

格里·斯托克(Stroke)概括了对于治理的五种主要观点:治理意味着一系列来自政府但又不限于政府的社会公共机构和行为者;治理意味着在为社会和经济问题寻求解决方案的过程中存在着界限和责任方面的模糊性;治理明确肯定了在涉及集体行为的各个社会公共机构之间存在着权力依赖;治理意味着参与者最终将形成一个自主的网络;治理意味着办好事情的能力并不仅限于政府的权力,不限于政府的发号施令或运用权威。

罗伯特·罗茨(Rhodes)认为,治理既涉及公共部门,也包括私人部门,它是一种持续的互动,而不是一种正式的制度,至少有六种不同的定义。一是作为最小国家的治理。重新界定公共干预的范围和形式,利用市场或准市场的方法来提供公共服务,以削减开支。二是作为公司治理的治理。三是作为新公共管理的治理。公共部门是"更小的政府"和"更多的治理",关心竞争、市场以及结果。四是作为"善治"的治理,是指一种有效率的、开放的、负责的并且被审计监督的公共服务体系。五是作为社会——控制论系统的治理。治理是互动式的社会——政治管理方式的结果。六是作为自组织网络的管理。治理是建立在信任和互利基础上的社会协调网络。

毛寿龙教授在《西方政府的治道变革》一书中把 governance 翻译成"治道",是在市场经济条件下政府如何界定自己的角色,如何运用市场方法管理公共事务的道理。治道变革指西方政府如何适应市场经济有效运行的需要来界定自己的角色,进行市场化变革,并把市场制度的基本观念引入公共领域,建设开放而有效的公共领域。

综上所述,治理理论具有如下一些特征。一是对国家权力中心论的超越。国家已不再享有唯一的统治权威,这种权威是各主体共同分享的。二是对传统管理方式的超越。民主协商和谈判更多地取代正式的强制性的管理。三是各个治理主体以互信、互利为基础,以相互依赖为特征,追求共同利益,实现社会发展和公共利益最大化。总之,治理不是一套规则条例,也不是一种活动,而是一个过程,有赖于主体间的持续的相互作用;治理的建立不以支配为基础,而以调和为基础;治理同时涉及公、私部门。政府在治理过程中不是以权威的身份参与治理,而是以与其他团体、公民平等的身份去参与,协商合作,共同治理。治理根本特征是自愿性、一致同意、责任性和公开性、透明性。

与治理概念有关的,则包括如何达成治理的多主体化,如何处理主体间的责任界限,如何更好实现主体间权力的互动,如何建立自主自治的网络体系,如何重新界定政府作用的范围及方式,等等。

(三)多中心治理、整合治理、数字治理与善治

治理的理念与模式,具体有多中心治理、公民治理、数字治理、网络治理、整体治理等。

多中心治理理论由以奥斯特罗姆(Ostrom)为代表的制度分析学派提出。单中心意味着政府作为唯一的主体对社会公共事务进行排他性管理;多中心则意味着在社会公共事务的管理过程中,并非只有政府一个主体,而是存在着包括中央政府单位、地方政府单位、政府派生实体、非政府组织、私人机构以及公民个人在内的许多决策中心,它们在一定的规则约束下,以多种形式共同行使主体性权力。这种主体多元、方式多样的公共事务管理体制就是多中心体制。多中心的治理结构,要求在公共事务领域中国家和社会、政府和市场、政府和公民共同参与,结成合作、协商和伙伴关系,形成一个上下互动,至少是双向度也可能是多维度的管理过程。

多中心治理以自主治理为基础,允许多个治理中心并存、竞争和协作,从而为公民提供更多的选择和更好的服务。通过承认公共产品的多个提供者、处理者,多中心治理理论巧妙地处理了国家治理中的国家与社会、政府与企业等多重关系,并提出了政府治理的改革要求。多中心治理理论也为民主治理预留了更大的空间。

治理机制越来越多样化,这也是多中心治理的一个结果。传统政府的公共管理模式,由于主体是单一的,其管理机制也是单一的。与这些传统治理主体比起来,社会组织在参与政府治理时更多表现出自治原则,体现出社会的自我管理。在这个开放的体系当中,公民一般会遵循权利的原则成为治理的主体。

整合治理也成为当代西方治理的一个重要模式。与新公共管理强调竞争不同,整合治理强调合作与协调。原有的科层治理存在着比较明显的整合缺陷,新公共管理主张的竞争性治理也是强调各要素之间的竞争关系,而

忽视协调性。当代西方的治理模式则越来越强调整合,试图通过全面的协调,突出整体性,弥补原有治理体系的破碎化格局。

信息技术的发展使得数字治理成为可能。在新公共管理的基础上,数字治理强调将原来新公共管理的分割单元进行重新整合,从而能够更好地体现出以需要为基础的整体主义。这种整体主义的改革强调政府部门和公民的整体关系,使政府管理机构更加包容;但同时,又要做到政府结构扁平化、沟通便捷化、管理网络化,并通过流程重组来优化这些要素的配置。帕特里克·登列维(Patrick Dunleavy)等通过对美国、英国、澳大利亚、新西兰等发达国家的实证考察,甚至认为新公共管理已经终结,开始欢呼数字治理。

很多学者和组织又提出"元治理""健全的治理""有效的治理"和"善治"等概念。其中善治理论最具影响力,几乎可与治理同义。治理虽具有价值色彩,但更多地带有工具理性特征。而善治则赋予治理理论更多的价值色彩。善治重视参与、透明和负责任;善治也应该是有效率的和公平的,而且能促进法治。善治确保政治、社会和经济的优先发展是建立在一个社会的广泛共识基础上的,而且确保一个社会在分配决策过程中,能听见最穷和最弱势人群的声音。俞可平教授则将善治理论总结为十个基本要素:一是合法性,即社会秩序和公共权威被自觉认可和服从的性质和状态;二是法治,即法律是公共政治管理的最高准则,在法律面前人人平等;三是透明性,即政治信息的公开;四是责任性,即管理者应当对自己的行为负责;五是回应,即公共管理人员和管理机构必须对公民的要求做出及时的和负责的反应;六是有效,即管理者应当有很高的效率;七是参与,即公民广泛的政治参与和社会参与;八是稳定,即国内的和平、生活的有序、居民的安全、公民的团结、公共政策的连贯等;九是廉洁,即政府官员奉公守法,清明廉洁;十是公正,即不同性别、阶层、种族、文化程度、宗教和政治信仰的公民在政治权利和经济权利上的平等。

可见,善治概念使得治理不仅关涉到谁治理和如何治理的工具性,而且也对治理效果有了价值评价目标,使治理理论的工具性和价值性相统一的特征更加明显:治理必定是政府、公民社会和私人部门三方的合作互动,善治所涉及的主要价值必定包括民主、人权、法治、平等、透明、负责任等基本内容。

二、社会治理的多主体互动结构

(一)一元化领导体制与影响

"元",在汉语中的含义十分丰富,其中包括开始、开端,如东汉许慎《说文解字》:"元,始也。""元"还有根本、根源的意思,如北宋司马光《资治通鉴·齐明帝建武三年》:"夫土者,黄中之色,万物之元也。"一元,即指有一个根本、根源,其他的因素则处于从属地位;多元,即指诸多因素地位平等。而一元化领导,多是指存在一种支配、领导地位的力量。党的一元化领导,则是指同一层次各个不同性质的组织和领导机关都要接受同级党组织的统一领导。

1.1949 年以前一元化领导体制的演变

苏联共产党在 20 世纪 20 年代逐步形成一元化领导体制。中国共产党成立后,特别是在土地革命时期的各革命根据地内,一直实行着这种体制,只是比较松散。一元化领导体制正式确立于抗日战争相持阶段的 1942 年 9 月。中共中央认为,当时在党内还存在着一些不协调的现象,主要是宗派主义、分散主义、山头主义、本位主义,如有的以各种理由对中央指示执行不力,严重者甚至造成重大损失;有的闹宗派、搞山头,严重者影响到一方、一地的团结和工作;还有一些地区在一些事关全局问题的宣传上违背党的政策和中央的指示①,给中央造成被动,等等。中央感到改变原有的中央和各根据地领导体制的迫切性。

1942 年春,中共中央决定在全党普遍地开展整风运动。同年 9 月,中共中央政治局讨论通过《关于统一抗日根据地党的领导及调整各组织间关系的决定》(以下简称《决定》),开始确立一元化的领导体制。

《决定》明确,"党是无产阶级的先锋队和无产阶级组织的最高形式,它应该领导一切其他组织,如军队、政府与民众团体。根据地领导的统一与一元化,应当表现在每个根据地有一个统一的领导一切的党的委员会(中央局、分局、区党委、地委),因此,确定中央代表机关(中央局、分局)及各级党委(区党委、地委)为各地区的最高领导机关,统一各地区的党政军民工作的领导"。这样,党的委员会(中央局、分局、区党委、地委)是各地区实行一元

---

① 中央档案馆.中共中央文件选集:第 13 册[M].北京:中共中央党校出版社,1991:111.

化领导的机构,各级党委是该地区党政军民的统一的领导机关。党的领导一元化,即关乎同级党政军民各组织的相互关系,也关乎上下级的相互关系,必须严格执行下级服从上级、全党服从中央的原则。

根据地方政权的"三三制"规定,共产党员在抗日民主政权中是少数。《决定》对如何实现党对"三三制"政权和群众团体的领导做了规定,要求党对政权系统的领导应是有原则的、政策性的、大政方针的领导,只能经过自己的党员和党团的说服与政治工作,党团必须服从同级党委,党委及党的机关无权直接命令参议会及政府机关。同样,党对民众团体的领导要经过自己的党员及党团来实现,《决定》要求必须纠正党民不分、包办、清一色的现象。邓小平在1941年撰写的《党与抗日民主政权》一文专门论述了在一元化领导体制下,如何贯彻执行"三三制"问题。他说,党对政权的领导"主要从依靠于我党主张的正确,能为广大群众所接受、所拥护、所信赖的政治声望中去取得"。他提出党对抗日民主政权的正确领导原则"是指导与监督政策",即"党的领导责任是放在政治原则上,而不是包办,不是遇事干涉,不是党权高于一切"。①

而为了有效地实现对这些群众团体的领导,中共中央先后调整了工、青、妇的工作机构和领导机构,通过这些专门机构直接指导这些群众团体的工作,在各个斗争的关口,及时发出工作指示,实施指导。

一元化领导体制的确立,实现了党中央对各根据地的有效领导,各根据地也逐步形成了更加有效的工作机制,为党在抗日战争、解放战争中取得胜利起到了积极的推动作用。②

2. 中华人民共和国成立后对领导体制的探索

随着中华人民共和国开始全面转入和平建设,中国共产党如何实行正确而有效率的领导,是一个需要进行探索的新课题。刘少奇在1955年指出,"关于党委组织机构和如何领导、如何工作问题,省委、县委以至中央都还没有完全解决","这就是工作重心变了,过去搞革命,现在搞建设。因之

---

① 邓小平. 邓小平文选:第1卷[M].北京:人民出版社,1994:9,13,16-19.

② 解放战争时期,党中央继续加强了这一体制,如在1948年1月7日发出《关于建立报告制度的指示》,在同年9月的中央政治局会议上通过了《关于各中央局、分局、军区、军委分会及前委会向中央请示报告制度的决议》,规定了各中央局、分局以及各军事首长向中央报告各地、各单位情况的要求。这些措施的实行,对党中央全面准确地掌握各地区、各方面情况起到了重要的作用,使党中央的领导更加顺畅、准确。

组织形式、工作方式也要随之改变……还要有意识地完成这个转变"。①

1951年11月,党中央在《关于在人民政府内建立党组和组建党委会的决定》中指出:党政之间不是隶属关系,党的领导是通过党的路线、方针、政策及在政权机关的担任公职的党员去发挥作用来实现的。如果把党对国家的领导作用看作是党直接执掌政权,管理国家,实际上就否定了国家政权机关的职权,这是对执政党地位的错误理解。但事实上,还是出现了这样的局面:党在按行政区划建立各级党委的基础上,按照苏联的模式在各级国家政权机关内部建立党组和党委会,各级地方党组织又建立起若干个与政府部门职能重叠的"对口部"。1962年,毛泽东在"七千人大会"上强调说:"工、农、商、学、兵、政、党这七个方面,党是领导一切的。"

改革开放后,1980年8月,邓小平在中共中央政治局扩大会议上指出:"党和国家现行的一些具体制度中,还存在不少的弊端","主要的弊端就是官僚主义现象,权力过分集中的现象,家长制现象,干部领导职务终身制现象和形形色色的特权现象"。其中,"权力过分集中的现象,就是在加强党的一元化领导的口号下,不适当地、不加分析地把一切权力集中于党委,党委的权力又往往集中于几个书记,特别是集中于第一书记,什么事都要第一书记挂帅、拍板。党的一元化领导,往往因此而变成了个人领导"。他认为,现在"党的中心任务已经不同于过去,社会主义建设的任务极为繁重复杂,权力过分集中,越来越不能适应社会主义事业的发展"②。这篇讲话在中共十三大上被称为"进行政治体制改革的指导性文件"③,中共十三大通过的政治报告提出进行党政分开的政治体制改革,其中明确规定:"中央、地方、基层的情况不同,实行党政分开的具体方式也应有所不同";"企业党组织的作用是保证监督,不再对本单位实行'一元化'领导,而应支持厂长、经理负起全面领导责任。事业单位中的党组织,也要随着行政首长负责制的推行,逐步转变为起保证监督作用"。

1989年8月,鉴于形势的变化,党中央下发了《关于加强党的建设的通知》。时任中共中央总书记江泽民指出:"我们的党是执政的党,党的领导要通过执政来体现。我们必须强化执政意识,提高执政本领。按照我国宪法

---

① 中共中央文献研究室,中共中央党校.刘少奇论党的建设[M].北京:中央文献出版社,1991:623,626.

② 邓小平.邓小平文选:第2卷[M].北京:人民出版社,1994:327-329.

③ 中共中央文献研究室.十三大以来重要文献选编:上[M].北京:人民出版社,1991:34.

的规定,各级政权组织,包括人大、政府和司法机关,都必须接受共产党的领导。"同时又指出,"当然,党不是政权本身,不能取代政权机关的职能";"必须处理好党政职能分开和发挥党的领导作用的关系"。于是,中央采取了一些组织措施,如恢复国家机关内的党组,确立企业党组织的政治核心地位等。

党的十四大恢复了十二大党章关于党的领导主要是政治、思想和组织领导的规定,对十三大通过的党章部分条文修正案关于不同类型的基层党组织的职责和作用做了补充规定。关于设立党组的问题,中央不仅规定了在地方国家机关、人民团体、经济组织、文化组织和其他非党组织的领导机关中可以成立党组,而且补充强调了党组讨论和决定本部门的重大问题的任务。与此同时,中央提出政治体制改革要坚定地进行下去,要认真改善党的领导方式和活动方式。

党的十五大提出了"依法治国,建设社会主义法治国家"的治国方略,要求从制度和法律上保证党发挥总揽全局、协调各方的领导核心作用。于是,"总揽全局、协调各方"成为迄今的党与其他组织的关系模式。这是新时期领导体制的新探索,虽然不是明确表述为一元化领导,但其中所包括的党的领导核心地位的含义,仍是十分明确的。

党的十六大提出实现党的领导、人们当家做主与依法治国的有机统一。党的十六届四中全会提出了科学执政、民主执政、依法执政,把党政关系问题放在执政党、国家公共权力和社会这样一个大的系统中重新考量,并在规范地方党政关系方面提出了新的设想,如在党政机构设置方面,提出了要完善党委常委会的组织结构,适当扩大交叉任职,切实解决党政领导成员分工重叠问题,减少领导职数,撤并党委和政府职能相同或相近的工作部门等。

党的十六届四中全会通过的《中共中央关于加强党的执政能力建设的决定》指出:"按照党总揽全局、协调各方的原则,改革和完善党的领导方式。发挥党委对同级人大、政府、政协等各种组织的领导核心作用,发挥这些组织中党组的领导核心作用。党委既要支持人大、政府、政协和审判机关、检察机关依照法律和章程独立负责、协调一致地开展工作,及时研究并统筹解决他们工作中的重大问题,又要通过这些组织中的党组织和党员干部贯彻党的路线方针政策,贯彻党委的重大决策和工作部署。"同时指出:"加强和改进党对工会、共青团、妇联等人民团体及各类群众团体的领导,支持他们依照法律和章程独立自主地开展工作,充分发挥他们联系群众的桥梁和纽带作用。"

这些新型的执政理念,为改革和完善党的领导方式和执政方式指明了方向,为规范党组织与其他组织之间的关系提供了崭新的理论依据和实践空间。

(二)多主体互动与社会治理

2004 年,党的十六届四中全会提出社会管理的概念。2011 年的《中共中央、国务院关于加强和创新社会管理的意见》是我国第一份关于创新社会管理的正式文件。其中明确的社会管理体制是"党委领导、政府负责、社会协同、公众参与"。党的十八届三中全会《中共中央关于全面深化改革若干重大问题的决定》(以下简称《决定》)提出要"推进国家治理体系和治理能力现代化",要"创新社会治理体制"。《决定》指出,"改进社会治理方式。坚持系统治理,加强党委领导,发挥政府主导作用,鼓励和支持社会各方面参与,实现政府治理和社会自我调节、居民自治良性互动",基本也沿用了"党委领导、政府负责、社会协同、公众参与"的提法,同时又突出了居民自治这一特有的政治形式。

不少学者对社会管理的含义做了一些有益探讨。如杨雪冬认为,现代社会管理是控制与服务有机结合的过程,这一过程不仅是对个体社会成员的控制,而且是通过组织化的方式对个体社会成员权利的保障和实现。家庭、不同形式的社群、社会组织、国家等具体组织构成了社会管理的主体,实现了社会的组织;国家是社会管理的核心主体。在现代社会,市场经济、主权国家、公民社会形成了社会管理的基本结构。社会管理在一般意义上说就是三者在实现社会控制,维护社会权利,解决社会问题过程中形成的互动关系。现代社会管理的核心是如何在维护社会权利的前提下实现对社会的有效控制。对于中国来说,社会权利导向是社会管理体制改革的基本方向,而消除现有的阻碍社会权利公平实现的体制机制,建立有利于社会权利发展的制度环境,实现社会的再组织化应该成为中国社会建设的重点。① 周红云认为,从政府、市场和社会三大部门之间的关系来看,社会第一部门有政府的行政管理;社会第二部门有市场的工商管理;而社会第三部门就是公民社会就有相应的社会管理。社会管理就是对政府领域的行政管理和市场领域的工商管理"不管"和"管不到"的公民社会领域的管理。社会管理就是为了维护社会秩序,对公民社会领域的社会组织、社会事务和社会活动进行规

---

① 杨雪冬.走向社会权利导向的社会管理体制[J].华中师范大学学报(人文社会科学版),2010,49(1):1-10.

范和协调等的管理过程。① 何增科把社会管理定义为政府和民间组织运用多种资源和手段,对社会生活、社会事务、社会组织进行规范、协调、服务的过程,目的是满足社会成员生存和发展的基本需求,解决社会问题,提高社会生活质量。

人是政治性的,又是社会性的,还处于经济关系中。同时,在一些组织(机构)中的人,又要受到组织(机构)的管理。政治、经济、社会、文化四个建设是国家建设的主要内容。政治治理,一方面是政治主体对政治事务的治理,另一方面是政治主体的自身治理。政府治理,一方面是政府作为主体治理公共行政事务,另一方面是政府自身治理。政府治理的公共行政事务,包括经济、文化、生态和社会等诸多方面。因此,社会治理与政治治理、政府治理、组织(机构)管理的内容既有交汇与重合,又有关联与衔接。社会治理是政府治理的重要组成部分,也涉及政治治理的许多内容,如街道、社区建设,既属于社会治理范畴,也属于政治治理、政府治理范畴。

当前,政治治理、政府治理无不显示出多主体、社会性的特征。政治治理的主体,包括公民、政党、政党以外的其他政治组织与政治团体(也包括表现为政治角色时的宗教、军队、民族组织等),以及国家机构(议会、政府、司法)与公民自治组织等。政府治理的主体,包括政府等公权力机构、经济组织、社会组织、公民自治组织、公民个体等。社会治理这一概念,重点突出了治理主体的社会性一面。社会治理的客体是社会人及其构成的社会关系,主体则主要包括四者,即公权力体系(政党等政治组织、政府、司法机关等)、社会组织、公民自治组织(村民与居民委员会)、公民个体。综合近年来政府工作报告,我们可以把社会治理的主要内容概括为:教育发展、医疗卫生发展、文化建设、应急管理、公共安全、防灾救灾减灾、社会和谐稳定、社会治安综合治理、民生改善、就业创业、收入分配、社会保障、社会福利、生产与食品安全以及生态文明建设等。

把社会治理的主体视为公民个体、公民自治组织(社区居民委员会、村民委员会)、社会组织与公权力等之间的一个良性互动结构,即"多主体互动结构",能更好地理解社会治理的含义。

近年来,社会治理创新取得显著成效,也体现出多主体互动的特征。

一是以前政府对社会实行全面介入,社会治理主体一元的特征十分明

---

① 周红云.理解社会管理与社会管理体制:一个角度和框架[J].中共天津市委党校学报,2009,11(3):64-69.

显。这导致公民的自我教育、自我管理、自我服务得不到完全发展,公民社会和社会自治发展缓慢。政府在全面履行社会管理权以及公共产品供给权的同时,因为缺乏有效的社会监督与制约机制,就难免权力寻租和腐败滋生。而社会治理多主体互动可以最大限度激发社会创造活力,最大限度增加和谐因素,也有助于缓解政府压力、转变政府职能。

在目前社会转型时期,政府公权力在重塑良性社会治理体制方面,具有关键性作用。对于一些涉及社会公平、民生以及社会安全与稳定的领域,比如公共安全、公共教育、公共卫生、公共文化、公共环境和社会保障等,政府要加强投入与管理。政府应积极培育社会参与的意识和能力,积极引导和扶持社会组织的发展,为多主体参与社会治理提供良好的法律、政策、制度环境。另外,在多主体间依法、有序、高效的良性互动中,在社会治理多主体互动结构的构建中,政府的责任依然很重。

二是以前的社会治理基本模式是自上而下,政府依靠权威,通过政策实施进行单向、硬性的管理。新型的社会治理则要求公民个体、公民自治组织、社会组织与政府公权力等多主体之间的良性互动,充分体现了扁平化、民主、协商、协作、互动、伙伴、信任等当代新型组织、管理理论的精髓。

三是以前的社会服务,由政府垄断了营利性较强的公共产品和服务的供给,缺乏竞争压力与风险,造成服务数量少、服务质量差、成本过高、缺乏创新。新型的社会治理,则要求政府通过削权、放权、购买服务等方式,把一些公共管理和服务转给公民个体、公民自治组织、社会组织等来完成。

四是以前的社会治理,政府与其他治理主体之间,上下级政府(包括其派出机关如街道办事处)之间,职责划分不合理。造成的问题是,政府在某些领域管的过多、过细,而在某一本应加强职责的领域却没有作为。近年来,多主体之间进行了职责厘定、划分。

这些成就的取得,对于我们认清当前社会治理创新的关键很有启发意义;社会治理创新的核心,应该就是构建公民个体、公民自治组织、社会组织与公权力等多主体之间良性互动的社会治理体制。

(三)对"多元主体"与"社会复合主体"概念的分析

目前对于社会治理的主体,多采取"多元主体"的提法。如王名、蔡志鸿、王春婷《社会共治:多元主体共同治理的实践探索与制度创新》一文,借鉴多中心治理理论与政社合作理论,分析了社会共治中多元主体的构成和主体间的关系,探析了多元共治的思想内涵,探寻了共治的机制以及实现共治的制度保障;认为以法治为基础的多元主体共同治理是我国社会治理实践探索的经验总结,也是实践的新要求。^① 但是,根据本节"一元化领导体制与影响"这一部分的分析可以知道,把公民个体、公民自治组织、社会组织与公权力等这些社会治理主体表述为"多主体"而非"多元主体",更符合当前党委居于领导核心地位这样的一个基本现实。

　　而"社会复合主体"则是又一较新的提法,源于杭州市和谐社会主体建设的创新。

　　早在 2000 年,第一个社会复合主体——杭州市与浙江大学战略合作组织诞生。双方共同组建战略合作促进委员会,共建了"和谐杭州示范区"、浙江大学国家大学科技园、浙江大学城市学院等多个复合主体。2007 年浙江大学和杭州企业签订科技合作项目 900 余项,仅"和谐杭州示范区"的 20 多个项目总投资就达 230 亿元。这种融合社会各界代表的合作模式使杭州的一些特色行业得以重振雄风。杭州是"丝绸之府",拥有中国丝绸博物馆、以丝绸工学院为前身的浙江理工大学、全国丝绸信息中心等一大批丝绸文化资源,如何让文化融入经济、艺术融入产品来提升丝绸行业发展档次,这是重振"丝绸之府"美誉的突破口。杭州丝绸女装战略联盟于 2005 年诞生,联盟将党政、企业、研究机构、高校等力量融合,整合丝绸与女装方面政、产、学、研、商等各类资源,推动丝绸与女装产业、文化、旅游的繁荣和发展。2004 年 8 月,杭州市与中国国际茶文化研究会、中国茶叶学会、中国农科院茶叶研究所、中国茶叶博物馆等在杭的 8 家"国字号"茶研究单位共同成立了"茶为国饮、杭为茶都"战略联盟,为打响"中国茶都"行业品牌提供了强大的智力支撑。21 世纪以来,杭州在实施西湖综合保护工程、运河综合保护工

---

　　①　他们的探索研究很有创新性,如认为,将治理的主体概括为公共机构、私人机构和非营利组织,换言之是政府、市场与社会组织,这是不够的;对多元共治的主体理解是五个层面,即包括中央政府、地方政府、企业和各种市场主体(包括消费者和代表整体利益的行业组织等)、社会组织(公益性和互益性)、公民和公民各种形式的自组织。根据所治理问题的不同,多元主体结构存在差异,可以表现为由各级政府构成,也可以由政、市场和社会等跨界主体构成。从空间维度分析,多元主体不仅仅停留在国家层面、还应包括国家和地区、跨地区、跨部门、跨领域等各个层面。这些多元主体之间相互独立,他们可能是委托代理关系,也可能是合作关系,还可能是兼具竞争与合作的博弈关系。比如,对恐怖事件的治理是跨国家和地区、跨界的多元主体的合作关系,对环境、水资源、雾霾的治理可能是各级政府间或者政府与企业、社会组织、公民等各种主体间的博弈与合作关系。而在多元共治五个主体层面中,社会组织将成为社会共治的核心主体。

程等重大社会性项目,发展茶、丝绸女装、数字电视等特色行业,培育西博会、休博会、动漫节等会展品牌,推进杭州市与浙江大学、中国美院战略合作等方面,组建了一大批社会复合主体,有效地整合了党政、知识、行业、媒体四方面的各种资源,统筹了社会效益和经济效益,促进了文化和经济的和谐,取得显著成效。

杭州市又于2008年正式提出了"社会复合主体"的理念,指的是以推进社会性项目建设、知识创业、事业发展为目的,社会效益与经营运作相统一,由党政界、知识界、行业界、媒体界等不同身份的人员共同参与、主动关联而形成的多层架构、网状联结、功能融合、优势互补的新型创业主体。它们建立经常化、规范化的合作关系和运作机制,整合相关的社会力量共同参与;实行专职与兼职相结合的用人制度,促进网络化、虚拟化、扁平化的组织架构与实体组织的融合互补,使党政界、知识界、行业企业界、媒体界等社会各界人士能够在不改变身份和原有待遇的前提下积极参与创业、创新,在共同的平台上相互了解,相互学习,取长补短,实现优势叠加。

杭州市社会复合主体的实践,引起了广泛关注和好评,俞可平教授认为,"社会复合主体让公民有序参与城市的公共治理,不仅使决策科学化,也实现了民主化决策,丰富了公共参与的形式,拓展了公民参与的渠道"。王长江教授认为,社会复合主体"对发扬社会民主具有重大深远的意义"。毛寿龙教授认为,杭州市社会复合主体具有多方面的意义,它是城市治理的新结构,也是促进政府治道变革的推进器。[1][2]

鉴于杭州市的社会复合主体主要是存在于经济、科技、文化等领域,我认为界定当前的社会治理主体时,"多主体互动"这一概念比多元主体、多元共治、社会复合主体、复合治理等概念更为合适,它是充分借鉴国外新型治理理论的精髓与关注中国最新治理实践后的一种较为准确的概括。但当本书引用一些地方已经凝练出的关于社会治理"多元主体"的表述时,为行文方便,不做逐一的更改。

---

①　毛寿龙,李文钊.杭州市社会复合主体与城市治道变革[EB/OL].(2010-01-11).http://www.politics.people.com.cn/GB/30178/10740872.html.

②　张兆曙.城市议题与社会复合主体的联合治理——对杭州3种城市治理实践的组织分析[J].管理世界,2010(2):46-59.

第二章　宁波社会治理统筹体制创新研究

　　本章从中华人民共和国成立以来社会治理体制变迁入手,从社会治理主体结构等视角,提出社会治理统筹体制的概念,并在对部分全国社会治理管理试点城市分析的基础上,分析宁波市社会治理统筹体制建设成就和存在问题,提出对策和建议。

一、我国社会治理体制的演化历程

　　作为社会治理的总体框架和制度安排,治理体制是关于它的结构性的、相对稳定的规范和模式,探索构建协调、高效、规范的社会治理体制,是推进社会治理过程中应优先考虑的问题。

(一)社会治理体制的内涵

　　体制,主要是指为使权责正常有效的运转而确定下来的有关组织形式、权限划分、工作方式等方面的规范;换言之,即指由权责的主体、方式、内容等诸多因素形成的权责配置结构。社会治理体制的内涵很多,主要包括社会治理主体的明确、机构的设置和权责配置,尤其是权责在主体之间、机构之间、上下级之间的配置。

　　李程伟从新公共管理的视角出发,认为社会管理体制所包含的内容应当是比较宽泛的,即"社会管理体制是制度体系、组织体系及其运行机制的总和"。① 谢庆奎和谢梦醒则从系统的观点出发,认为社会管理体制是一个开放、互动、动态的自动控制系统,它包括功能子系统、结构子系统和信息子系统,"社会管理体制就是社会管理的组织结构、功能作用及其相互的关系"。② 何增科认为,"社会管理体制是国家根据各种社会管理主体在社会生活、社会事务和社会关系中的地位作用、相互关系及运行方式而制定的一系列富有约束力的规则和程序性安排"。③ 周红云从广义角度理解社会管理体制,它包括社会管理的主体、客体、社会管理的基本内容、社会管理的功能、目标以及社会管理理念等一系列内容。④ 陈振明认为,虽然不同学者的定义不同,但都秉承了社会管理体制是"社会管理的制度与法律法规体系、组织系统和管理机制的总称"的观点。⑤

这些论述为我们界定社会治理体制提供了一些借鉴。社会治理表现为多主体性、实现形式的互动协作、实践方式的多重性;社会治理体制是一个包含组织实体、制度规范、运作机制等要素在内的具有稳定性的系统体系。换言之,社会治理体制是指多主体共同治理社会公共事务的主体要素、治权结构、制度规范、运行机制等要素的动态体系。

(二)我国社会治理体制的演化

中华人民共和国社会治理体制的演进过程总体可以划分为三个阶段:一是从中华人民共和国成立到改革开放,为社会控制体制阶段;二是从改革开放到 2003 年,为社会控制体制向社会管理体制过渡阶段;三是 2004 年中央正式提出"党委领导、政府负责、社会协同、公众参与"的社会管理体制,这是一种统筹体制,2013 年党的十八届三中全会又提出"系统治理、依法治理、综合治理、民主治理和源头治理"的社会治理体制创新要求,开始了社会治理统筹体制的新的建设阶段。

---

① 李程伟.社会管理体制创新:公共管理学视角的解读[J].中国行政管理,2005(5):39-41.

② 谢庆奎,谢梦醒.和谐社会与社会管理体制改革[J].北京行政学院学报,2006(2):12-16.

③ 何增科.社会管理体制改革的总体思路:走向新的社会管理模式[J].毛泽东邓小平理论研究,2007(9):58-63.

④ 周红云.理解社会管理与社会管理体制:一个角度和框架[J].中共天津市委党校学报,2009,11(3):64-69.

⑤ 陈振明,等.社会管理——理论、实践与案例[M].北京:中国人民大学出版社,2012:11.

1. 社会控制体制：中华人民共和国成立到改革开放初期

中华人民共和国成立初期，为尽快恢复经济社会秩序，我国借鉴苏联模式及战争年代的经验，采取了社会控制体制。基层社会被严密的行政体制所吸纳而近乎消失，社会力量本身成为政府的附属物。国家通过单位体制对个人和社会进行全方位管理。在高度集权的政治体制和计划经济体制基础上，我国建立了整齐划一、高度有序的社会控制体制，突出表现为社会成员的高度组织化、社会组织的高度政治化、社会资源的高度国有化。

在城市，主要通过以单位制为主、"街居制"为辅的组织体系实现对城市居民的有效控制。一切组织、企业、机构都是为适应计划经济体制和政治需要而设立的一种具有政治、经济与社会"三位一体"功能的组织形式。个人的政治、经济与社会活动全部通过组织才能得以实现。通过单位，国家权力顺利地渗透到社会的每一个体。游离在单位以外的少数社会闲散人员，则被"街居制"街道和居民委员会进行有效管理。在农村，国家主要通过"议行合一""政社合一"的人民公社体制实现对居民的有效控制。人民公社既是一级生产经济组织，又是农村基层政权机关，政治权力垄断乡村事务。

这种社会控制体制尽管对当时重建经济社会秩序提供了重要保障，但也使社会生活都呈现出政治化、行政化趋向，抑制了社会的自我发展、自我管理能力，社会极度萎缩。政府机关采取强制手段把社会纳入行政体系之中，形成了政府包办社会的控制体制，国家成为社会管理的唯一主体和公共服务的唯一提供者。

2. 从社会控制体制到社会管理体制：从改革开放到 2003 年

改革开放后，国家的工作重心转移到经济建设为中心上来，商品经济合法化并实现向市场经济的发展。市场经济促使价值多元化和公共生活事务增加，国家开始了从社会控制体制向社会管理体制的转型过渡。改革开放的过程是一个逐步激发社会活力的过程。在宽松、自由、有序的市场竞争坏境下，为保护自身的合法权益并维持公平正义的竞争机制，多元市场主体自发组织利益团体，出现了如商会、消费者协会、个体经营联合会等民间组织。改革开放也导致城乡原有的组织管理体系发生变动。在城市，1980 年全国人大常委会颁布了《城镇街道办事处条例》《居民委员会组织条例》，1989 年通过了《城市居民居委会组织法》，城镇社会管理体制由原来的"单位制为主、街居制为辅"逐步演变为"单位制＋街居制"。居委会属于居民自治组织，虽然仍具有较强的行政化色彩并受到政府的干预，但它提高了社会的自我管理能力,减弱了政府对社会的控制。在农村,1982 年,人民公社被正式取消。1988 年,《村民委员会组织法》开始试行,农村开始实行村民自治制度,城乡分割的户籍制度也开始松动,人口流动加快。

1992 年,党的十四大召开,正式确立了建立社会主义市场经济体制的目标。在城市,单位体制趋向解体,社区建设步伐加快,"单位人"开始向"社会人"转变。在农村,村民自治制度在实践中不断完善,逐步走向规范化的管理轨道。1998 年修订颁布的《社会团体登记管理条例》和《民办非企业单位登记管理暂行条例》,标志着对民间组织的管理从原来的抑制、清理和禁止转向监督、审查和指导,这加速了民间组织的发展进程,民间组织在社会发展中的作用得到提升。

1998 年,国务院在《关于国务院机构改革方案的说明》中明确提出,"把政府职能切实转变到宏观调控、社会管理和公共服务方面来",明确把社会管理作为政府的重要职能。自此,政府在发展经济建设的同时,开始出台相关社会政策,促进社会发展。2002 年,党的十六大将政府职能定位为"经济调节、市场监管、社会管理和公共服务",在大会报告的第五部分"政治建设和政治体制改革"中,在谈到"维护社会稳定,完成改革和发展的繁重任务,必须保持长期和谐稳定的社会环境"时指出,"要坚持打防结合、预防为主,落实社会治安综合治理的各项措施,改进社会管理,保持良好的社会秩序",将社会管理列为维护社会稳定的具体途径,并首次肯定了社会中介组织工作人员的社会主义建设者地位。2003 年,党的十六届三中全会从完善社会主义市场经济的视角,提出完善政府社会管理职能。全会通过的《中共中央关于完善社会主义市场经济体制若干问题的决定》指出,"完善政府社会管理和公共服务职能,为全面建设小康社会提供强有力的体制保障"。这就把社会管理和全面建设小康社会紧密联系起来。

这一时期,国家与社会的关系、中央与地方的关系、基层自治与政府的关系开始了逐步厘清的过程,国家不能强制推行以前那种动员式管理模式,社会发展呈现管理多主体的趋势,社会控制体制实现了向社会管理体制的过渡。

3. 从社会管理体制到社会治理体制:自 2004 年以来

2004 年,中共十六届四中全会从加强党的执政能力建设、构建社会主义和谐社会的角度,对如何加强社会管理做出了重要部署。全会通过的《中共中央关于加强党的执政能力建设的决定》首次提出,"建立健全党委领导、政府负责、社会协同、公众参与的社会管理格局"。这一格局要求突破了之前的社会管理主体结构中政府单一主体的表述,实现了多主体化。在权力结构上,既提出了公权力方面的"党委领导、政府负责",同时又明确了社会的"协同权"和公众的"参与权",打破了公权力的垄断。

2005年,时任中共中央总书记胡锦涛在给中央党校省部级领导干部的讲话中指出,随着中国经济社会的不断发展,中国特色社会主义事业的总体布局更加明确地由社会主义经济建设、政治建设、文化建设"三位一体"发展为社会主义经济建设、政治建设、文化建设、社会建设"四位一体"。同年召开的中共十六届五中全会从行政管理体制改革的角度强调了加强社会管理的必要性。全会通过的《中共中央关于制定国民经济和社会发展第十一个五年规划的建议》指出,"要着力推进行政管理体制改革,政府要加强社会管理和公共服务职能,不得直接干预企业经营活动";同时指出,"加强社会建设和完善社会管理体系是构建社会主义和谐社会的必要条件"。2006年,中共十六届六中全会对加强社会管理的具体途径进行了部署。这表明党对社会管理的认识实现了从宏观层面到中观和微观层面的转变,也表明党对社会管理的认识进一步深化。全会通过的《中共中央关于构建社会主义和谐社会若干重大问题的决定》将"社会管理体系更加完善"作为"2020年构建社会主义和谐社会的目标和主要任务"之一。它指出,"加强社会管理,维护社会稳定,是构建社会主义和谐社会的必然要求",同时强调"在服务中实施管理,在管理中体现服务"。

2007年,中共十七大报告重申了"健全党委领导、政府负责、社会协同、公众参与的社会管理格局"。2008年,中共十七届三中全会将"农村社会管理体系进一步完善"列为"2020年农村改革发展基本目标任务"之一,并从促进社会和谐、建设社会主义新农村等角度突出了加强和完善农村社会管理的重要件,这就使得社会管理的内涵更加丰富。2009年,中共十七届四中全会从加强党的建设、保持党的先进性的角度强调了党提高社会管理能力的重要性和紧迫性。

2010年,中央综治委确定了9个副省级城市、7个地级城市和19个县(市、区)共35个社会管理创新综合试点。2011年2月,省部级主要领导干部社会管理及其创新专题研讨班开班式在中央党校举行。时任中共中央总书记胡锦涛发表重要讲话,要求提高社会管理科学化水平,完善"党委领导、政府负责、社会协同、公众参与"的社会管理格局,加强社会管理法律、体制、能力建设,维护人民群众权益,促进社会公平正义,保持社会良好秩序,建设中国特色社会主义社会管理体系,确保社会既充满活力又和谐稳定。胡锦涛就重点要抓好的工作提出了8点意见。其中涉及管理体制的有:进一步加强和完善社会管理格局,切实加强党的领导,强化政府社会管理职能,强化各类企事业单位社会管理和服务职责,引导各类社会组织加强自身建设、增强服务社会的能力,支持人民团体参与社会管理和公共服务,发挥群众参与社会管理的基础作用;进一步加强和完善基层社会管理和服务体系,把人力、财力、物力更多投到基层,努力夯实基层组织、壮大基层力量、整合基层资源、强化基础工作,强化城乡社区自治和服务功能,健全新型社区管理和服务体制;进一步加强和完善非公有制经济组织、社会组织管理,明确非公有制经济组织管理和服务员工的社会责任,推动社会组织健康有序发展。

2012年,党的十八大提出加强社会建设,必须加快推进社会体制改革,并提出围绕构建中国特色社会主义社会管理体系,加快形成"党委领导、政府负责、社会协同、公众参与、法治保障"的社会管理体制,强调了法治保障这一基础。

2013年,党的十八届三中全会指出,要处理好政府和市场的关系,使市场在资源配置中起决定性作用和更好发挥政府作用;进一步简政放权,深化行政审批制度改革,直接面向基层、量大面广、由地方管理更方便有效的经济社会事项,一律下放,由地方和基层管理。推广政府购买服务,凡属事务性管理服务,原则上都要引入竞争机制,通过合同、委托等方式向社会购买。加快事业单位分类改革,建立事业单位法人治理结构,推进有条件的事业单位转为企业或社会组织。在党的领导下,以经济社会发展重大问题和涉及群众切身利益的实际问题为内容,在全社会开展广泛协商,坚持协商于决策之前和决策实施之中。畅通民主渠道,健全基层选举、议事、公开、述职、问责等机制。开展形式多样的基层民主协商,推进基层协商制度化,建立健全居民、村民监督机制,促进群众在城乡社区治理、基层公共事务和公益事业中依法自我管理、自我服务、自我教育、自我监督。

党的十八届三中全会通过的《中共中央关于全面深化改革若干重大问题的决定》专章论述社会治理,并提出了创新要求,提出了系统治理、依法治理、综合治理、民主治理和源头治理,为社会治理体制建设指明了方向。一是强调治理的系统性,即"党委领导,发挥政府主导作用,鼓励和支持社会各方面参与";二是强调治理的法治化,及"坚持依法治理,加强法治保障,运用法治思维和法治方式化解社会矛盾";三是手段的综合性,结合法治、道德、互联网等手段;四是体制机制建设多层推进,包括社会主体培育体制、社会矛盾预防和化解体制、重大决策社会稳定风险评估机制、社会表达机制、行政服务管理体制、公共安全体制等。

二、社会治理体制的统筹性特征

（一）社会治理统筹体制的含义

现行的社会治理体制是一种统筹体制，符合统筹理念与扁平化理念。

统筹体制，即为了有效开展工作，设置超越于各单位、各机构、各部门的主要担负统筹职能的机构，或形成一套统筹协调的工作机制，是相对于职能部门在决策、治理中发挥显著作用的"（职能）部门制"而言的。统筹体制是克服单位、机构、部门之间分割、推诿等弊端的有效方式，具有古今中外的普适性，具有高效、灵活、沟通、整合资源、形成合力等优势。

统筹理念与扁平化理念又密不可分。统筹，主要是指一些权责适当上收或集中。学习型组织、扁平化组织、网络组织、有机—适应性组织、倒金字塔组织等新型组织理论，都主张对传统的以等级制为主要特征的结构形式进行变革，对等级制组织存在的弊端进行一些补救、矫正，其中重要的一点，即推行扁平化管理。从纵向来看，扁平化管理是减少管理层次，减少管理成本，提高管理效率，让下级、基层拥有充分的自主权，调动基层和个体的积极性、创造性。从横向来看，扁平化管理即加强跨部门、超部门的统筹协调，减少决策中的部门隔离导致的本位意识、协调不畅、推诿塞责等弊端。因此，对不同单位、机构、部门之间的权责进行科学、合理的调整，对一些权责进行必要的上收或集中，对一些职责进行必要的下放或分散，可见统筹与扁平化两个理念之间的关系密切，统筹理念贯穿于纵向扁平化与横向扁平化之中。对于二者不可做简单化、隔离的理解，二者相辅相成、互为前提，形成一个权责在不同单位、机构、部门之间不断进行科学、合理调整的动态过程。

如前文所述，总揽全局，协调各方，是党中央以及各级地方党委（包括村、居）与其他组织基本的关系模式；中央有关社会治理体制的"党委领导、政府负责、社会协同、公众参与、法治保障"的表述，无疑显示出这一体制浓厚的统筹性特征。

社会治理体制的统筹性，至少可以从以下几个方面认识。

一是多主体互动格局。社会治理主体可以进行两分法，即公权力主体与其他主体。公权力主体包括党中央与各级地方党委,各级权力机关、行政机关、政协与司法机关,以及带有公权力色彩的群团组织。群团组织包括人民团体和群众团体,全称是群众性的团体组织,它们既是党直接领导的组织,也是群众自己的组织。目前中央层面的人民团体和群众团体有 22 家:中华全国总工会、中国共产主义青年团中央委员会、中华全国妇女联合会、中国文学艺术界联合会、中国作家协会、中国科学技术协会、中华全国归国华侨联合会、中国法学会、中国人民对外友好协会、中华全国新闻工作者协会、中华全国台湾同胞联谊会、中国国际贸易促进委员会(中国国际商会)、中国残疾人联合会、中国红十字总会、中国人民外交学会、中国宋庆龄基金会、黄埔军校同学会、欧美同学会(中国留学人员联谊会)、中国思想政治工作研究会、中华职业教育社、中国计划生育协会,以及中华全国工商业联合会。其中,中华全国工商业联合会也是参加中国人民政治协商会议的 8 个人民团体之一。中国共产党与群众联系的方式,一方面是通过自身组织,另一方面就是通过跟社会各阶层有密切联系的群团组织,群团组织是党联系群众的桥梁和纽带。其他社会治理主体包括社会组织、公民自治组织(居委会、村委会)、公民个体等。社会治理统筹体制不仅要求治理主体的复合化,更强调各主体之间的协作联动。这里至少包括两个层面。首先是公权力主体与其他社会治理主体之间的协作联动,这是统筹体制构成的前提。在这里,党中央与各级地方党委不仅对其他公权力是总揽全局、协调各方的关系,在整个社会治理中,也是处于领导核心的地位。其次是公权力主体之间、政府部门之间、上下级部门之间形成协作联动机制等。

二是治理视野上的跨域治理。根据治理事项和对象,打破村、社、单位和地域的条块分割,建立通畅的沟通协调处理平台和机制,实现治理的跨域联动性。

三是治理方式多样综合。社会治理的多主体化要求社会治理的方式由平面化向立体复合化转变;要综合运用政策、法律、行政、市场、文化、道德、信息等多种方式。

四是"大数字"的技术支撑。数字技术为社会治理的统筹性奠定了基础。数字大平台可以实现整合社会治理主体的功能、需求、信息,打破主体之间的职能边界和地理边界,实现社会治理的便捷化、高效化,消除信息不对称带来的各种问题,节约时间成本和信息传递成本,能有力推动不同主体之间的参与、沟通、联络和监督,增强治理能力。

(二)公权力在社会治理统筹体制中的重要作用

社会治理成效决定于治理主体要素间的整体协作,这就存在着一个基本的"治权"结构问题。界定好不同主体在社会治理中的地位与作用,特别是公权力主体与其他主体之间的关系问题,影响着主体之间协作的程度、水平和效果。

党的十八届三中全会明确指出,社会治理应坚持在党的领导下,由政府发挥"主导作用"。社会治理中的公权力,可以理解为以维护和实现公共利益为目的的党组织、国家机关等在实施社会治理过程中所具有的力量,具有权威性、法定性和公共性。社会治理中的公权力集中表现为维护公共秩序、提供公共产品和公共服务、促进社会协调发展的过程中所依托的力量。

现阶段,社会治理中公权力的领导、主导地位与重要作用是不可缺少的。

目前,社会组织、公民自治组织发展的水平以及公民个人的社会治理能力都还有待提高。另外,随着社会经济成分的多样化和社会流动性的增强,社会分化为不同的利益群体和阶层,不同社会主体的利益诉求呈现出高度的差异化。在这种复杂情境中构建新的社会治理体制,需要一种力量能够起到统筹兼顾的作用。社会治理体制的构建、社会治理创新的路径、治理主体崛起所需的空间、社会利益的整合调节以及社会共识的引导重建等,都需要公权力发挥重要作用。

对于目前公权力在社会治理统筹体制中的重要作用,可做如下表述。

党的领导作用。宪法规定,中国共产党是中国各项事业的领导核心,社会治理事业也不例外。总揽全局,协调各方,是党中央以及各级地方党委与同级其他组织之间基本的关系模式;而中央有关社会治理体制的"党委领导、政府负责、社会协同、公众参与、法治保障"的表述,也指明了党的领导核心地位。党中央与各级地方党委的领导,是社会治理体制的根本,社会治理活动中的其他主体,在参与社会治理过程中必须要坚持党的领导。

各级政府具体负责。党的十八届三中全会要求,政府在社会治理中,应该注重强化公共事务治理的顶层设计,着力破解体制机制层面的突出问题,发挥目标凝聚能力、资源整合能力、责任控制能力,做公共事务治理的重要组织者、推动者、参与者、服务者。具体来说,政府对于社会领域承担着主要的治理职能。一是社会治理规则的"统筹者",对社会治理进行统筹规划。二是社会力量的"培育者"。政府主导作用的发挥,意味着将部分公共职责向其他社会主体下放,将公共服务的供给职责部分地让渡给居民自治组织、社会组织和企业,形成多主体共治的局面,在还权赋能的过程中,其他社会治理主体能够获得各自存在的空间。三是社会利益的"协调"者。四是部分特殊社会产品的"提供"者。

人大是国家权力机关,社会治理创新也是人大的工作范围。根据《中华人民共和国全国人民代表大会组织法》《中华人民共和国地方各级人民代表大会和地方各级人民政府组织法》和《中华人民共和国各级人民代表大会常务委员会监督法》的规定,人大有权制定地方性法规、决定重大事项,同时监督"一府两院"工作。人大对于事关地方改革、发展、稳定的重大问题,涉及民生的重大项目,以及涉及社会和谐稳定的改革创新举措等具有决定权。人大具有对"一府两院"的监督权,有助于督促社会治理创新举措落实。各级人大可以通过专项审议、视察调研、询问质询等方式,就关系改革发展稳定大局和群众切身利益、社会普遍关注的重大问题进行监督,推动各项社会治理创新工作措施的具体落实。

人民政协是协商民主的重要渠道,在政治协商、民主监督、参政议政的过程中,协商主体为公共决策建言献策,协商的过程既是实现和维护民主以及和谐价值目标的体现,也是在利益多元化的前提下对社会各方利益的协调,在健全社会公共协商机制、平衡整合各方利益方面能够发挥重要作用。

人民法院和检察院。作为行使国家审判权与检察权的司法机关,它们肩负着实现社会公平正义、保障社会和谐稳定等职责,在社会治理中处于重要地位,具有特殊职能,是当然的主体之一。

群团组织。工会、共青团、妇联、科协、文联等群团组织,是我国的一种特殊组织设置,是党联系群众的桥梁和纽带。这些组织具有自上而下的系统的组合架构和强大的组织动员能力。

(三)社会治理综合机构的设置

能充分体现社会治理体制统筹性特征的,还有社会治理综合机构的设置。

党的十六届四中全会通过的《中共中央关于加强党的执政能力建设的决定》指出,根据基层党组织建设面临的新情况新问题,调整组织设置,改进工作方式,创新活动内容,扩大覆盖面,增强凝聚力,使基层党组织都紧密联系群众,充分发挥作用。

各地开始设立的社会工作机构,主要是针对社会组织的管理。如 2003

年上海成立全国首家省级社会工作委员会——中共上海市社会工作委员会,是市委的派出机构,负责对全市社会团体、社会中介组织、非公经济组织、民办非企业单位党的工作以及相关的社区党建工作的指导、协调、研究和督查。2006 年,中共重庆市委新经济社会组织工作委员会成立,作为市委领导"两新"组织党建工作的派出机构。把视野扩展为整个社会管理的,则是 2007 年年底于北京成立的中共北京市委社会工作委员会、北京市社会建设工作办公室,分别为市委派出机构、市政府工作部门,合署办公。2009 年,广东省成立社会组织党工委,负责领导全省性行业协会及无业务主管单位的社会组织的党建工作,指导、协调归属各级地方民政部门管理的社会组织和归属省直单位业务对口管理的社会组织的党建工作,依托民政部门开展工作,日常工作由省民政厅党组领导。到 2011 年,山东、宁夏、海南、新疆、青海、天津、湖南、辽宁等省(自治区、直辖市)也相继成立了社会组织党工委。

2011 年 6 月,贵阳市出台《关于加强和创新社会管理工作的实施意见》(以下简称《意见》)。"指导思想"一节中指出,坚持以人为本、服务为先,寓管理于服务之中,坚持重心下移、资源下沉。"创新群众工作领导体制"一节指出,成立中共贵阳市委群众工作委员会,简称市委群工委,作为负责统筹协调和推进全市群众工作的市委工作部门,属正县级单位。市委群工委书记由市委副书记兼任。《意见》明确市委群工委主要职责包括:研究提出全市群众工作的总体规划和重要政策;宏观指导、统筹协调、整体推动全市群众(信访)工作;推动、督促、指导相关部门对可能引发或诱发群众上访和群体性事件的问题进行研究;组织开展涉及群众利益的重大决策和重大建设项目的社会风险评估;牵头拟订全市社会组织建设规划、政策和改革方案;协调指导市总工会、团市委、市妇联等群团组织开展群众工作;受市委委托,协同市委组织部做好市群众工作中心以及市总工会、团市委、市妇联、市科协、市残联的干部管理工作;监督检查涉及群众利益政策的贯彻落实等。市委群工委还要求各区(市、县)相应成立群众工作委员会,书记由区(市、县)委副书记兼任。

明确市委群工委书记由副书记兼任,可以加大领导力度;组织开展社会风险评估,使市委群工委具备更大的发言权;而协调组织部管理有关部门的干部,无疑可以增大群工委的权威。

《意见》的"构建群众工作服务管理平台"一节指出,组建贵阳市群众工作中心,与贵阳市信访局一个机构、两块牌子,隶属于市委、市政府,接受市委群工委的具体领导,为来信来访群众提供服务。纪委(监察)、法院、检察院、工业和信息化、教育、公安、民政、司法、人力资源社会保障、国土、住房城乡建设、交通运输、水利、农业、林业绿化、商务、文化、卫生、人口计生、环保、规划、城管、物价、国资、移民、两湖一库管理、工商等有关部门派员入驻市群工中心。对于中心的职责,《意见》明确为:整合力量,协调运转,集中市级职能部门直接调处化解群众(信访)事项;具体为调解事项的协调调度、分流指定、督促检查、责任追究建议权,构建人民调解、行政调解、司法调解相互衔接、联动配合的工作机制等。这样,对复杂矛盾和问题采取联合办公、直接的方式解决,变信访的"中转站"为"终点站"。

其他省份也有类似探索。如到 2011 年 6 月,河南全省 18 个省辖市、158 个县(市、区)全部挂牌成立了党委群众工作部。河南市(县)群众工作部,部长多由副市(县)长兼任,有的甚至由党委常委兼任。山东则主要形成四种模式:一是在信访办的基础上成立群众工作部,作为群众工作的统领部门;二是由信访办牵头,协调各个政府主管部门,建立信访联席会议制度;三是成立高级别的信访工作领导小组,在信访办设领导小组办公室,统领信访工作;四是建立群众工作委员会,定期开协调会,解决信访中的难题。市县中以成立群众工作部居多;也有市县将群众工作部放在同级党委,与组织部、宣传部等并列;还有将其与信访办合署办公,由信访办主任兼任群工部部长。

2011 年 6 月,海南省委设立群众工作部,主要侧重于信访和稳定工作,与信访局合署办公,信访局升格为正厅级,部长由省委常委、政法委书记兼任。这是全国第一个省级层面的群众工作部。

2011 年 7 月,党中央、国务院印发《关于加强和创新社会管理的意见》,决定中央社会治安综合治理委员会更名为中央社会管理综合治理委员会,作为协调机构,主要职责是重点协调、推动涉及多个部门的社会管理重要事项的解决;加强对社会管理有关重大问题的研究,提出加强和创新社会管理的重大政策措施建议;协调、指导社会管理法律制度建设等。成员单位在原来的 40 个基础上又增加 11 个。中央综治办是中央综治委的办事机构,与中央政法委机关合署办公。地方各级也按照要求进行了更名和调整。这样,综治委职责任务增加、领导力量充实、工作机构加强,有利于发挥好组织协调作用,推动加强和创新社会管理工作向纵深发展。就地方而言,各级综治委主任多数由副书记或常委政法委书记兼任,也有某些地方是由政府正职甚至地方党委书记兼任。副主任一般包括常委政法委书记(副书记兼任主任时)、常委宣传部长、政府副职(1~2名)、人大和政协领导(各1名)、公检法正职领导以及军分区(人民武装部)、武警部队领导等。

2011年8月,广东省设立社会工作委员会。它既是省委的工作部门,又是省政府的职能机构,其职责包括牵头制定并组织实施社会工作总体规划和重大政策,宏观指导、综合协调、督促检查全省社会工作,协调相关部门起草社会工作方面的政策法规,参与拟定劳动就业、社会保障、教育、卫生、文化、体育等方面的政策,推进和创新群众工作,建立健全群众利益协调、诉求表达、矛盾调处、权益保障机制,配合推进社会领域党建工作等。社会工作委员会由4位省级领导兼任领导,还设有3名专职副主任,下设3个处。二十几个省委和省政府工作部门、人民团体作为成员单位派出委员。委员会实行决策、执行既相对分离又相互协调的工作体制,委员会负责统筹、决策重大问题,各成员单位按照职责分工贯彻落实。各市、县(市、区)相应成立社会工作机构。广东在省级层面成立社会工作委员会,并由省级领导兼任委员会领导,有利于对全省社会工作的统筹协调。

2013年10月,中共贵州省委成立群众工作委员会,承担执行中央和省委的群众工作部署、制定全省群众工作规划、指导和协调全省各地各单位群众工作、向省委提出群众工作建议等职责。省委群工委下设省群众工作中心,承担日常工作。群工委书记由省委专职副书记兼任。贵州省的市、县两级都组建了这样的机构。

三、发挥公权力重要作用、促进社会治理统筹体制建构的经验

本节主要是以35个全国社会管理创新试点城市为例,总结分析发挥公权力重要作用、促进社会治理统筹体制建构的经验。

2010年,中央综治办确定了35个全国社会管理创新试点城市,包括太原、长沙、合肥、沈阳、西安、石家庄、宁波、深圳、泰安、宜昌、楚雄、三门峡、延吉、南通、德阳、嘉峪关、鄂尔多斯,以及上海市长宁区、重庆市大渡口区、天津市滨海新区、北京市东城区、北京市朝阳区、广西凭祥市、辽宁普兰店市等。多年来,各试点城市积极探索社会治理的体制机制创新,普遍重视公权力在社会治理中的领导、主导作用,积极加强社会治理法律制度建设,不断推进政府简政放权,改进管理方式,培育支持社会组织发展,取得了显著成效。

(一)做好顶层设计

各地将社会治理纳入发展战略规划中,从全局角度进行谋划。如 2012 年,长沙市率先在全国出台了《长沙市推进社会管理法治化实施纲要》。天津市滨海新区提出了"加快打造经济发展和社会治理'两个升级版'"的战略目标,将社会治理放在与经济发展同等重要的位置;在《关于制定滨海新区国民经济和社会发展第十三个五年规划的建议》中提出了加强基层社区建设、推进社会组织建设、推进基层公共服务、建设社会治理网络化、建立社会矛盾纠纷排查化解机制等多项任务。合肥市"十三五"规划确定了社会治理 15 个重点专项规划,并按年度制定《合肥市社会管理工作项目责任分工表》。《中共太原市委关于制定国民经济和社会发展第十三个五年规划的建议》对加强和创新社会治理提出了明确要求。

各地加强社会治理制度建设,实现治理法治化、规范化。长沙市制定了《长沙市社会管理创新综合试点工作方案》,对社会管理(治理)进行系统整体规划,并配套出台了有关公共安全管理"治安"、流动人口服务与社会公共服务"治差"、社会民生保障"治难"、交通管理"治堵"等文件。石家庄市在2011 年制定《石家庄市社会管理创新工作实施方案》,包括综治信息化工作平台、社会管理机构、社会管理队伍和网格化社会管理体系建设等内容。太原市 2011 年出台《省城社会管理创新综合试点行动方案》,提出了包括实施"天网"治安工程、实施"双百"强基工程、加强社会组织服务管理、建立和完善矛盾纠纷联调工作体系、完善流动人口服务管理等在内的十项社会管理创新项目。合肥市先后出台了《合肥市重大事项社会稳定风险评估暂行办法》《合肥市加快培育发展社会组织暂行办法》《合肥市社会服务人才队伍建设暂行办法》《合肥市社会服务平台认定与补助暂行办法》《合肥市政府向社会组织购买服务暂行办法》《合肥市政府权力清单责任清单动态调整和权力运行监督管理办法》等多项规定。北京市朝阳区先后出台制定了《关于开展党政群共商共治工程的方案》《政府购买服务项目管理办法》《社会建设专项资金使用办法》《项目评估细则》《政府向社会组织转移公共服务目录》《政府购买公共服务项目目录》《承接政府公共服务事项转移的社会组织目录》《朝阳区社区工作者管理制度汇编(试行)》《进一步深化"一刻钟社区服务圈"建设的指导意见(试行)》《进一步规范朝阳区社区工作者待遇的实施细则》等规定。

2014 年,西安市出台了《关于全面深化城市管理和社会治理改革的若干意见》,从明确各级职能、完善城市建设管理机制、深化社会事务改革、创新社会治理体系四个方面确定了四大类 26 项重点改革任务,同时明确了全市改革的 323 项具体任务和 38 项重点任务。为确保改革务实高效,西安市建立了全面深化改革总台账,对改革任务逐一进行分解,明确了每一项改革的改革路径、成果形式、时间进度,确保各项任务落到实处。2015 年 5 月,天津市出台了《天津滨海新区条例》,设专章对社会建设进行系统阐述,提出了"建立合理的社会保障和覆盖城乡的基本公共服务体系""创新基层社会治理体制,搭建公共服务平台,完善社区民主管理制度,提高社区管理服务能力""建立公共财政对非营利性社会组织激励机制,鼓励和支持社会组织从事公益活动和提供基层的社会服务""转变政府职能,改革行政管理方式,将行业管理中的协调性职能、社会事务管理中的服务性职能、市场监督中的技术性职能等依法转移给相关社会组织承接""建设社区服务设施和活动场所、建立专门社会工作机构""建立健全社区居民自治制度""培育和发展社区服务性、公益性、互助性社会组织"等多项内容。

深圳市积极发挥立法引领、推动和保障社会领域改革的作用,先后编制了《深圳社会领域立法框架》,出台了《深圳经济特区社会建设促进条例》,确立了社会建设"基本法"体系。深圳市社会领域立法约 69 件,占现行地方性法规总数的 40%,如制定出台了《深圳市法治城区创建工作指导标准(试行)》《深圳市民主法治企业创建工作指导标准(试行)》等。

(二)积极推动公权力主体间的治理协作

积极发挥政协在社会治理中的重要作用。在 2015 年深圳"两会"上,《推动社会管理创新,促进深圳社会建设》的建议案成为深圳市政协五届二次全会一号提案。此后的半年多时间里,围绕社会建设与管理创新,深圳组织各级政协委员开展了 20 余次视察调研,并先后召开 2 次专题协商议政会议。长沙市政协积极发挥政协界别作用,联合协调市综治办,组织由人大代表、政协委员及其他社会代表组成的特邀监督员队伍,对社会管理过程进行日常监督和定期检查,通过群众座谈、问卷调查等形式,在城管、社保、环保、拆迁安置和食品卫生等与群众利益密切相关的执法领域,收集公众的批评和建议,并对社会治理项目进行民主评议。合肥市政协把"完善基层社会治理、促进法治合肥建设"作为 2015 年 6 个重点协商课题之一,积极建言献策。

积极推动群团组织参加社会治理。合肥市提出,从完善国家治理体系和治理能力的高度,把群团工作作为凝心聚力的大事来抓,抓住政府职能转变的有利时机,推动群团承担一些适合的社会治理服务职能,充分发挥其在参与社会治理和维护社会稳定工作中的积极作用。深圳市共青团与相关单位联合印发《关于开展青少年社区矫正服务工作的方案(试行)》《共青团参与青少年社区矫正工作(流程)指导手册(试行)》,试点在公安阶段的自愿帮教服务,同已经成形的检察阶段的涉罪帮教以及法院阶段的庭审帮教有机结合,整合群团、社会、司法资源,成立"三支队伍",建立"青少年事务社工+心理咨询义工+司法矫正社工"联动机制,使每名社区矫正未成年人获得"三对一"的专门矫正,共同构成具有深圳特色的违法涉罪未成年人帮教闭环服务体系。

长沙市妇联主动与市文明办、市综治办、市两型办等 11 家单位对接,主动承担这些单位减、放出来的行政权力承接工作。深圳市出台《性别平等促进条例》,市妇联提出了"用 5 年时间把有关妇联组织参与社会治理内容独立成篇",将自身打造成"资源枢纽、信息枢纽和人才枢纽组织,为妇女社会组织的发展壮大提供系统支持",并开展"阳光"系列工程:"阳光妈妈",用以支持单亲特困妇女、失业女性就业创业;"阳光家庭综合服务中心",提供亲子教育、婚姻调适、家庭调解、权益保护等一站式服务;"阳光心灵工作室",提供心理咨询辅导专业服务;"阳光女工",帮助外来女工健康成长,推动妇联组织在参与社会治理中转型发展。

深圳市总工会积极参与社会治理,很多方面都走在了全国的前列。2013 年,深圳市总工会率先在全国推出工会"律师入企"的创新举措,即委托工会法援律师团队直接进入企业工会担任法律顾问,为工会和职工提供法律服务和具体指导。截至 2014 年 6 月,市总工会已向深圳市 46 家企业工会指派 73 名律师,服务企业职工达 41 万人,提升了企业工会依法行事、科学维权的业务能力,实现了工会法律援助重心由单个劳动者维权向群体劳动者维权的转变。深圳市总工会的"圆梦计划"项目针对性地资助家庭困难但工作表现优秀的职工农民工在职攻读学士学位,取得专、本科学历。自 2009 年起,市总工会相继在全市部分"企业集中、职工聚集"的工业(园)区和社区配备了"职业化社区工会干部"。这些人员都是按"社会化招聘、契约化管理、职业化运作"的模式,公开招聘并经过多轮考核后录用,经民主选举成为社区职业化工会副主席,打破了企业工会干部"端老板饭碗、看企业脸色,不敢维权、难以维权"的状况。此外,工会积极参与人大立法,推动《深圳经济特区集体协商条例》出台,并与各级政府部门合作,形成联动机制,加大法律监督检查力度,依法查处、打击企业侵犯职工合法权益的行为。

　　另外,公权力在促进社区(村)自治、培育社会组织发展、调整市区街社权责关系调整等方面也发挥了重要作用,详见以下有关章节的内容。

四、宁波社会治理统筹体制建设的成就与经验

　　近年来,宁波积极探索创新社会治理体制,社会治理水平不断提升,积累了丰富经验,产生了一批在全国具有较大影响力和示范作用的成果。2010 年,宁波被列为社会管理创新综合试点城市,2012 年又被列为加强和创新社会管理样板城市。宁波已连续多次荣获"全国文明城市""全国最具幸福感城市""浙江省平安市""全国社会治安综合治理优秀市"等称号。发展永无止境,创新永无止境。宁波社会治理尽管走在全国前列,但也存在一些问题和不足,需要继续创新。

　　2011 年 7 月和 8 月,宁波先后出台《关于进一步加强和创新社会管理的决定》《宁波市加强和创新社会管理规划纲要(2012—2016 年)》两个社会治理的纲领性文件,对社会治理进行系统性、战略性规划。文件提出,要紧密结合宁波实际,不断创新体制机制,进一步完善"党委领导、政府负责、社会协同、公众参与"的社会管理格局,集合各级党委、政府、人大、政协、民主党派和工商联、工会、共青团、妇联等群团组织,以及各类社会组织、经济组织、基层自治组织和公众等一切积极因素参与到社会管理中来,实现共建共享。

(一)积极开展社会管理创新综合试点

　　2010 年,宁波被列为社会管理创新综合试点城市。2010 年开始,宁波市创新和完善 8 大服务管理体系,即社会化公共服务保障体系、多元化社会矛盾调处体系、动态化社会治安防控体系、现代化新型城市管理体系、系统化综合信息管理体系、人性化实有人口管理体系、法治化依法规范管理体系和集成化社会力量联动体系,共包括 38 项具体工作,初步形成全市范围内较为完善配套的社会管理体系。

　　2012 年,宁波又重点启动建设 10 个新项目,包括志愿服务组织培育、特殊人群管理服务、应急管理、群众利益诉求表达、公民思想道德建设、城市交通疏堵保畅、社会治安防范、食品安全监管、社会心理干预和城市管理综合执法。2012 年 9 月,宁波市出台《宁波市社会管理创新"十二五"规划纲要》,

对社会管理 8 大领域进行了全面规划,提出了"八优化一完善"工作要求,"八优化"即优化经济社会发展基础、优化基层社会管理体制、优化人口服务管理模式、优化公共安全监管体系、优化社会矛盾调处机制、优化"两新组织"管理方式、优化信息网络监管体系、优化社会管理人文环境,设置了 48 项预期性约束性指标,并确定了 68 项重点项目,建立全覆盖、宽领域、多层次的社会管理创新规划体系。

2013 年,宁波市安排确定了包括重大决策社会稳定风险评估机制、食品安全监管体系、生态环境保护工作机制、群众利益诉求表达和解决机制、城市管理综合执法体制、流动人口服务管理体系等在内的市级社会管理创新重点项目 15 个。

(二)公权力主体的有效治理协同

在中共宁波市委的领导下,宁波市人大、政府、政协等国家机关及共青团、工会、妇联等群团组织积极参加社会治理,增强治理合力,公权力主体之间初步达成了有效的治理协同。

宁波市各级人大积极推动社会治理。2010 年颁布的《宁波市人大常委会关于进一步加强和改进人大监督工作的决定》提出,要坚持问题导向,紧紧抓住影响法律实施、制约改革发展、损害群众利益的突出问题,不断增强监督的针对性、实效性。注重发挥各级人大代表在监督中的作用,扩大社会公众对常委会重大监督活动的有序参与。加强人大常委会、专门委员会与检察机关及监察、审计等部门的工作协同,进一步健全人大监督与新闻监督的配合机制,营造良好互动氛围,推动人大监督工作创新发展。进一步加强对政府及其工作部门依法行政情况的监督检查,促进提升政府工作的执行力、公信力和透明度。近年来,宁波市人大从侧重许可、处罚、收费为主的注重约束管理相对人的"管理性立法",向保护管理相对人合法权益的"维权型立法"转变,向注重规范政府行为、加强政府公共服务职能的"服务性立法"转变,向促进、鼓励、扶持社会事业发展的"社会性立法"转变。在审议、修改法规草案时,尊重公民、法人和其他组织的主体意识,重视解决广大人民群众的现实困难和社会治理中的突出问题,切实保障广大人民群众各项合法、正当权益。在继续实施立法咨询员制度的同时,还建立了基层立法工作联系点制度,进一步加强了立法工作与社会实践、基层群众的联系。为了保障人大常委会和各专门委员会依法履行职能,制定了立法计划制定办法、立法听证规则、法规草案征求意见工作制度、法规草案初审工作规定和立法技术规范等工作制度。积极开展"开门立法",运用公开登报、召开座谈会和专家论证会、实地考察、个别走访等多种形式,广泛听取市民和社会各界的意见。在拟定立法计划和立法规划项目库时,公开向社会发布通告,征集立法建议项目,做到了从立法的源头上就让广大公民直接参与,社会治理立法的科学性、民主性得到体现。

宁波市各级政协积极发挥自身在政协协商、民主监督和参政议政方面的优势,积极发挥在社会治理领域的意见反馈、协商、监督功能。2014 年,宁波市出台《市政府工作部门与市各民主党派工商联对口协商制度试行办法》。2015 年,市政协常委会议就"加强和创新社会治理若干问题"进行专题协商,围绕"管理有方、纠纷有解、困难有助"等重点内容,组织 4 个课题组,历时 3 个多月,深入相关部门、部分县(市)区和乡镇(街道),开展 10 多次调研座谈,就构建常态化公共管理机制、发展第三方调解组织、推进民商事仲裁工作、提高社会化救助水平等问题,提出 20 多条对策建议;还开展"四张清单一张网"等专项民主监督活动,就统筹促进业务互通、建立清单动态调整机制、完善简政放权等内容提出 20 多条意见和建议。

2010 年,团宁波市委颁布《宁波市共青团参与社会管理创新综合试点工作的实施意见》,对共青团在参与社会治理做出系统安排。通过购买服务和政策支持,丰富惠及青少年的公共服务产品;通过引入政府资金和社会资金提升志愿服务的社会效应,实现志愿服务项目与政府公共服务外包有机衔接。2011 年,团宁波市委颁布《宁波非公企业团组织参与社会管理创新综合试点工作的实施意见》,提出了"三个延伸"理念:从本地青年向外来青年延伸,从硬件建设向软件提供延伸,从组织管理向组织服务延伸。通过"12355"心理咨询进企业、全市性的"青工文化节""订单式"技能培训、青春交友等活动和平台,帮助务工青年解决就业、交友、婚恋等具体问题。

(三)多主体共治体制的初步成熟

宁波市不断推进社会领域的投融资体制改革,把扩大民间投资、放宽市场准入作为宁波社会事业领域改革的一项重点任务。2014 年,宁波市出台《关于鼓励和引导民间资本投资社会事业的意见(试行)》,逐步消除民间资本投资社会事业领域的障碍,明确全市医疗卫生、教育、社会福利和文化体育四大领域向民间资本开放,进一步拓宽了民间资本投资的范围和领域。民间资本投资社会事业领域取得了明显业绩。以民办养老机构和民营医院为例,短短两年内,宁波的民办养老机构的数量就从 2012 年的 35 家增加到

2014 年的 97 家,增加了近 177.1%;民营医疗机构从 2010 年的 1088 家增加到 2014 年的 1613 家,4 年间增加了 48.3%。到 2015 年 11 月,宁波民营卫生事业机构数达到 2434 家,占全市医疗机构的比重达 61%,其中民营医院达到 53 家,占全市医院总数的 49%;各类民办学校 1110 所,占全市学校总数的 52.5%;民营养老机构 82 家,占全市养老机构总数的 38%。

宁波市构建区域性新社会组织培训孵化、服务管理枢纽平台,推动社会组织参与社会治理。2013 年,全市 138 个社会组织服务平台直接孵化和间接支持社会组织 2800 个,70 余万名市民享受到个性化的社会服务,受益人群占全市常住人口的 1/10,两新组织成为基层服务群众、化解矛盾的重要力量。

宁波市积极建立政府购买社会工作服务制度。以海曙区、江东区为重点,宁波探索建立了"政府购买、定项委托、合同管理、评估兑现"的新型政府公共服务提供方式。海曙区还就社会工作领域推进政府购买服务的资金投入、工作职责、操作程序、项目购买方式和评估办法进行了明确和规范。

五、宁波社会治理统筹体制建设存在的问题与思考

宁波市在社会治理统筹体制建设方面尽管取得了很大成绩,但依然存在不小的提升空间。

(一)存在的问题

1.政府内部协同机制有待加强

目前,宁波市主要还是"市—区—街道—社区"这种两级政府、四级治理的模式,各县(市)则是"县(市)—街道—村社"这种一级政府、三级治理的模式或"县(市)—乡镇—村社"这种两级政府、三级治理的模式。从现实效果来看,这种多层级模式不利于社会治理效率的提高。

推行大部制改革后,宁波各级政府部门协同治理能力获得较大提升,但职能部门间的权责边界重叠交叉、互为前置审批、同一审批事项在不同系统间下放不同步的情况依然存在,多层级、多部门上下左右交织成复杂的立体审批"网",整体性政府建设仍有待加强。以政府向社会组织购买服务为例。作为社会治理的一项系统工程,需要相关部门分工明确,协调配合,共同推进。宁波市虽然成立了政府购买服务工作领导小组,但各部门协同推进的

工作机制建设需要进一步加强,单靠财政部门难以推动该项工作。

2.公权力之间的协作治理需要加强

2015 年,宁波市委发布《关于创新社会治理全面加强基层基础建设的决定》,对社会治理中的公权力主体职能与关系做了原则规定。《决定》指出,"市委、市政府建立创新社会治理全面加强基层基础建设领导小组,履行统筹协调、督促指导等职能。市人大常委会要抓紧做好有关法规的立改废释,提高法规质量,监督法规实施。市政协要围绕社会治理和基层基础建设,积极建言献策,加强民主监督。市委、市政府各部门要主动参与、支持社会治理和基层基础建设工作。市总工会、团市委、市妇联等人民团体要在社会治理和基层基础建设中积极发挥作用"。目前,公权力主体治理的协同性、整体性仍需加强。政府在社会治理中"既当裁判员,又当运动员"的情况依然存在。在人大与政府立法中,行业协会、研究机构、社会公众提出立法建议项目的来源比较缺乏,民主立法、科学立法的工作机制有待完善。其他公权力主体中,司法机关独立司法的环境有待改善,工会、妇联、共青团等群众团体的依赖色彩比较浓重,在社会治理中的主体性作用需要加强。

另外,各级地方党委在社会治理中总揽全局、协调各方的能力,发挥领导核心作用的能力等,也都需要进一步提升。

(二)进一步的思考

首先是积极达成公权力主体的治理协作。

一是发挥人大的重要作用。

打破区域性代表小组分类办法,试行专业性代表小组制,组建预算审查、文化卫生、教育科技、工业经济、社区治理、城市建设等专业委员会。人大常委会在年初围绕社会治理、民生实事确定调研事项和工作主题,组织各小组围绕重点题目分组分批进行调研。完善人大及人大代表的官方网站、微博和微信群,将重要决议、评议议案、监督事项、代表履职以及意见征集实时发布,接受群众的查阅、监督和建议。完善人大代表工作站等联系选民平台。规范代表接访工作流程,建立健全涉及选民利益的诉求登记、办理、报告、督办、反馈等工作制度。开展代表述职活动。

二是发挥政协的重要作用。

完善政协参与社会治理的协商机制。增强协商主体的代表性、包容性,在政协界别设置上增加社区和非政府组织的力量,为其提供表达平台。加强对重点信息的收集整理,完善党派团体、专门委员会和地方政协协调联动的信息工作格局,进一步发挥政协信息在党和国家舆情汇集和分析机制中的作用。

三是发挥群团组织的重要作用。

党的十八大提出,支持工会、共青团、妇联等人民团体充分发挥桥梁纽带作用,更好反映群众呼声,维护群众合法权益。在全面深化改革的背景下,群团组织参与社会治理,是新时期党推动社会组织发展的重要方式。群团组织应着重增强其群众属性和凝聚力,加强与所属群体的联系和服务,了解社会不同阶层、不同群体的愿望和要求,及时、准确、真实地反映各界群众的意见特别是本界别群体利益,从而发挥自身在社会治理中的协调关系、化解矛盾的作用,真正成为社会正常运行的"减震器"和"润滑油",社会矛盾的"缓冲器"和"调节器"。同时,群团组织要切实提升自身的服务技能、服务模式,减少行政色彩,推进扁平化改革,成为具备治理主体地位的枢纽型社会组织。在用好政府资源的同时,积极开发市场资源和社会资源,形成资源整合优势。

四是发挥法院、检察院的重要作用。

检察机关作为国家的法律监督机关,在维护法律权威和体现公平正义的过程中,要主动化解社会矛盾,促进社会和谐稳定。

法院要依托司法调控功能,化解社会矛盾。通过行政诉讼审查行政行为的合法性,监督行政机关依法行政、依法治理,从源头上预防和减少相关矛盾纠纷的发生。通过案件审理发现影响社会稳定的源头性、苗头性问题,向政府提出意见建议,引导其完善监管,及时填补社会领域的管理漏洞和盲区。

要依托司法整合功能,推进协同治理。对于审判工作中仅凭法院一己之力难以化解的矛盾问题,要充分发挥司法的延展整合功能,增强工作的主动性,积极协调各方,合力化解矛盾,推进社会协同治理。强化诉前调解机制,分流、疏导社会纠纷。完善诉前调解工作机制,尽最大努力将矛盾化解在初始阶段。建立涉稳定案件风险评估机制,预警社会风险。在审判阶段,健全诉讼与非诉衔接机制,多元化解社会矛盾。进一步加强与仲裁机构、行政调解机构、行业协会组织、人民调解组织等非诉纠纷解决主体的沟通配合。落实巡回就审制度,扩大巡回就审的适用范围。

在这方面,山东菏泽市"三调联防、多调联动"模式很值得学习借鉴。菏泽市建立"三调联防、多调联动"工作机制,整合人民调解、行政调解和司法调解资源,整体联动,健全制度,规范运作。

一是发挥"品牌"效应,引领人民调解工作。自 2011 年始,菏泽在全市开展"品牌调解室"创建活动,到 2015 年 7 月,全市共设立"品牌调解室"90 个。"个人品牌调解室"的人民调解员都是长年工作在调解第一线的市级以上优秀首席人民调解员,是群众公认的公道正派、品行良好的专家型调解员。品牌调解室成为协助当地党委、政府处理化解各种矛盾纠纷的"第一帮手",为民解忧的"第一平台"。品牌调解员在调解工作实践中坚持"巡回调解、普调并举"的方式,深入各个村(社区)。

二是以新型调委会为引领,向专业行业领域延伸。根据形势和行业发展的需要,菏泽市大力推进了交通、医患、劳动纠纷等专业调委会建设,不断将人民调解组织向企业、信贷、保险合同纠纷、征地拆迁纠纷、物业纠纷等领域拓展。司法局主动与法院、公安、人社、卫生等部门对接,着力在重点领域、重点行业建设调委会,聘请具有较高调解水平的退休司法行政干部、与专业对口的退休人员等专业人士担任调解员,并建立了相应的工作机制。专业调解组织积极参与劳动争议、道路交通事故、医患纠纷、征地拆迁等领域的调解,一批涉企、涉法、涉稳的专业性、行业性纠纷得到妥善调处和及时解决。这是菏泽市拓展人民调解领域、构建大调解工作体系的新进展、新成效。到 2015 年 7 月,全市行业性、专业性调委会已发展到 271 个,调解员达千余人。

三是以特色调委会为引领,拓展调处覆盖面。菏泽市专门在回汉聚居区、人员密集区和跨边界等特殊区域建立调委会,如在定陶县建立南城回汉社区调委会、范蠡商城调委会,和周边省份交界地区建立联合调委会等,并建立调解工作协调机制,协同解决回汉、边界、流动矛盾纠纷。

菏泽市"品牌调解室"创建凸显出独特价值,形成了品牌效应。

一是发挥司法确认优势,助推人民调解工作。人民调解协议司法确认制度,是为规范经人民调解委员会调解达成的民事调解协议,进一步建立健全诉讼与非诉讼相衔接的矛盾纠纷解决机制而制定的一项制度。它是一项便民利民的司法制度,相比诉讼来说,具有审理时间短、法律效力高、无须交纳费用等优点。菏泽市以乡镇人民调解委员会为依托,设立了司法确认巡回工作室,负责收集、整理基层调委会需要进行司法确认的调解协议,达到一定数量后通知县人民法院,县人民法院派相关工作人员到巡回工作室集中办理。达成调解协议后申请法院予以确认,经确认后的协议与法院的判决具有同样的效力。这样,既极大地提高了协议的履行率,又提高了群众对人民调解的认可度。

　　二是"多调联动"有效对接,探索"三调联防"工作机制。按照调解和防范相结合的模式,菏泽市实现了公安派出所、司法所、人民法庭三者之间相互的调解协作联动。以市经济技术开发区丹阳街道为试点,选定三个社区,设立三个"三调联防"工作站,聘请由职业律师、司法义务工作者、公安干警、政法战线老领导以及社区德高望重人士组成的 104 人调解队伍,组建精干高效、反应快捷的 82 人联防巡逻队,形成以三个工作站为中心、辐射全街道、条块结合、上下贯通的"三调联动"组织架构和综治维稳工作新格局。每个工作站覆盖约 10 个社区。坚持"属地管理"和"谁主管、谁负责"的原则,实行"分级负责、归口调处"的工作制度,把矛盾纠纷排查调处工作的责任和任务落在第一线。矛盾纠纷首先要有本社区调处,本社区能调处的,不得以任何理由推到工作站和办事处;本社区调处不了的,才可由社区出具调解申请书介绍到工作站帮助调解、处理。许多行政部门相继设立了行政调解组织。把矛盾纠纷的调处与法律援助工作和"148"法律专线相对接,对重大疑难矛盾纠纷,选派律师或法律工作者参与调解。对适合调解的法律援助案件,指派司法所工作人员或法律工作者进行调解。

　　三是整合资源,推进公共法律服务体系建设。自 2011 年始,菏泽市搭建了以司法行政法律服务中心为龙头,以建设覆盖城乡的公共法律服务网络为重点,以现有法律服务和法律援助机构规范化建设为抓手,全面推进公共法律服务资源在城乡之间合理配置、科学组合,为菏泽人民群众提供公益、便捷的基本公共法律服务体系。在市级层面,将司法行政关口前移,建立了"八位一体"窗口化、一站式、综合性的法律服务中心。整合法律服务、矛盾纠纷调处、法制宣传、特殊人群管理"四个中心"职能,并与政法各部门及工、青、妇、卫生、教育等 10 多个部门相对接,提升综合服务效能。升级市县两级"12348"热线职能,实行服务分解,案件分流。在县级层面,所有县区均按照市中心统一标准全部建成了司法行政法律服务中心,并结合各自实际,增加了社区、义工和心理咨询室等服务窗口。在乡镇(街道)层面,以优秀司法所为主体,整合司法鉴定所、调委会、社区律师工作室等服务机构,设立了纠纷受理、司法鉴定、法律援助、"12348"热线、社区矫正等服务窗口,将司法行政干部、专业律师、专职人民调解员、法律援助人员和公证联络员推向服务一线,进一步拓展服务空间,打造综合性、区域性、一站式的"基层公共法律服务航母",并以点带面,全面推开。在村居(社区)层面,依托人民调解委员会、法律援助站点等载体,设立法律服务站点和窗口,为人民群众提供日常法律服务。这些平台极大地简化了群众申请程序,真正实现各类法律服务资源优势互补。通过整合资源、延伸触角,基本形成了以市司法行政法律服务中心为龙头,县区法律服务中心和乡镇(办事处)公共法律服务中心为枢纽,社区律师工作室、品牌个人调解室、调解委员会、法律援助联络站点为基点的立体化服务网络。又针对不同的服务对象,选拔优秀法律服务人才,成立 10 个具有针对性的专业律师服务团,即政府法律顾问团、重点项目建设律师服务团、新农村建设志愿团、职工维权律师服务团、妇女维权法律服务团、知识产权律师服务团、人大信访法律服务团、涉法涉诉信访法律服务团、手牵手爱心公益法律服务团队、律师公益讲师团。

2011 年,司法部、卫生部调研组一行专程去菏泽调研医患纠纷调处情况,对菏泽市建立第三方调解机制的创新模式非常赞赏,认为是一种机制的创新,很有地方特色,具有较强的可推广性。2011 年,卫生部在菏泽召开"平安医院"建设研讨会,要求推广菏泽经验。

另外,还要发挥公权力促进社会组织发展的作用,发挥公权力促进公民自治组织发展的作用,等等。

第三章　宁波社会治理综合平台建设创新研究

本章总结国内其他城市社会治理综合平台的建设经验,介绍宁波的创新成果,并提出进一步完善的建议。

一、社会治理综合平台概况

(一)社会治理综合平台含义

社会治理综合平台是社会治理体制统筹性的一个重要体现。它指的是社会治理主体以信息技术为基础进行服务和治理的综合平台;信息资源通过社会治理平台的交流、汇集、处理、整合、传播、分享等,连通社会治理各主体。

现代社会结构复杂,社会治理面临重重问题。社会治理创新需要转换思路,借助信息技术、媒介发展等要素,系统性地建构以信息、服务、管理等为主要内涵的综合治理平台。信息资源、信息传播在社会治理中至关重要。信息资源意味着权力。信息技术的发展,特别是互联网所取得的日新月异的进步,正在改变着各种体系,使其转化成为开放系统。我们要积极推进社会治理体系的开放性,消除封闭,打破既有的领域边界,建构起一个开放的社会治理体系,实现信息资源在全社会的共享,这是社会治理模式的根本性变革。①

---

① 张康之.打破社会治理中的信息资源垄断[J].行政论坛,2013(4):7-13.

社会治理又是一个综合的系统性工程，每个环节之间环环相扣，相互影响。因此，要将社会治理看作是一个完整的系统。奥地利生物学家贝塔朗菲的系统论认为，系统是由若干要素以一定结构形式联结构成的具有某种功能的有机整体，它不是各个部分的机械组合或简单相加，系统的整体功能是各要素在孤立状态下所没有的新质。在系统中，相对于功能而言，结构就是工具，它是使这些要素和构件的功能通过系统整体功能得以有效发挥的中介和纽带；整体性、关联性、动态平衡性等是所有系统共有的基本特征。①社会治理是一项系统性工程，需要多个治理主体参与到治理的各层面进行利益的平衡和资源的共享，实现公共利益的最大化。② 社会治理是多主体相互协调、共建社会秩序的活动，目标是建构新的社会系统结构和运行模式。目前，我国社会治理呈现多主体化，协同治理作为现代社会新的运行机制和管理模式正在形成，只有借助信息、媒介等技术，从系统治理的视角出发构建社会治理综合平台，才能提高社会治理效果。

本节所讨论的社会治理综合平台，主要包括信息、媒介等要素，承担公共信息传播、公共服务提供、公共安全治理、多主体互动等功能，因此，通常所称的公共信息平台、公共服务平台、公共安全治理平台等都可以纳入"社会治理综合平台"的范畴。

（二）整体性政府与社会治理综合平台

社会治理综合平台建设，也符合当前先进的治理理念，如无缝隙政府理念、整体性政府理念。

美国的拉塞尔·M.林登在通用电气执行总裁杰克·韦尔奇"无界限组织"（boundary-less organization）这一概念的基础上，提出"无缝隙政府"（seamless government）的概念。无界限组织是对组织内部各部门之间原有界限的弱化，而非完全取消，它的优点是基于计算机网络化以更有效的形式使信息和资源在模糊的边界之间能够扩散，强调组织的速度、弹性、整合与创新。林登认为"无缝隙"要比"无界限"更能揭示新型组织的本质。无缝隙组织以一种新的思维方式和组织形式向传统的官僚制进行着改革。

整体性治理理论产生于20世纪90年代，目的是摆脱碎片化的困境，以期达到善治的效果。整体性治理在英国被称为"协同型政府"（joined-up

---

① 佟庆才.帕森斯及其社会行动理论[J].国外社会科学，1980(10)：62-64.
② 尹广文，崔月琴.社会治理的系统论研究[J].社会建设，2015(2)：17-23.

government)或跨部门议题(cross-cutting issues),在欧洲被称为"服务整合"(service integration),在美国被称为"合作政府"(collaboration government),在澳大利亚被称为"整体政府"(whole of government),在加拿大被称为"水平政府"(horizontal government)等。整体性治理的主要思想是重新整合,包括逆部门化和碎片化、大部门式治理、重新政府化、压缩行政成本、重塑服务提供链、集中采购和专业化等。

"整体性政府",指的是政府打破传统的部门界限和功能分割的局面,整合部门、人员等资源,以单一的界面提供优质高效的信息和服务。整体性组织是流动的、灵活的、弹性的、完整的、透明的、连贯的组织形态。顾客与服务提供者之间不存在繁文缛节、踢皮球或诸多遁词等情况,他们之间可以直接接触。整体性组织以一种整体的而不是各自为政的方式向公众提供服务,为顾客提供品种繁多的、用户化和个性化的产品和服务,让顾客感到有透明度,办事顺畅方便。它以为服务对象提供全方面的服务为目标,是对现行的行政运行程序的改造和提升。这是整体性理念的"顾客导向"。整体性理念的"竞争导向",则主张改变政府权力的无限膨胀,主张政府应该把部分公共产品与服务推向广阔的市场,通过委托、承包、采购等方式购买公共服务。

整体性理念在一些国家得到成功实践。英国的协同型政府很好地解决了英国政府"空心化"的局面。如今在英国的国家健康服务等公共服务中,协同、协调、整合的方法得到了普遍适用,克服了公共服务碎片化的弊端。澳大利亚政府的中央链接福利署(Centrelink)将来自8个联邦政府部门和各个州与地区政府的社会服务集结在同一个屋檐下,目的是向公民提供"一站式"服务。美国在联邦和州级安全防御领域展开联合行动,信息共享和机构合作能够避免恐怖分子的袭击和威胁。

这些先进的管理理念的产生,与信息社会的迅速发展密不可分。信息共享日益成为协调治理的一个重要基础,离开了信息共享,就会产生"信息孤岛"。部门之间数字化的信息共享和沟通系统,是公权力部门有效行使职权的必需条件。

无缝隙治理和整体性治理理念,已经对我国行政体制改革产生了重要启示。2008年、2013年这两次政府机构改革,都探索职能有机统一的大部门体制,实现职能转变与组织结构调整,使之更有利于跨部门事务的协调、精简、高效,适应社会协同治理、整体治理的需要。

二、社会治理综合平台的外地经验

(一)广东的经验

1. 宝安:"织网工程＋"行动

深圳市宝安区在"智慧宝安"的总体框架下,形成运转高效的"1＋6＋N"运行载体,构建"智慧政务、智慧管理、智慧服务、智慧产业"四大平台,并在"织网工程"一期的基础上,推进"织网工程＋"行动计划,运用互联网思维和大数据理念,加快政府部门信息资源的深度融合,改革传统的服务模式,以信息化助推基层治理能力和公共服务水平提升。

一是建立全区政务信息"大数据库",促进数据融合和资源整合,实现基于数据的科学决策。

建立融合共享的区级公共信息资源库。从 2013 年 12 月底起,宝安区着手建立集人口、法人、房屋和空间地理信息于一体的公共信息资源库,为建立区级公共信息资源库打下了良好基础。逐步建立分类主题数据库,扩展到商事主体、社保、计生、租赁备案等专题信息库,实现政务数据跨系统的共享交换,为全区机关部门提供统一标准的基础数据源,实现统一管理和"一源多用"。开启人本导向、需求导向的公共管理与服务模式。及时响应群众需求,变"被动管理"为"主动服务"。比如,通过数据库信息比对,对辖区范围内达到年龄要求需要办老年证的人群,可以及时进行上门协助服务。利用信息资源库实现小学一年级入学信息跨部门核验,减少家长开具各种证明、提交复印资料的麻烦。"用数据说话",为决策提供科学依据。依托大数据库,实时了解辖区人口分布情况,公共服务统计数据、民生实事进展、政府投资项目的跟踪管理、应急事件等都可在第一时间掌握,实现基于数据的科学决策,提升风险防范水平,推动政府管理和社会治理模式的进步。

二是建立实有事件"统一分拨平台",实现社会管理的精细化、协同化。

由区社工委牵头,区网格办、信息中心联合开发"社会事件统一分拨系统",建立实有事件分级分类标准,构建实有事件分拨处置运行机制。打造权威的实有事件分拨平台。区成立网格办,街道成立网格管理中心,从而建立区、街道实有事件两级分拨平台,完善统一分拨工作流程,厘清部门职责边界,依托区电子监察系统,对处置情况全流程考核,实现实有事件采集、分拨、处置、监督等八个环节的闭环管理。建立高效的实有事件分拨流程。对涉及基层服务管理的事件重新梳理,分为五级事件共 33 项,网格员采集到的每一项事件都自动生成唯一的身份编码,建立分级分类标准,明确处理责任主体,规范分拨流程,采用智能分拨和人工辅助的方式,分拨到区职能部门或者街道,相关单位在规定时限内进行处置。建立公众有序参与的共建共治渠道。在"宝安政府在线"微信平台增加居民入口,在"宝安通"手机 APP 设立"随手拍"板块,鼓励群众主动反映民意诉求、发现社会管理隐患信息等,统一归集到一个平台进行分拨处置,对群众的诉求或反映的问题及时给予反馈。

三是建立服务事项"统一受理平台",打破部门信息壁垒,实现群众办事同城通办、就近办理和一证通办。

打造公共事项统一受理平台,推进部门间信息共享和业务协同,实现面对群众"一窗式办理、一网式服务",全程电子化审批及证照共享,推进"前台统一受理、后台协同办公"。从"分散受理"向"一站式受理"转变。整合各部门单独设立的业务窗口,统一管理行政审批和服务事项,由综合窗口提供"一窗"办事。在不改变现有审批权限的前提下,推动服务端口前移,实现"进一家门、办百家事"。从"单兵作战"向"协同共享"转变。与市、区、街道有关部门的 15 个应用审批系统后台衔接,优化工作流程,前台受理事项实时流转,窗口人员避免重复录入率达到 50% 以上。设立个人空间、企业空间和机构空间,推进身份证"一证通"办事,群众去窗口递交纸质材料的次数减少一半以上。从"柜台式管理"向"全天候、多渠道办事"转变。实现 O2O(线上线下)无缝对接,与"宝安通""网上办事大厅"无缝衔接,部署 24 小时智能服务终端,百姓去窗口递交纸质材料的次数减少一半以上,采用互联网和手机申报事项率达到 25% 以上,办理进度和结果直接发送到手机。从"被动响应性"管理向"主动预见、主动推送服务"转变。依托政务大数据库及群众、企业历史大数据,主动挖掘用户信息,推送定制化、针对性的服务信息。

四是开发"宝安通"手机 APP,整合民生服务资源,建设指尖上的政务服务终端。

打造移动网上办事大厅。实现移动终端一站式网上政务事项办理,形成实体办事大厅与移动版虚拟办事大厅有效对接、优势互补。建设一站式便民服务线上平台。以"开放式平台+门户"模式,整合全区若干普遍功能单一的政务微信平台及 APP,集成医疗、教育、文体、交通等 26 个部门的民生服务事项,克服以前下载多个 APP 的不便;开发了"家校互动""全流程就医""二维码签到""随手拍报料"等若干具有宝安特色的民生功能。建立单位负责制和部门联动机制,确保各专业板块内容的持续更新和长期开发。同时开发信息精准投送功能,针对不同人群,进行"定制化"的精准信息推送。

2.惠州:坚持治理信息化,建设"智慧城市"

广东省惠州市以建设"智慧城市"为载体,让社会治理搭上"信息化高铁"。一是打造高效便捷、全面覆盖的智慧应用服务体系。以开展国家"智慧城市"建设试点为契机,着力打破"信息孤岛"现象,实现各系统、各平台数据互联互通,推动社会治理全面进入信息化、现代化"大数据"时代。市电子政务云数据中心已实现28个市直部门政务基础数据交换共享,以及市政府协同办公系统等39个政务系统运作,完成信息共享数据5.22亿条,交换数据5.23亿条,日均交换5.19万条。二是依托云计算技术,建立"横向覆盖部门、纵向延伸县(区)"的一体化网上办事大厅。打造了集政务公开、项目审批、社会事务办理、公共资源交易、志愿服务申请、公共决策互动、政府效能监察等七大功能于一体的网上综合办事大厅。三是运用"大数据"平台,最大限度收集民意,最高效率解决治理难题。创建"社情民意信息库""惠民服务微平台"等大数据服务平台,实现"前台受理、后台办理"一站式服务,24小时全天受理群众意见,并利用"库"存大数据资料,定期对社情民意进行综合分析,及时提交民意分析报告。

3.禅城:一门式政务服务改革

2014年,广东省佛山市禅城区以一门式政务服务改革为突破口,以行政服务中心为平台,以标准化推进无差别审批,以信息化推进流程优化,构建"一窗办事、办事不求人"的政务服务"佛山模式",打通联系和服务群众的"最后一公里"。

禅城区的改革,主要基于三点考虑。一是解决群众办事难。企业和群众办事不够方便,办一件事仍然需要多部门、多窗跑、多材料重复提交。政务服务效率不够高,政务服务窗口功能过于单一,前台大多只收件、不现场办结,后台审批环节多、审批时间长。二是倒逼政府内部改革。政府部门存在权力寻租空间,审批环节未能标准化,同一事项在不同的政务服务窗口有不同的规范和要求,有些部门将行政审批当成自家的"一亩三分田",导致工作人员自由裁量权过大。信息共享度不高,部门之间条线系统独立、信息分割严重、资料难共享,业务协同、协调联动、前后衔接的部门协同机制亟待完善。三是创新社会治理。企业和群众多年办事的信息,沉淀了大量的数据,但这些数据沉睡在各个条线的系统中,各自形成信息"孤岛",未能转化为鲜活的、动态的"大数据",利用这些数据推动政府科学决策和精准治理是大数据时代的必然选择。

禅城区改革的核心理念是"把简单带给群众和政府、把复杂留给信息系统"。借助信息技术,通过标准化、信息化、阳光化、数据化、人性化这"五化"建设,梳理、整合、再造政府部门行政审批事项,推动"两个集中",即把政府不同职能部门的多个办事大厅向一个集中、不同业务多个办事窗口向多功能窗口集中,打造新型办事服务大厅。总体目标是实现"六个办":一窗办、马上办、限时办、网上办、全区通办、天天办。

禅城区一门式政务服务改革主要内容如下。

一是一口受理,集成服务。"合门"和"并窗"。在原有行政服务大厅基础上,将其他专业办事大厅事项和散落在其他部门的事项一并纳入。将过去以部门业务划分的专项窗口优化为综合服务窗口,到 2015 年 8 月,任一窗口都可受理(办理)282 个事项。"单项"变"全科"。对窗口工作人员专门进行高强度培训,辅之以"傻瓜式"的操作系统,使之胜任跨部门、跨专业、多业务的窗口岗位,培养"全能"人员,推动"单项政务服务"向"全科政务服务"模式转变。服务人性化。对行政服务中心进行标准化改造,优化提升办事环境,比照银行 ATM 机提供自助查询,提供自助上网服务。

二是统筹标准,规范审批。审批权责清单化。全面梳理政府审批事项,编制"权力清单",厘清部门职责权限。编发"三个清晰告知"。编制面向群众和企业的《办事指南》和面向政府职能部门的《业务手册》,统一办事标准并对外公布,清晰告知部门"哪些事项应该入门"、工作人员"事情应该怎么办"、群众和企业"可以获得什么服务"。强化监督。形成"一门式受理,一门式监控、一门式考核测评"的投诉监督体系。建立覆盖办事全过程的实时监督系统,对咨询办理、事项审批、投诉处理等情景进行时限监察、回复质量监察,并引入第三方团队进行评估,逐步实现"认流程不认面孔,认标准不认关系"的均等化审批。

三是建立平台,业务协同。建立由电子政务网络、业务管理系统、基础数据库、交换共享系统、信息安全保障体系五部分组成的一门式综合信息平台,实现政务服务资源共享、业务协同和互联互补。统一前台审批信息化界面。通过系统对接、跳转等技术,进入社保、计生、国土等 24 个条线系统进行操作,倒逼后台系统的贯通,打破部门权力壁垒。共享部门信息。推动部门内部以及跨部门、跨事项、前后台的业务协同,实现串联审批向并联审批的转变,提高事项即办率。如积分入学事项,实现 16 个职能部门的并联审批,开放居住、计生等信息,直接减少群众提交材料的种类和数量,大幅度压缩审批时限。公开办事过程。建立办事前、过程中、办事后的全阳光流程运作,企业和群众可随时查阅申请事项的进展,实现政府阳光化服务。

四是建设数据库,材料不重复提交。建设和完善自然人和法人数据库,按照"全生命周期"规律,探索打造自然人和法人"我的空间"。以"一表通"解决表格重复填写问题。设立政务服务平台子目录"禅城一门式一表制系统",以部门为单元,将不同的业务申请表格进行整合优化,已填信息不需重复填写。如民政部门将 28 个事项的 14 类表格合并成一张表,实现了基本数据共享。以"电子证照库"解决证照资料不重复提交问题。以电子化材料、电子章为支撑,建设电子材料复用规则,推进电子证照库建设。以"大数据"沉淀实现精准服务和治理。将群众和企业办事过程中留下的各种信息、资料记录在案,发现社会的真实诉求,推送更加精准到位的公共政策和公共服务,并为政府决策提供依据。同时通过留下的数据和信息约束群众和企业的行为,推动诚信社会的建设。

五是构建"政务+",服务全天候。拓展网上服务。实现与广东省网上办事大厅的对接,至 2014 年年底,进驻广东省网上办事大厅佛山市禅城分厅的服务事项网上办理率达 100%,网上办事深度达到三级的服务事项占61.46%。推出"空中一门式"热线节目。以办事指引、公共服务、社区服务和企业服务为核心,为市民和企业提供高效、便捷、准确的公共服务。建立"自助服务区"。设置自助服务终端,拓宽政府服务的时间和范围。

禅城改革取得了明显的成效。

从群众和企业办事感受看。办事群众明显感受到"三少一增"。一是少跑门。镇(街)政务服务中心能办事项由原来的 60 多项,统一增至 282 项,群众一进入镇(街)政务服务中心这道门,就能办理更多的事项。二是少费时。群众办事等候时间由过去的 10~15 分钟缩短到现在的 5~10 分钟;即时办事项由 30 项增加到 78 项,限时办事项平均办理时间缩短 7.5 个工作日。三是少带材料。减少申请材料的事项达 97 项。同时,群众还能享受更多的增值服务,如在柜员机自助办事、自助上网办事等。

从政府和部门效能看。一是初步打破部门行政壁垒。禅城一门式综合信息平台通过后台系统跳转、对接等技术,将原来分散的 10 多个部门的 24个条线审批服务系统联结整合在一起,实现了多部门间业务协同办理和信息互联共享,打破了长期以来,政府部门之间业务不协同、系统不关联、信息不共享的困局,形成了"前台统一受理、部分直接办理;后台分类处置、部门协同办理;业务流程优化、管理全程监控"的服务运行体系。二是倒逼深化行政审批制度改革。通过优化申请条件、办理流程,制定审批标准、裁量准则,明确受理办结时间等办法,进一步界定政府部门权力边界,严格限制工作人员自由裁量权,真正实现"无差别审批"。

从社会治理效果和水平看。一是强化政民、政商双向互动。通过一门式服务平台,政府不仅能够真实、动态、全面地了解群众、企业的信息,也让群众和企业更好地了解到政府的服务。这种双向互动,使群众、企业与政府的关系,由过去的求助式帮忙转变为互动式共建,实现多赢。二是提升政府决策治理水平。通过一门式服务,把群众办事过程中留下的资料信息沉淀为"大数据",形成动态、实时、真实的数据库,便于政府科学决策。三是推动诚信机制建设。一门式系统对群众和企业申请资料情况记录在案,实行审批事项诚信登记,既有助于约束办事群众的行为,也有利于推动社会诚信机制建设,夯实基层社会治理基础。

2014年,在第二届"粤治——治理现代化"广东探索经验交流会上,中国(海南)改革发展研究院院长迟福林认为,禅城一门式改革是在互联网时代善于利用新平台来支撑政府公共服务的有效探索,改革还提出要把老百姓作为公众服务的消费者的理念,非常契合李克强总理在政府工作报告中"双引擎"的提法。2015年,国家民政部副部长顾朝曦在社区治理和服务能力暨社区公共服务综合信息平台建设经验交流会上指出,禅城一门式政务服务改革勇于打破部门壁垒,消除条块分割,善于整合资源,极大地提高了行政效率;禅城区推行基于信息化的一门式政务服务特色鲜明,在从工业社会跳跃到信息社会的现代化发展大背景下,其做法和经验值得各地民政部门进行总结和推广。

总的来说,禅城一门式政务服务改革抓住了群众办事希望方便快捷与政务服务繁复低效、信息化时代呼唤数据共享利用与部门条线分割导致"信息孤岛"这两大主要矛盾,通过推进"一口受理、系统优化、业务协同、信息共享、数据沉淀"的政务服务改革,不仅让群众办事便捷,而且倒逼行政审批制度改革,提升行政效能,促进公共服务标准化和均等化,更畅通了政府和群众联系的渠道,提高了社会治理的科学性和精准度。它是顺应大数据时代行政体制改革的率先探索,探索了信息化技术实现社会治理现代化的可行路径,是较好的创新社会治理的基层实践。

4.东莞:"12345"政府服务热线

2014年,广东省东莞市优化整合近80个部门、35个镇街及园区共260多条非紧急类咨询、投诉、举报热线,建立统一的东莞市'12345'政府服务热线。它集话务、网络、掌上"12345"、短信、微博、微信等于一体,目的是优化政务服务,提高行政效能,方便群众反映诉求,解决群众切身利益问题。基本的工作思路是"统一受理、按职分办、限时答复、督查反馈、汇总分析",加挂"东莞市'12345'投诉举报中心"牌子,提供政务服务咨询、消费维权申诉、经济违法举报、行政效能投诉等一站式综合服务。

在整合过程中,东莞统一网络问政平台,网上办事大厅政民互动栏目、阳光热线等网络问政栏目,直接并入东莞"12345"网络平台;对市网上信访大厅,采取"并网运作,信息共享"的方式同步运行。另外,"12345"热线与"110""119""120""122""12395"(海事搜救)、"12119"(森林火灾报警)等紧急求助热线,与"114""12580"及公交、邮政、银行、供水、供电、供气等便民服务热线互联互通,采取三方通话或转接方式,实现一线接入,无缝联动。

整合后的"12345"热线显现出很多优势。

一是一号对外,实现全网整合。之前,全市各部门、各镇街公布的咨询投诉电话共有260多个,由于部门服务热线缺乏统一管理,资源利用率低,部分电话难打通,服务监管不到位,服务质量参差不齐,影响了政府部门服务效能。建立全市统一的"12345"热线,可以有效整合全市咨询投诉电话,发挥"一号对外、统一监管、优化资源、服务决策"的作用。

二是大数据分析,服务政府决策。通过建立强大、智能的业务管理平台,精细化运营知识库,对群众诉求服务质量反映问题进行分类统计,定期分析汇总,及时发现行业工作效率、工作作风以及行业工作中的热点、难点问题,以简报形式报送市领导参阅,提供广泛的民意基础,服务领导决策。

三是公众参与,强化社会监督。他们开门办热线,不定期组织领导现场接听,开展"开放日"活动,邀请人大代表、政协委员、媒体记者、群众代表、学校师生代表到话务中心参观,主动征询意见建议。他们还利用媒体资源,策划制作"12345"热线相关的民生热线和专题栏目。

(二)浙江的经验

1.庆元:"五台合一"的社会服务管理指挥中心

浙江庆元县以治安防控安民心、情绪疏导顺民心、民生保障舒民心、真诚服务暖民心、履职践诺省民心这"五心工程"为引领,以服务民生为导向,于 2013 年建立了浙江省首家"五台(即五个分中心)合一"社会服务管理指挥中心,打造了社会应急联动指挥处置、便民服务管理新引擎,探索出符合中小城市社会治理的"庆元经验"。

"五台合一"社会服务管理指挥中心的建设,主要是基于三方面考虑。一是顺应社会治理现代化要求,充分利用"互联网+",引入"大数据",提高社会治理效果。二是提升地方政府治理能力。我国中小城市各类服务管理中心基本都是独立运行、分散管理。没有统一的调度机构,容易出现多头指挥、各自为政的现象,增加治理成本,降低工作效能。三是立足方便群众需要。政府部门各条线分别设有服务专线。据不完全统计,全县诸如"95119"(森林火警)、"12315"(消费者维权投诉)、"12365"(质量监督)等的特服电话多达 100 多个,群众记不牢,使用也不便。

"五台合一"建设的具体情况如下。

在资源整合上,形成"五台合一"。整合政府应急联动指挥中心、公安"110"指挥中心、住建"数字城管"指挥中心、民政"96345"社会公共服务中心、情报信息研判中心这五个分中心,集成建设"5+X"综合指挥平台,整合公安、安监、司法、信访、卫计、国土、市场监管等部门信息资源,实现社会治安、应急处置、城市治理、公共服务等政府职责的整合。推进"网格化治理、组团式服务"和"浙江省平安建设信息系统"的"两网融合";建成"五水共治"网控平台、政务咨询投诉举报平台。合理归整了基层各类"花钱多、应付累、效果差、不兼容"的信息平台,逐步实现系统兼容可拓展,信息采集录入各负其责,多方资源共享共用,把基层公共服务和社会治理的一网揽尽,建设基层公共服务和社会治理"一张网"。

在便捷服务上,开通"两条热线"。"110"专线主要接收应急类事件,受理医疗事故、消防事故、交通事故、安全生产事故、抗旱防汛防台、公共卫生、森林防火等应急处置和群众报警紧急救助。接到应急类事务求助报警,指挥中心便根据"就近处置、专业救助"原则,第一时间直接指派相关部门赶赴现场,并辅以跨区域、跨部门、跨警种协同配合,做到有序、快速、高效。"96345"平台(专线)主要接收服务类事项,通过"96345"特服电话、问政直通车、微信、便民信箱等受理群众生活起居帮助、公共服务领域监督、城市治理投诉、政策咨询等。两条热线各设多部座机,互不干扰,人工分流,绝不忙音。

在运行模式上,实行"三级联动"。横向三级联动:一级联动以公安等 25个单位(部门)和 19 个乡镇(街道)为主,24 小时值班,承担应急类服务管理工作；二级联动以人武部等 14 个部门为主，24 小时值机备勤，承担非应急类服务管理；三级联动以县委办等 57 个单位为主，承担联动工作服务保障、善后处置和责任追究等。纵向三级联动，由"五台合一"指挥中心与乡镇（街道）社会服务管理中心、村级（社区、企业）便民服务中心组成。指挥中心接到群众报警、巡查发现、联动请求等情况后，按照"统一接警、分别处警""谁主管、谁负责"的处置原则，迅速将指令直接下达有关联动单位，达到"有警必接、有难必帮、有结必解、有险必救"。

在操作方式上，推行"四大机制"。一是建立联动指挥机制。指挥中心分类指派、限时处置；需要多部门协同处置的，按照职能管辖，直接指派相应的牵头单位和配合单位共同处置。二是建立民生服务机制。指挥中心为市民分门别类提供专业化服务，及时回应市民，提高城乡治理水平。三是建立科技辅助机制。利用指挥中心的图像监控、无线指挥调度、有线通信、计算机网络技术系统，对应急预案、物资、队伍、专家库等数据实行电子化治理和分析，统一指挥预防，高效处置突发事件。四是建立考核监督机制。制定《庆元县社会服务管理成员单位工作职责》《庆元县社会服务管理成员单位考核办法》，实行网上实时监控和自动统计；定期或不定期对各应急联动单位落实 24 小时值班备勤执行情况进行检查。严格按照县目标管理责任制考核实施办法，按月对联动单位工作完成情况进行通报，对未按时按要求处置的联动单位问责，考核结果纳入各单位年终目标治理考核。

这些举措，解决了如下一系列问题。

一是有效整合资源，解决了资金不足的后顾之忧。

二是高效指挥处置，解决了联动不顺的合力难题。"五台合一"指挥中心为县政府直属的正科级事业单位，各联动单位的信息网络和通信系统与指挥中心实行信息实时对接、视频同步监控，形成应急资源共享、队伍共建、处置责任共担的工作格局。依托"网格化管理、组团式服务"和基层社会治理综合信息系统，整合 16 个部门的网格员，克服条块分割、职责不清、协调不畅、多头指挥、程序重复等弊端，变"各自为政"为"合成作战"，形成统一指挥、部门联动、分类处置、快速反应的应急联动处置机制和公共服务机制，使政府的统一协调和部门的分类管理有机结合，使涉及多个部门的综合性问题得到整体解决。

三是有机联通政企，疏通了原本不畅的服务渠道。"五台合一"指挥中心把各部门多达 100 多个特服号码整合成 2 个专线号码，方便群众记忆和求助使用。"96345"公共服务平台设有"96345"热线电话、庆元论坛、

"96345"微信平台、问政直通车、服务信息资源库,加盟200多家企业(团体),统一受理市民各类求助和投诉建议,实行网上受理、派单、反馈。服务内容涉及部门的移交有关部门办理,涉及个人生活起居的联系专业队伍上门服务,做到"有求必应、有疑必解、有难必帮"。还依托"庆元论坛"推进异地便民服务功能。

四是有力多管齐下,解决了督促不力的监管窘境。指挥中心整理归类群众反映的热点难点问题,形成《每日网情速报》供县里主要领导参阅;同时及时疏导回应、及时引导解决、及时派单处理、及时反馈情况,推动单位主动回应群众呼声。依托"五台合一"资源建立的全县政务咨询投诉举报平台,是群众监督投诉专线,凡有群众投诉或建议,"五台合一"指挥中心都无条件受理,并督促落实整改、反馈回复。建立"96345"微信公众服务平台,成立全国首个"微信协会",全县注册网名10万余个,各条线各级领导分别建立"微信群",并在微信群晒工作接受群众监督。

"五台合一"集联动指挥、服务民生、参政议政、监督投诉等为一体,有效解决服务群众"最后一公里"难题,打造了"六型政府"。

一是打造资源整合黏合剂,形成整体型政府。"五台合一"整合原本分散的政府条块资源,形成治理合力,实现治理系统化,使政府的各级、各部门真正作为一个整体来行动。与浙江宁波市的"81890"、杭州市上城区的平安"365"以及金华市的应急联动中心等相比,它的综合性更强,服务内容囊括了与群众生活息息相关的各类报警求助、基本生活求助以及投诉建议等,成为庆元版的万能"百度"。

二是打造社会治理联动网,形成效能型政府。"五台合一"整合了与群众生活最为密切的部门工作职能,同时将"平安通""食安通""消防通"等信息数据统一纳入,集成建设"5+X"综合治理"一张网"。横向纵向立体联动,将政府自上而下的治理职能与社会自下而上的民间力量有机融合,指挥中心无障碍指派,直达操作点。

三是打造情绪疏导减压阀,形成亲民型政府。"五台合一"基本消除了政府部门间相互扯皮、互相推责、各自为政的现象,通过数据交换中心实现信息共享,依靠督查通报问责机制解决了协调难问题。资源整合前,部门担心权力"被缩水";资源整合后,部门尝到了甜头,沟通联系多了、有效合作多了、问题解决快了。综合平台对群众及时回应,公开承诺,努力把问题解决在萌芽状态;群众投诉少了、建议多了、怨气少了,反映的问题没人跟帖炒作,政府与群众的距离缩短了。近几年来,群众安全感满意度列居浙江省前列。

四是打造服务民生主功能,形成服务型政府。"五台合一"综合平台坚持"以人为本"的执政理念,联动全县所有部门、服务行业企业和社会团体,实行全天候、全方位、人性化、专业性、高效能服务。对应急类报警做到准确指令、快速派单、有效施救,最大限度保护群众生命财产安全;对非应急类求助耐心解答或派员帮助。还精选人员组建技术团队,建立服务团队信息库,建立加盟企业失信惩戒制度,有效提高服务质量,得到群众交口称赞。

五是打造参政议政直通车,形成民主型政府。"五台合一"搭建群众参政议政平台,畅通百姓参政议政渠道。中心经常在平台上征求群众意见和建议,每年评选"政府征求人民群众建议奖";"两代表一委员"把群众在论坛平台上反映的突出问题纳入提案,把一些利益平衡问题放在"论坛"上讨论,让百姓相互评价。部门改变了原来只重视领导意见的倾向,以听取群众声音为主,群众的民主参与度提高。

六是打造公共服务标准化,形成法治型政府。为避免服务管理的随意性和无序化,"五台合一"根据国际 ISO9000 公共服务质量认证体系的要求,构建服务管理标准化体系项目,包括各项治理标准、服务标准、保障标准和岗位标准,以及政府应急联动处置程序和各项应急预案等,共计 148 项。

庆元模式具有较为普遍的借鉴意义,2014 年被成功列入浙江省首批 6 家服务标准化项目,2015 年荣获"第三届浙江省公共管理创新案例十佳创新奖"。

2.安吉:美丽乡村信息便民服务中心平台

2012 年上半年,浙江省安吉县致力强化平安建设基层基础,加大财政投入和资源整合力度,谋划创新载体和手段,依托广播电视数字传输网络,在全省率先建设以"村村通"数据光网、"村村响"音频广播、"村村看"视频监控和"村村用"信息云台(以下简称"四村")为主要内容的美丽乡村信息便民服务中心平台,有效整合了广电系统、互联网系统和呼叫系统等应用资源,集成了三务公开、便民服务、信息共享、治安监控等功能,开设"平安视频""平安家园"频道,通过数字电视向群众开展平安宣传,推进社会治安技防系统和平安创建宣传"两个体系建设"。截至 2015 年年底,全县 208 个村(社区)实现"四村"指挥平台建设全覆盖,共建成平安视频监控探头 3970 余个;"平安家园"频道开通家庭已有 5 万户,"平安家园"网页日均点击量达 2 万人次左右。

一是科技支撑,创新平安宣传平台。安吉县把信息科技手段运用于基层平安创建,充分利用广电数字网络设施和技术,创新建设"四村"数字网络系统服务平台,集成社会管理、平安建设、便民服务、信息公开、教育咨询等功能,建成全新模式和普遍适用的基层社会服务管理信息化应用中心。通过"村村看"平安视频建设,安吉县在各村(社区)交通路口、广场、集市等重要地段安装高清视频监控探头(每个村、社区 12 个以上),实现村(社区)社会面状况的视频实时监控,加强村内治安防范、物资堆场监管、村民家庭安防,规范村民日常行为。"村村看"与"村村响"联动可成为应急指挥平台,利用平台监控和实时掌握动态信息,进行应急广播指挥疏散人群。通过"村村用"信息云台建设,安吉县开设"平安家园"专题频道,将平安工作所要求、人民群众所需求的各类平安宣传和便民服务信息资料,统一发布在信息服务中心平台上,利用千家万户的数字电视向群众开展最直接的平安宣传、提供最便利的信息化服务。同时,为更广泛地开展平安宣传,在安吉视窗、安吉政法委网站设立"平安家园"板块,与数字电视"平安家园"频道同步更新信息资料,开辟网络宣传新阵地。

二是整合资源,丰富平安宣传内容。自 2012 年以来,安吉县把"平安家园"频道建设作为平安宣传的主抓手,不断调整丰富栏目设置和内容,致力使宣传内容和形式更加贴近群众生活。目前,"平安家园"频道设有平安创建、平安宝典、平安视频、法律服务、网格服务、天天出行、竹乡警视、"王义"说法、有奖竞答、曝光台等 10 个板块。安吉县还利用"村村用"信息云台开设便民服务频道,设置了反映村(社区)村务、党务、财务状况的"三务"公开栏目,增强基层组织的工作透明度,并设置了通知通告、招工信息和政策信息等多个便民服务栏目。"平安家园"和便民服务频道互设了"平安链接"按钮,方便群众切换收看。

三是强化保障,深化平安宣传开展。建立由县委副书记任组长,县委常委、政法委书记任副组长,县级 23 个相关责任部门参加的建设工作领导小组,确保政策支撑到位、部门落实到位、专门人员到位、经费保障到位。逐一明确相关责任单位的工作分工,明确县委政法委(平安办)作为建设工作领导小组办公室,负责"村村看"建设的检查督促和"平安家园"信息资料的收集审核;县广电台负责平台建设、技术保障和长期维护;各相关责任单位按照板块栏目设置,负责相应信息资料的采集提供;县平安办分别将"四村"信息服务中心建设纳入乡镇(街道)、部门的平安综治目标责任制考核。在机制保障上,建立信息分工采集机制。各单位确定专门的信息采集、审核责任人,按照长期性、阶段性、临时性和突发性分类,在规定时限、按规定要求提供各类有效信息,以确保信息采集、发布的安全性、时效性。建立信息分级发布机制。合理设置县、乡镇(街道)、村(社区)信息发布和录入权限,鼓励乡镇(街道)、村(社区)充分利用"平安家园"、便民服务频道发布信息,涉及县级部门的信息由各部门向县委政法委(平安办)提供,经审批筛选后,由县广电台统一录入。

安吉美丽乡村信息便民服务中心平台有效集成多种服务管理功能,把"四村"功能充分运用于社会管理、平安建设、治安防控、应急指挥、"三务"公开、便民服务、宣传教育、民意征询等方面,推动实现社会管理的科技化、城乡服务的一体化、公共资源的集约化,逐步使群众从"办事不出村"转变为"办事不出门"。

3.义乌:"96150"非应急服务热线

浙江省义乌市把"96150"热线打造成"政府与市民的连心桥、行政执法的监督岗、群众办事的服务台、反映社会动态的风向标"。具体做法如下。

整合资源,建立共享共用的社会信息资源体系。一是整合全市投诉咨询号码,建立义乌市数字城市管理中心即"96150"热线,隶属于行政服务中心管委会。将市综合行政执法局"96310"、人社局"12333"、交通局"96520"、文广新局"12318"、农业局"12316"、环保局"12369"、质监局"12365"、卫生局"96301"、物价局"12358"、药监局"96311""96317"、科技"12330"、民政"96345"、工商局"12315"等14个特服号码,及其他政府部门以固定电话作为公开咨询投诉的64个号码,整合为非应急的"96150",一号对外。由数字城市管理中心具体负责"96150"热线。二是整合视频监控资源。将公安的治安监控点、环保局的高空瞭望和污水监控接入数字城市平台。三是整合全市政务公开信息。建立完善的后台查询知识库,持续采集更新各项便民信息。四是整合GIS信息资源。形成信息覆盖面广、基础功能全的政务地理信息平台。整合后,公共信息服务平台基础信息向有需求的协同责任单位开放。

规范流程,完善业务运行处置机制。一是规范受理登记。受理员根据来电诉求,按照系统受理类别做好分类工作,明确责任单位。二是规范派单渠道。根据政府机构设置的变更和群众反映问题类型的变化及时增、减协同责任单位;同时完善数字城市"96150"联络员制度。三是规范反馈时限。对各协同责任单位接到数字城市派遣的问题,实行限期反馈制度。规定反馈结果要有处理时间、相关经办人、对事情的处理经过、处理结果、法律依据等内容。四是规范案件回访。在受理中心设置回访员岗位,建立回访员考核办法和"96150"回访制度;对受理问题进行满意度回访调查,对不满意案件根据具体情况重新派遣处理。

部门联动,形成社会管理和服务的合力。一是坚持联席会议和联络员会议制度。二是建立疑难问题处置机制。对于联席会议中不能解决、需提交市政府解决的疑难问题,由市府办召集有关部门明确处理意见,及时予以办理。三是实时监督各部门履职情况。按月通报各部门业务处置情况;与效能办联合开办"网上效能投诉平台",增设论坛、微信等方式的群众诉求渠道;与义乌主流媒体合作,开设"商报服务站""96150专栏",对难点案件进行专题报道,督促案件的解决。

4. 金华:"8890"便民服务平台

浙江省金华市建立了"8890"便民服务平台。它是一个以市民诉求为导向,以公共信息服务和效能投诉服务为重点,由政府全额投资建设,为市民提供咨询、求助、投诉等非应急社会管理类服务平台。它整合政府、市场、社会资源,把千家万户的服务需求与成百上千的服务主体实现对接,并把市民对城市公共管理和服务的需求、意见和建议及时传递到政府相关部门解答处理。金华的这一整合,并不是简单的热线的归并,而是信息资源和工作机制上的整合,建成了一个"门类齐全、内容丰富、操作方便、即时即用"的公共信息服务数据库,为170余条热线安上了一个总机——"88900000",市民只需要拨打一个号码,便可享受"一站式便民服务",实现"一个号码找政府"。

该平台主要包括公共服务、效能投诉、社会服务三大系统。公共服务系统,主要是运用各种服务资源为市民衣食住行、生老病死等日常生活问题提供"一站式"非应急求助咨询服务,求助咨询事项由平台直接解答或加盟企业派单服务。效能投诉系统,主要负责交办、督办市民投诉事项和督促有关职能部门及时协调解决投诉问题,但平台受理不办理,不参与具体问题的协调解决。社会服务系统,主要是发挥志愿者和公益性组织的作用,为市民提供服务。

"8890"便民服务平台按照"咨询类诉求即时答复、生活类诉求派单服务、事务类诉求限时办结、效能类投诉及时督办"的要求,创新三大工作机制。一是集中受理机制。市民可通过热线电话(88900000)、网站(www.jh8890.gov.cn)、短信(1069021988890)、微信(jh8890)等四种方式,全天候24小时向平台反映各种非应急类诉求。对应急求助,平台及时移交或转接

"110"处理。二是分类交办机制。对咨询服务类诉求,平台直接从信息库中查询解答,或通过承诺交办方式在一个工作日内答复;对生活服务类诉求,根据"就近、公平、择优"原则,向加盟企业进行推荐或派单,加盟企业会在 10 分钟内与诉求人取得联系,并商定上门服务具体事宜;对事务效能投诉类,由市督查考评办按照部门职责分工、交办相关责任部门限时办理。三是回访考核机制。对加盟企业派单服务情况和各类交办件办理情况及时进行 100％回访。回访情况录入企业、部门办结档案,并作为企业择优推荐和党政部门年度工作考核的依据。

平台开通初期,首批 78 家服务企业成为加盟企业,到 2014 年 8 月发展到 169 家,内容涵盖了 20 个大类 200 多小项,可基本满足市民日常生活需求。"8890"平台本身不向加盟企业和市民收取任何费用。

平台有一套行之有效的办理机制。由市督查考评办公室负责对市民反映集中比较强烈的民生问题和意见建议等事项,实行领导批办制;对疑难诉求件或涉及多个部门职责事项,实行商办会办制。同时,及时研判阶段性民情"重点"、民需"热点"和民忧"焦点",将带有倾向性、苗头性、规律性的诉求信息及时报送市领导参阅。跟一般的"114"不同的是,"8890"可以受理市民的诉求,按照"首接负责制"的原则,实行前台统一受理、金华市督查考评办公室统一交办、党政部门限时承办的工作机制。承办部门如果不能在规定时限内办结,申请延时最长不超过 15 个工作日。

金华市还实现"市域一张网",在婺城区、金东区和金华经济开发区设立"8890"平台的执行部,各县市建"8890"平台分中心,实现市、县、乡三级联动。

"8890"平台成为沟通百姓的"连心桥"、为民办事的"好帮手"、政府效能服务的"总枢纽"、服务产业的"孵化器"。

(三)其他地方的经验

1.海沧:政务综合体

2011 年,厦门市海沧区为解决群众办事不方便、政府管理服务不到位、共同参与社会管理渠道不通畅三大问题,为实现政令执行畅通、部门协调沟通、政民互动联通,将城市开发建设领域的"综合体"概念引入行政管理领域,创造性地提出打造以"社会事务服务中心、协商中心、求助中心、调解中心、应急中心——五个中心"为一体的"政务综合体"。2012 年正式运营,共设置 92 个窗口,首批进驻单位 41 个,涉及服务项目 600 项。2013 年年初,又结合福建省行政服务中心标准化要求,将"五个中心"引入行政服务中心,实现"5+1"的功能叠加,建成福建省面积最大、窗口最多、审批服务事项最多、功能最齐全、服务最温馨、信息化程度最高的区级行政服务中心,成功打造"行政审批一站式—公共服务一站式—社会管理一站式"的政务综合体"升级版"。

"政务综合体"全面整合行政机关、党群部门、事业单位等各类资源,实现"综合服务全整合、审批流程全压缩、电子信息全升级",实行"一个窗口受理、一站式审批、一条龙服务、一个窗口收费"的运行模式,实现了社会管理的整体化。

政务综合体从区政府层面整合职能部门资源,并实现区、镇街、村居三级联动,构建纵向整合与横向协调机制之间的有效衔接。互动机制的构建,有赖于"电子信息全升级",当前政务综合体有效整合"五个中心"运行体系、区网格化指挥中心、3个镇街网格化指挥中心、三防指挥中心等体系,实现各类信息系统的标准化接入。综合体通过3个镇(街)便民服务中心,与全区37个村(居)便民服务代办点实时动态连接,同时梳理85项事权下放到镇街和村居。

政务综合体实现了单一功能向综合性服务平台的转变,集行政审批、社会管理、公共服务、资源配置、信息公开、效能监察于一体,有利于上下联动、部门协同,有利于强化服务监督。政务综合体的救助中心整合了社会救济、劳动维权、残疾救助等10多类非紧急救助资源,为公众提供系统、全面的救助服务。调解中心整合了综治、信访、劳动仲裁、消费维权、医患纠纷等资源,构建多元主体的调解机制和"大调解"工作格局。区政府办牵头的应急中心整合了应急管理和处置各方资源,建立了"快速响应、联动处置、一呼百应"的应急处置机制。协商中心搭建了重大决策公众参与、专家论证、听证及民主协商和新闻发布、政情通报的平台,公共部门与民众形成了"自上而下"与"自下而上"相结合的良性互动。

政务综合体是社会治理集成创新的新实践。一是集成了功能协调,实现了单一功能向综合性服务沟通平台的转变,服务、调解、应急、求助、协商五职能并举。二是集成了职责齐抓,信息化技术、现代治理理念和服务精神有效结合,行政审批、社会治理、公共服务、资源配置、信息公开、效能监察协同。三是集成了问题解决,着力解决群众办事不方便、政府管理服务不到位、共同参与社会治理渠道不通畅等三大问题。四是集成了力量共管,横向上党群、行政、司法、自治四管齐上,多方面力量有机结合;纵向上区、街道、社区三级配套。

海沧政务综合体被俞可平教授誉为地方治理体系和治理能力现代化的"厦门模式"。

2. 保山："6995"网格化服务管理信息平台

"6995"是 2013 年云南省保山市搭建的网格化服务管理信息平台。

保山市从创新基层执政思路、夯实基层执政基础、改革基层执政方式、提高基层执政能力的高度出发,实施平安创建"城市一张网、农村一道岗、边境一面墙"建设工程,出台深化"三个一"工程建设、推动社区(村)网格化服务管理的实施意见,全面推行网格化服务管理。在城市社区根据地理分布、楼宇街巷等要素划分网格,在农村以村委会或一个村民小组或较大的自然村为一个网格,共划分了 11468 个网格(城市 706 个、农村 10762 个),配备网格员 11468 名。在每个网格内以 10～20 户建立十户联防治安中心户群组,共设立了 52500 个群组。在群组内通过民主推荐和选举产生治安中心户长,负责群组内的治安联防、信息收集上报、邻里纠纷化解、特殊人群服务管理、法治宣传教育、平安家庭创建、生活互帮和生产互助等工作,有效破解了一地一域、一寨一户群众平安愿望和需求各异境况下的社会治理难题。

网格划分后,保安市又把现代信息化技术融入群防群治十户联防建设中,本着简单便捷、实惠有效的原则,在市移动公司的支持下,研发建立了"6995"网格化服务管理信息平台,通过试点、改进、升级、推广,构建了"群防群治、邻里守望"的基层社会治理新模式。随后,在全市城乡各区域、各行业逐步推广应用。

"6995"是手机通信短号"来救救我"的谐音,是让手机变身小喇叭的平台号码,是"十户联防＋手机＋互联网"形成的一种基层社会治理模式。将每个治安中心户群组内持有移动手机的村民、治安中心户长、网格员、警务人员作为一个手机"6995"群组绑定,这样,通过手机就能实现群组内手机语音同步呼叫和信息同步发送,实时接收,"一呼九应";语音呼叫的同时,"6995"网格化服务管理信息平台通过网络,将呼叫群众的求助信息以手机短信方式发送至群组内其他成员,实现语音和短信的双重告知,其他用户可以通过语音通话进一步了解呼叫群众的情况,实现及时有效的互帮互助;平台内的接警中心也同时接到呼叫信息,视情况进行处置;治安中心户长根据群组内拨打"6995"的情况,对信息进行收集、梳理及时上报"6995"网格化服务管理信息平台,网格员通过信息平台汇总整理采集到的治安情况、矛盾纠纷、安全隐患和生产生活求助等基础信息，依托"96885"（综治通）报送到云南综治信息系统，供市、县、乡三级政法综治维稳部门汇总统计、分析研判、分流交办和督导反馈，实现了信息化和网格化的融合，形成了"服务有平台、管理有网格、支撑有信息"的网格化服务管理体系。

这一模式建立了四大功能，构建起了政府部门与网格员之间、网格员与中心户长之间、中心户长与村民之间、村民与相关部门之间的协调互动。一是治安联防。网格员借助"6995"随时与网格内的治安中心户长联系，掌握网格内治安状况；中心户长组织所负责的10～20户群众搞好治安巡逻防控；每个中心户长之间可以随时保持联系，密切了网格内、群组间的治安联防联控，形成"全天候、无缝隙、全覆盖"的治安防控体系。二是警民互动。当群众遭遇入室盗窃、抢劫抢夺等不法侵害时，可以直接拨打"6995"进行报警，确保公安机关能够迅速出警；与此同时，附近群众也能及时赶到现场，阻止不法侵害行为，降低给群众带来的损失。三是邻里互帮。当群众遇到暴雨、山洪、泥石流、滑坡、地震、火灾以及急重病人发病等需要组织力量进行帮助救援的情况时，直接拨打"6995"告知邻里，确保在最短时间内实现邻里互帮。四是生产互助。当有烤烟、甘蔗、茶叶、蚕桑、大春粮作等生产农忙或其他紧急作业任务需要帮忙时，直接拨打"6995"说明需要帮忙的内容，就能在最短时间内实现生产互助。

"6995"网格化服务管理信息平台初步解决了五个方面的问题。一是农村"三个报警"不能及时到位的问题。保山市92％的地区是地广人稀的山区，山高谷深，一旦遇到各种灾害、偷盗抢劫、危重病人急救等紧急情况，即便拨通了"110、119、120"，在山区和农村等偏远地方也是远水解不了近渴。好记、便捷、实惠的"6995"一拨一呼，邻里群众就能够第一时间赶来帮助，为及时处置各种紧急状况赢得了时间和空间。"6995"成了"110、119、120"的有益补充，广大群众把"6995"称为综治系统的"110"。二是针对农村"三留人员"的便捷、快速、有效服务管理问题。农村留守老人、留守儿童、留守妇女（简称"三留人员"）属于弱势群体，当"三留人员"遇到困难或灾害需要救助时，"6995"就是最便捷、快速、有效的求助手段。三是"三个延伸"的问题。"6995"覆盖到村村寨寨的每家每户，初步解决了综治维稳工作向基层末端延伸的问题、公共紧急救助服务和矛盾纠纷调处及安全隐患排查向一线和前沿延伸的问题、各项社会治理政策措施在基层传达落实向一家一户延伸的问题。四是"三个不增加"的问题。"6995"不增加群众的经济负担，不增加基层政府的经费投入，不增加基层的人员编制。五是"三个加强"的问题。

宣传工作得到有效加强,"6995"成为宣传的"留声机";群防群治工作得到有效加强,"6995""一呼九应",在较短时间里就能高效地组织发动邻居开展群防群治和邻里守望,成为组织发动群众的"扩音器";群众工作得到有效加强,"6995"在党委政府与人民群众之间架起了一座"连心桥"。

保安市把"6995"打造成了联系群众的"直通车"、组织群众的"助推器"、服务群众的"连心桥"、方便群众的"快车道",为构建平安和谐保山打下坚实基础。

3.贵阳:"12319"公共服务热线

2012年下半年,贵阳市以提高应急管理和日常公共服务水平为目标,以城市管理"12319"服务热线为基础,采取"政府搭台、部门联动、社区参与"的方式,将"贵阳市城市管理12319服务热线"升级为"贵阳市12319公共服务热线",通过扩建信息平台、拓展服务功能、健全处置机制,着力打造优质高效的综合性公共服务信息平台。

升级后的"12319"公共服务热线按照"民有所呼、我有所应"和"一线接听、多方服务"的要求,到2013年年初已联动了供水、供电、应急、卫生、民政、工商、教育、社保、交通等81家单位,并在云岩、南明、花溪、乌当、白云、观山湖等地建立了6个区级平台、89个社区终端平台,其受理范围已由原来城市管理的市容市貌、环境卫生、市政设施等扩增至医疗卫生、食品安全、社会救助等领域。同时还开通了短信功能,增强了与群众的互动交流。对于涉及应急服务类信息,市"12319"指挥中心采取"直派式",直接将信息分派至相关联动单位的一线处置部门进行处置;对于事务服务类信息采取"转办式",按正常流程和处置时限进行办理,定时进行催办和督办;对咨询服务类信息采取"转接式",即将市民的咨询来电通过"12319"话务系统直接转接到相关联动单位的咨询服务窗口直接进行答复,从而提高咨询诉求的答复效率。

为确保热线正常运行,贵阳市对热线的81家联动单位进行考核,考核内容主要包括信息收集、案卷建立、任务派遣、任务处理、处理反馈、核查结案6个工作环节,考核指标重点为回复率、办结率和公众满意率等。考核结果将定期通过网络、媒体等方式向社会公布。对不作为、慢作为、严重影响信息处置的,将严格追究责任单位和责任人的责任。

三、宁波市社会治理综合平台创新的经验

宁波市高度重视社会治理综合平台创新,发挥其在社会治理中的重要作用,积累了丰富经验,取得了显著成绩。宁波市的"81890"公共服务平台和象山县的网络民情会办中心就是典型。

(一)社会治理综合平台创新的坚实基础

信息化公共服务平台是信息化发展和公共服务创新的融合产物。2010年9月,宁波市在全国率先出台《关于建设智慧城市的决定》,智慧城市的建设推动了宁波大数据建设的发展。近年来,宁波不断推进信息化建设,已经形成了面向企业、居民和信息产业的大型信息化综合公共服务平台。2014年,宁波市颁布《关于加快推进市政务云计算中心建设的实施意见》,提出了"将政务云计算中心建设成为全市信息基础设施服务保障平台、综合数据共享服务平台、智慧城市和电子政务应用支撑平台"的目标,并逐步形成"基础设施统一保障、基础数据整体布局、政务大数据支撑、跨部门应用大体系部署"的发展格局,引领智慧城市和电子政务向集约化建设、集中式管理、一体化服务的新模式发展。市云计算中心统筹各部门各地区的信息基础设施建设需求,强化全市政务云服务资源的总体部署,提高全市政务云服务资源的一致性和共用性,形成以市政务云计算中心为核心的一体化发展格局,逐步形成基于大数据的城市综合数据共享应用体系。目前,宁波已运用大数据、云计算等技术,推进智慧环保、智慧城管、智慧安监、智慧平安、智慧教育等建设,构筑了纵向到底、横向到边的治理网络。包括市政务服务网、市地理信息共享服务平台、市安全预警平台、市智慧交通等在内的 11 个市级部门的近 70 个应用系统在市政务云计算中心的云平台上线试用。宁波已初步完成综合数据共享服务平台、智慧城市和电子政务应用支撑平台建设。

以宁波市海曙区为例。作为宁波政务数据开放的试点,海曙区的数据开放平台整合了 35 个部门的数据,拥有 17 个大类目录、179 个分类目录,超过 20 万条数据。海曙区率先建成全国领先的数据开放平台,将行政管理、市场信息、服务信息、宏观决策等可公开的政务数据以"数据资产"形式免费投放社会。到 2015 年 4 月,海曙区实行视频资源"一盘棋"建设,大力推动视频资源"一网"整合;全区整合 84.4% 的视频监控,实现了公安、卫生、城

管、教育四个部门视频资源的共享,不仅避免了重复投入,节约了财政资金,提高了视频资源的使用效率,还打破了部门条块分割的壁垒。

(二)宁波:"81890"公共服务平台

宁波市海曙区创建了"81890"公共服务平台,被誉为"中国公共服务的创新模式"。

"81890"服务中心于2001年8月由宁波市海曙区委、区政府设立,目的是提升社会管理和公共服务水平,建设服务型政府。"81890"是由政府无偿为市民、企业提供全方位的需求信息服务,是"拨一拨就灵"的谐音。"81890"以信息处理为枢纽,把公共服务的规划方(宁波市海曙区人民政府,负责规划、组织、融资、监管)、供给方("81890"加盟企业、志愿者、非营利机构、政府机构等)、使用方(居民个体、社会组织、企业、政府机构)紧紧连在一起,形成了一个综合工作机构——政府公共服务中心。它汇聚了大量供求信息资源,到2014年12月,已链接了850多家加盟企业、4000多家社会组织、几十万名志愿者,以及几十个党政机构,为市民提供行政、家政、社区、民生等各类高效优质的功能服务。服务措施是"三个全",即"全天候、全方位、全程式跟踪监督服务";服务方式是通过电话、短信、网站等多种渠道为市民提供各类服务;服务模式是"政府搭台、市场运作、社会参与"三位一体。目前,全国已有200多个城市相继采用类似的服务模式。

2008年,"81890"向全市拓展,成立了8个分中心。截至2014年12月,"81890"有职员67人,开通23条电话热线,日均受理市民求助事项3000余件;设有中国"81890"服务网站,日均点击量2万余人次。市民、企业只要通过"81890"求助电话、短信、微博或上网点击"81890"服务网站,加盟企业、志愿者、政府服务部门等就可以即时响应。至2014年12月,"81890"共为市民解决求助事项780多万件,据宁波市零点调查公司民间调查显示,市民对求助结果的满意率达99.87%,市民从"81890"网站获取服务信息量达5050多万人次。

"81890"根据社会需求,不断拓展新的服务功能。截至2015年3月已有70多项服务功能,包括:"81890"呼叫平台、中国"81890"服务网站、社区服务培训中心、中国家庭服务业协会社区服务研究会、"81890"服务业协会、失物招领中心、"81890"城区社会化管理信息系统、"81890"《爱晚亭》栏目、"81890"月湖老年网、《"81890"社区天地》栏目、《东南商报》"81890"专版、宁波市"81890"党员服务中心、"81890"爱心超市、宁波市海曙区"81890"志愿者协会、"81890"老年人应急呼叫系统、"81890"短信求助平台、"81890"外商投资热线、"81890"未成年人服务平台、"81890"培训基地、"81890"博士服务站、宁波市首批对外宣传基地、宁波市"81890710"流动党员服务中心、服务型政府教学科研基地、来甬就业短信服务平台、"81890"企业服务平台、"81890"文明创建平台、"81890"光明电影院、宁波市"81890"党员志愿者指导中心、《"81890"生活现场》栏目、"81890"光明图书馆、宁波市首批社会资源访问点、"81890"光明俱乐部、"81890"光明网吧、宁波市教学科研实践基地、生活现场·福彩帮助热线、"81890""遥控一键通"话机、"一找灵"GPS定位系统、《钱江晚报》"81890"专版、"81890"企业人才服务促进中心、宁波市职工职业技能培训基地、"81890"物业报修平台、宁波大学法商学院"81890"校园服务队、巴士资讯站——"81890"咨询专栏、特殊教育需要服务平台、"81890"婚庆服务平台、浙江省干部教育培训现场教学示范基地、"81890"常青藤俱乐部、"81890"光明俱乐部盲童学校分部、《904 生活网》栏目、《"81890000"快报帮你问》栏目、"81890"官方微博、"81890"门诊预约挂号服务平台、宁波市区"81890"出租车电话预约服务平台、"81890"海曙区企业服务平台"红盾 e 家"、"海曙小微"维护、海曙区"81890"居家养老援助服务中心、海曙区"81890"区长热线、"81890"药品查询服务平台、"81890"心声沟通电话联谊俱乐部、宁波市"81890"志愿服务中心、宁波"81890"鹊桥会、宁波市"81890"汽车维修救援服务平台、宁波"81890"鹊桥会相亲网、宁波市中级人民法院"81890"小巷法官服务平台、海曙区法院"81890"房屋漏水评估服务平台、"81890""当代雷锋"孙茂芳工作室、宁波工程学院"81890"实习基地、宁波广播电视大学文法系"81890"教学实践基地、海曙区社区学院"81890"宁波市志愿者培训基地、奉化市捷达物业服务有限公司"81890"宁波市志愿者培训基地、《909 芝麻街》栏目、宁波市妇联"81890"妇女儿童服务专线。

"81890"的主要首创者、时任宁波市海曙区政府副区长的社会治理学者许义平教授总结说,"81890"创造的社会公共服务模式,是技术创新、组织创新和制度创新三位一体的产物。技术创新,是指"81890"是信息化条件下的服务供给模式;组织创新,是指"81890"是公共服务发展中出现的一个高级组织形态,对公共服务的安排起着枢纽性的作用;制度创新,是指"81890"带来了生产方式的变革,以"81890"为核心的服务网络的分工水平具有先进的生产力意义,这也是"81890"的生命力所在。

"81890"的运作,充分体现了信息化大背景下各个社会治理主体良性互动的原则,体现了统筹与扁平化并重的社会治理原则。政府的一些服务部门和单位原来都有各种热线电话,但多而散,市民感到不方便,而通过"81890"信息平台,可以及时将市民对于城市公共管理的呼声、意见和建议传达给相关部门、单位。"81890"成为市民、企业、社会组织、志愿者与政府等多主体沟通的中介和桥梁。如设立的"81890"企业服务平台,加强了政府资源与企业需求信息的对接,将全区 56 个党政部门服务职能纳入平台,服务内容包括政策服务、法律服务、融资服务等,为企业提供全天候、全方位、全程式跟踪监督服务。区纪委负责对党政部门处理情况的考核监督,考核分比例占部门目标考核的 10%。

"81890"得到了市民的充分肯定和社会的普遍认可,成为宁波政府管理创新、社会治理创新的一个名片,先后获得"全国文明单位""全国创先争优先进基层党组织""全国五一劳动奖状"等 170 多项荣誉。2002 年中国家庭服务业协会,2004 年、2007 年、2009 年国家商务部分别向全国推广。党的十六大召开期间,《人民日报》《经济日报》分别全面介绍了宁波"81890"的成功经验。

(三)象山:网络民情会办中心

2012 年 4 月,宁波市象山县网络民情会办中心成立。创建会办中心是深入践行"一线工作法"的必然要求,是进一步加强和创新社会管理的迫切需要,有利于解决群众多头投诉,相关部门多头处理、相互推诿等现象,有利于建设诚信高效政府,切实提高机关执行力。会办中心坚持广搜民情、快速回应、高效服务、取信于民的服务宗旨,通过网络舆情、投诉反映、意见建议等形式,广泛搜索象山经济、社会等各方面的社情民意,快速回应各类投诉咨询,依法依规及时督办,对违反规定者予以通报、曝光、问责直至党纪、政纪处分等处理,努力做到有问必答、有诉必应、有难必帮,实现民情搜索、回应和落实的广泛性、快捷性与严肃性。

会办中心实行集中办公、统一管理,驻办单位包括县长值班电话办公室、"民声回应"办公室、县经济发展软环境投诉中心(县"96178"廉政投诉中心、县行政效能监察中心)和"65786578"社区服务中心。会办中心下设办公室,负责中心的日常管理协调。会办中心网络成员单位为全县各镇乡(街道)、县级各部门。

会办中心工作职能主要包括民情搜索、投诉受理、回应督办、协调查处、政策咨询及生活服务等六个方面。一是民情搜索:通过搜索以象山港网站为重点的网民发言和全国各大主流网络媒体有关象山的舆情信息,汇总县长值班电话、县投诉中心各类投诉信息,建立社区民情搜索点等方式搜集社情民意和意见建议,做好重大事件的新闻发布和突发舆情的应对处置。二是投诉受理:受理通过"民声回应"平台、县长值班电话、县投诉中心等渠道反映工作效能、工作作风、软环境建设及民生服务等方面的投诉。三是回应督办:实行 24 小时回应制、"三色令"督办警告制和排行榜制,督促相关单位对群众投诉的问题进行调查处理,被投诉单位和个人必须就投诉事项涉及的问题在规定期限内做出说明和解释,并及时向投诉人反馈,对网民热议和社会反映的热点问题,由"阳光行动"记者跟踪报道督查办理。四是协调查处:协调、督办、会办情节复杂或涉及多个部门的投诉件。对经核查投诉情况属实或对投诉件办理敷衍塞责、办理结果群众极不满意的单位和个人,根据情节轻重予以批评、通报、问责等处理。对违纪违法线索,认真做好跟踪调查;涉嫌违纪违法的,提交相关部门立案查处。五是政策咨询:及时回复群众的各类政策咨询,做到有问必答,服务于民。六是生活服务:整合"65786578"生活服务热线,拓展老年人"一键通"服务和党员志愿者服务平台,强化为民服务。

会办中心的办理程序主要包括以下两个方面。

首先是受理。会办中心通过来电、来信、网上信箱、网上发言及来访等形式,在职能范围内接受群众投诉和咨询。受理的投诉和咨询由专人登记记录。

其次是办理。根据投诉和咨询的内容按以下五种方式办理。一是口头答复:对简单的问题咨询及有关建议类投诉,根据相关政策法规,予以口头答复。二是转办:对情节简单的投诉件,转有关单位办理。受理单位一般应在 7 个工作日内办结,并答复投诉人。办理结果以书面形式报会办中心备案。三是督办:对情节较复杂、问题较严重的投诉件,由会办中心发督办通知书予以督办。受理单位应确定职能科室或专人负责调查处理,一般应在 10 个工作日内办结,并答复投诉人。相关调查材料、办理结果等报会办中心。四是会办:对情节较为复杂、牵涉部门较多的投诉件,视情由会办中心或领导小组分管副组长牵头,召集相关网络成员单位予以会商、会办。五是自办:对涉及投诉人要求保密及涉嫌违纪违法的投诉件,由会办中心直接办理。一般应在 10 个工作日内办结,并答复投诉人。有关单位未能在规定期限内办结的,应向会办中心说明理由。

会办中心有着规范的议事制度。领导小组会议,一般每半年召开一次,对重大事项进行研究决策,及时总结前阶段工作情况,部署安排下阶段工作。中心主任会议,一般每月召开一次,对日常工作中出现的问题及时进行会商解决。主任会议可根据需要即时召开,可视情要求相关网络成员单位参加。会办会议,对情节较为复杂、牵涉部门较多的投诉件,视情由领导小组副组长或中心主任召集相关网络成员单位进行协商会办。会办会议根据需要即时召开。

会办中心努力构建一个集利益诉求、舆情监测、民生服务、群众问政监督等功能于一体的综合性平台。以前容易出现多头投诉、多头办理、多头回复,部门之间存在推诿现象,现在群众投诉都能一站式解决。会办中心受理方式涵盖了电话、网络、短信、微博等,全天候快速回应处理民众的各类诉求。尤其是"65786578"这个号码越来越被广大市民所熟悉和认可,或有事找政府部门,或需要生活方面服务,或向有关部门提意见建议,一拨就灵,逐渐成为"象山一号通"。工作人员对网上舆情实行全天候收集、评判,并根据危急程度做出红、橙、蓝三级预警,及时处置突发网络舆情。会办中心对超过 24 小时未回应或超过办理期限的,根据超出时限分别给予蓝、黄、红三色警告。对网民热议和社会反映的热点问题,开展记者"阳光行动",由记者跟踪报道督查办理。还有,会办中心还提高了政府部门民主科学决策水平。

2013 年,象山网络民情会办中心入选"浙江省公共管理创新十佳案例"。

第四章　宁波社会组织创新研究

　　本章的主要内容是阐述有关社会组织的理论,介绍外地社会组织创新的经验,对宁波社会组织创新进行思考。

一、社会组织理论分析

(一)社会组织的含义与分类

　　社会组织在不同的国家和地区有多种不同的称谓。它又被称为非政府组织或民间组织(non-governmental organizations,简称 NGO)。根据《联合国宪章》,它是指从事非营利性活动的所有组织,包括各种慈善机构、援助组织、青少年团体、宗教团体、工会、合作协会、经营者协会等,被称为第三体系、第三部门、公民社会部门(civil society sector)、独立部门(independent sector)、非营利部门(non-profit sector)、志愿部门(voluntary sector)、利他部门(altruistic sector)和免税组织等。与政府、企业相区别,社会组织具有非营利性、非政府性、独立性、志愿性、公益性等基本特征。2007 年,我国开始正式用"社会组织"代替"民间组织",党的十六届六中全会和十七大把民间组织纳入了社会建设与管理、构建和谐社会的工作格局。

　　国外学者根据不同的标准,对社会组织做出了各种不同的分类。

　　帕森斯根据社会组织在社会生活中承担的职能,把社会组织分为经济生产组织、政治目标组织、整合组织和模式维持组织。经济生产组织把经济利益摆在首位,从事物品的制造或生产,这类社会组织的典型是实业公司。政治目标组织是形成和部署社会权力的组织,以保障实现社会整体的目标,典型是政府机关。从某种意义上讲,社会团体也具有这一职能。整合组织是调节社会冲突的组织,包括各种以减缓社会冲突、进行社会控制为目的的社会组织,典型是法庭和各种法律职业实体。模式维持组织是指那些具有文化、教育和价值传承的组织,它的功能是教化社会成员认同社会文化和价值、维持原有的社会制度和行为模式,典型是学校和教会。

布劳则从社会组织运行的受惠者角度,把社会组织区分为互惠组织、服务组织、经营性组织和公益组织。互惠组织以组织成员的互惠互利为目的,比如工会、政党和俱乐部等。服务组织为人们提供专业性的服务,如医院、学校、社会工作机构、律师事务所等。经营性组织是赢利性组织,如银行、公司、企业等。公益组织以社会公众为受惠对象,政府机构、邮局等都属于这类组织。

艾兹奥尼根据组织中的权威性质或组织对其成员的控制方式,把社会组织分为强制性组织、功利性组织和规范性组织。强制性组织建立在暴力基础上,以强迫的手段使成员服从组织,监狱、精神病院和军队是这类社会组织的典型。功利性组织通过金钱或物质报酬来控制其成员,如各种工商业组织。规范性组织则是运用规范来控制其成员,通过规范的内化实现对其成员的控制,最典型的是各种宗教组织。

还有一些国外学者根据其他标准对社会组织做过分类。

我国关于社会组织的分类标准也很多。通常分为三类,即社会团体、基金会和民办非企业单位。社会团体是由公民或企事业单位自愿组成、按章程开展活动的社会组织,包括行业性社团、学术性社团、专业性社团和联合性社团。基金会是利用捐赠财产从事公益事业的社会组织,包括公募基金会和非公募基金会。民办非企业单位是由企业事业单位、社会团体和其他社会力量以及公民个人利用非国有资产举办的、从事社会服务活动的社会组织,分为教育、卫生、科技、文化、劳动、民政、体育、中介服务和法律服务等十大类。

从法律形态的角度,我国的社会组织则可主要分为四大类:第一类是人民团体,包括工会、妇联、工商联、科协、文联等;第二类是社会团体,包括各种学会、商会、行业协会等;第三类是基金会,包括红十字基金会等;第四类是民办非企业单位,包括各种非营利性的福利机构、公益机构、文化中心等。

还有的分类认为社会组织主要包括社会团体、基金会、民办非企业单

位、部分中介组织以及社区活动团队,包括如下 11 种类型:

(1)社会团体:指按《社会团体登记管理条例》的规定,由中国公民自愿组成,为实现会员共同意愿,按照其章程开展活动的非营利性社会组织,包括学术性社团、行业性社团、专业性社团和联合性社团;不包括通常所说的工会、共青团、妇联、残联、工商联等人民团体;

(2)学术性社团:指主要由专家、学者和科研人员组成的各类学会、研究会等;

(3)行业性社团:指主要由经济领域各行业相同的企业组成的行业协会、同业公会等;

(4)专业性社团:指主要由经济,社会各领域的专业人员和专业组织组成的各类协会等;

(5)联合性社团:指主要由不同利益需求的人群或各类社团组成的联合体,如联合会、商会、促进会、俱乐部、校友会、联谊会等;

(6)行业协会:行业性社团中的一种,是由同业经济组织以及相关单位自愿组成的非营利性的社团法人;

(7)民办非企业单位:是指按《民办非企业单位登记管理暂行条例》的规定,由企业事业单位、社会团体和其他社会力量以及公民个人利用非国有资产举办的,从事非营利社会活动的社会组织,按照民办非企业单位所属行业划分为教育事业类、卫生事业类、文化事业类、科技事业类、体育事业类、劳动事业类、民政事业类等;

(8)基金会:是指利用自然人、法人或者其他组织捐赠的财产,以从事社会公益事业为目的,依法成立的非营利性法人,属于民间组织,其公益性主要表现在它不为特定的自然人、法人和其他组织获利,强调的是社会公众的广泛受益;

(9)社区活动团队:是指以社区群众为主,因文化知识、兴趣爱好、强身健体等不同需求而自发组织起来的,没有经过社团管理部门登记、但在街道社区有关部门备案的群众性组织;

(10)中介组织:又称"市场中介组织""市场中介机构",是指在市场经济活动中以独立第三方身份受托而为、起桥梁或居间联系作用、运用专业技术开展智力性服务的机构;

(11)非营利机构:指创办的目的是生产货物和服务,但不允许向成立、控制或资助它的机构提供收入、利润或其他财务收益的法律实体或社会实体。

俞可平教授则认为,按照管理的需要,可将民间组织分为七类:

(1)群众团体或人民团体:中国政治特有的那些直接在中国共产党领导下的群众组织,如工会、青年团、妇联、作协、科协、文联、残联等;

(2)自治团体:公民的政治性自治组织,如村民委员会、居民委员会等;

(3)行业团体:各种同业组织和行业协会,包括具备一定管理职能的过渡性行业管理和自律组织,如中国轻工总会、中国消费者协会等;

(4)学术团体:从事自然科学、社会科学和交叉学科研究的各种协会和学会;

(5)社区团体:从事社区管理和服务的居民组织;

(6)社会团体:除上述外的其他各类民间组织;

(7)公益性基金会:旨在促进社会公益事业的各类基金组织。[①]

对社会组织分类标准研究的深化过程,也是对社会组织的性质、作用等研究不断深化的过程。

(二)社会组织的重要作用

世界多数国家特别是发达国家普遍存在庞大的社会组织。就万人拥有的社会组织而言,2005年瑞典拥有230个,法国拥有110个,日本拥有97个,美国拥有52个,阿根廷拥有25个,新加坡拥有14.5个,巴西拥有13个;其经济规模平均占各国GDP的4.5%,雇佣人员平均占非农业人口的5%、服务业人口的10%、政府公共部门就业人口的27%。有学者指出,社会组织在当代世界的蓬勃发展,其具有的社会和政治意义有可能同17世纪民族国家的崛起相媲美。实践证明,在一个区域,经济社会发展与社会组织发展呈现出互相促进的正相关关系。

与世界各国相比,我国社会组织总体上处于发展的初级阶段,在数量、质量、活力、作用方面都有差距。2004年年底,在民政部门登记的全国各类民间非营利组织已有28.9万个,其中社会团体15.3万个,基金会936个,民办非企业单位13.5万个。截至2014年6月底,全国共有社会组织56.1万个,其中社会团体29.4万个,基金会3736个,民办非企业单位26.4万个。总的来说,相对于其他领域的改革发展,我国社会组织的发展相对滞后,成为公共治理中的"短板";社会组织要真正成为社会建设和社会治理的重要力量,发展的任务还十分艰巨,发展的空间还十分广阔。

---

① 俞可平.中国公民社会:概念、分类与制度环境[J].中国社会科学,2006(1):109-122.

　　具体地说,社会组织具有如下的作用。

　　一是提供公共服务,参与公共治理。社会组织的发展是市场经济发展的需要。随着改革的深入,社会组织在行业管理与公共服务等方面的作用日益突显,完善的市场经济体制离不开发达的社会组织体系作支撑。政府、企业和社会组织是满足社会需求的三种手段。企业可以有效提供"私人物品",但无法直接提供"公共物品"。政府提供"公共物品"的过程中,在满足差异性和局部性需求方面存在不足,加之官僚组织的自利性等因素,使其提供的公共服务也无法完全满足社会的需要。社会组织在这方面有自己独到的优势。首先,它不以营利为目的,与企业相比更能保证公共服务的质量;与政府相比,它更有不断提高效率的动力。其次,社会组织灵活、多样、平等、参与式的机制和较大的弹性与适应性,使它对社会需求的变化反应迅速,更能满足多元化的社会需求。最后,社会组织能够吸纳大量的志愿者参与,其低成本、高效率的优势,使其成为提供公共服务的重要主体。

　　二是公民利益表达的需要。在现代社会,社会组织被认为是表达多元化利益诉求的有效渠道,实现善治的不可或缺的社会建构,衡量公共政策是否具有民意基础的晴雨表。社会与政府一样,对于公共决策同样具有发言权。政府不再是社会治理的唯一主体,社会组织能够在政府与公民之间架起沟通的桥梁。社会组织可以在政策制定中为政府提供更加全面的信息,成为政府与公民间信息传递的桥梁,使公共决策更加公正;可以监督公共政策执行情况,有助于提高公共政策的执行认同度、降低执行成本、提高执行效率。相对于企业,社会组织更加关注社会发展过程中边缘阶层和弱势群体,所以,社会组织参与公共决策,会使决策更加公正,更符合社会的长远利益和整体利益。

　　三是是行政体制改革的需要。转变政府职能,建立服务型政府,主要任务是解决政府"越位""错位"和"缺位"等问题,鼓励社会力量参与公共事务,提高行政效率。这就要求大力培育和发展社会组织,使其有能力承接政府转移的职能,提供优质的公共服务。

　　托克维尔认为,作为一种社会自主力量,自由的社会团体对国家权力有制衡作用。一个由各种独立的、自主的社团组成的多元社会,可以对权力构成一种"社会的制衡"。罗伯特·达尔认为,独立的社会组织在一个民主制中是非常值得需要的东西,至少在大型的民主制中如此。一旦民主的过程出现在民族——国家这样大的范围,那么自主的社会组织就必定会出现。而且,这种社会组织的出现,不仅仅是民族国家民主化的一个直接结果,也是为民主过程本身运作所必需的,其功能在于使政府的强制最小化、保障政治自由、改善人的生活。而孟德斯鸠权力制衡理论中所谓的"中间团体",构成了权力分立的基础,天然地具有权力制衡的功能。

四是塑造"公民共同体"的必需。社会组织可以构筑社会资本。帕特南认为,作为"公民共同体"重要组成内容的社会组织,是公民共同体价值得以体现的重要的社会结构,并且这种价值因社会组织的发展而得到强化。"公民共同体"的这些价值体现,使人们更加关注共同事物,更加关心集体利益而非个人利益,更加具有利他精神。帕特南认为,社会组织是公共领域的重要组成部分,公共领域是形成公共舆论的地方,是一种独立于国家的"私人自治领域"。他将领域内部社会成员以及社会自治组织相互间通过意愿交流而非强制交流形成的权力性意志称为"交往权力",这是一种共同意志的潜力,表现为公众舆论力量。

二、外地社会组织创新的经验

(一)登记管理体制改革

1.登记管理体制改革的历程

长期以来,社会组织的登记管理体制是我国社会组织发展的瓶颈之一。

按照以前的规定,各类社会组织需要先找到所在行业领域的行政职能部门;只有在得到该行政职能部门的审批后,才能到民政部门去登记注册。这种管理模式俗称"双头管理"。这导致很多社会组织登记难,全国有数百万"草根"组织没有登记,没有合法身份。一些民间专业化的服务性组织由于起点低,启动资金少,要找到业务主管单位,在民政部门注册非常难,只能勉强在工商部门注册。如很多民间自闭症儿童服务机构,都是在工商部门登记,以经济组织的面目在运行,发展中遇到诸多问题。但在国际上,这些毫无疑问属于公益性的社会组织。因此,改革社会组织登记管理体制,成为排除社会组织发展障碍的必然。

广东省是较早通过社会组织登记管理体制创新等措施促进社会组织发展的。

深圳以小步快跑的"三步策略",十几年来社会组织管理体制改革完成了"四步走",一是2004年设立政府直属机构"行业协会署",打破了传统分散的行业协会"二元管理"体制,并实现行业协会民间化的改革;二是以行业协会商会等经济类社团组织登记为试点,试行经济类社团的直接登记制;三是从经济类社团直接登记制扩大到包括公益慈善类、社会服务类等四类社会组织的直接登记制;四是从四类社会组织直接登记扩大到八类社会组织实行直接登记。目前,深圳形成了门类齐全、机构合理、覆盖广泛、作用明显的社会组织体系。

2004 年,深圳市成立行业协会服务署,统一行使行业协会业务主管单位的职责,推动行业协会民间化改革:各行业协会在机构、办公场所、人员和财务等方面与原业务主管单位全面脱钩,切断各行业协会与政府各职能部门的行政依附关系,行业协会真正拥有独立的社团法人地位。当年共有 201名党政机关公职人员辞去在行业协会兼任的领导职务。深圳在全国最早也是最彻底地实现了行业协会民间化。2006 年年底,深圳市将行业协会服务署和市民政局民间组织管理办公室合并,组建市民间组织管理局,最早实行行业协会由民政部门直接登记的管理体制。2008 年,深圳出台《关于进一步发展和规范我市社会组织的意见》,规定对工商经济类、社会福利类、公益慈善类社会组织实行由民政部门直接登记管理的体制。

2006 年,广东在全国率先将行业协会商会、异地商会、公益服务类社会组织和部分经济类社会组织的业务主管单位改为业务指导单位。广东省《关于发挥行业协会商会作用的决定》指出,要推进行业协会、商会民间化。与国际惯例接轨,依法办会、民间办会,在"自愿发起、自选会长、自筹经费、自聘人员、自主会务"的"五自"原则基础上,实行无行政级别、无行政事业编制、无行政业务主管部门,真正实现民间化和自治性。行业协会、商会的机构、人事、资产、财务一律与国家机关和企事业单位分开。县级以上人民政府民政部门是行业协会、商会的登记管理机关;其他有关部门在各自职责范围内依法对行业协会、商会进行相关业务指导。政府与行业协会、商会之间,是指导与被指导、监督与被监督的关系。政府既要依法对行业协会、商会进行登记管理,又要积极扶持和促进其发展,逐步将法律法规和政策规定可以向行业协会、商会转移的相关业务职能向行业协会、商会转移,保障其依法独立开展活动。政府对行业协会、商会的管理,要由控制型转向培育、服务型,提供法律依据及进行法律监督,并加强对行业协会、商会行为的事后监督,而不直接干预其内部运作。政府要坚持在发展中规范,以规范促发展。

广东各地进行了有益探索。如 2010 年 5 月东莞市出台《关于进一步发展和规范社会组织的意见》,明确指导思想:按照培育发展与监督管理并重的要求,采取转变职能、理顺关系、分类指导、改进监管、提升能力、强化自律、完善政策等措施,坚持在发展中规范,以规范促发展,为社会组织发展创造宽松的外部环境;还指出,要创新社会组织登记管理体制。在总结行业协会商会登记管理改革经验的基础上,将公益服务类社会组织的业务主管单位改为业务指导单位,具备设立条件的公益服务类社会组织直接到登记管理机关申请注册登记。放宽农村专业经济协会的准入条件。

2011 年 7 月,广东出台《关于加强社会建设的决定(摘要)》,提出要降低准入门槛,简化登记办法,探索公益慈善类、社会服务类、工商经济类等社会组织直接申请登记制;推行政府向社会组织购买公益服务项目,编制社会组织名录及考核办法,给予资质优良、社会信誉好的社会组织承接公共服务优先权,鼓励有条件的市、县(市、区)政协设立新社会组织界别。2011 年国庆节,广东省东莞市市民张坤收到了东莞市民间组织管理局发来的一张《民办非企业单位登记批准通知书》,从此,捐资助学 23 年而一直没有名分的"坤叔助学团队"成功变身为"千分一公益服务中心"。"坤叔转正"成为广东社会组织直接登记制度变革的标志性事件。

2011 年 11 月,广东省民政厅规定,从 2012 年 7 月 1 日起,除特别规定、特殊领域外,将社会组织的业务主管单位改为业务指导单位,社会组织直接向民政部门申请成立。广东在全国范围内率先提出将所有的社会组织的业务主管单位改为业务指导单位,实现社会组织直接登记。2011 年 12 月,民政部领导在全国民政工作会议上表示要推广广东经验。

2012 年 4 月,广东出台的《关于进一步培育发展和规范管理社会组织的方案》(以下简称《方案》)指出,建立健全统一登记、各司其职、协调配合、分级负责、依法监管的社会组织管理体制,促进新的社会治理结构逐步形成。《方案》明确了总体目标:到 2015 年,全省社会组织总量达到 5 万个以上,每年增长 10% 以上,平均每万人拥有社会组织 5 个以上,其中珠江三角洲地区达到每万人 8 个以上,建立与广东省经济社会发展相协调的现代社会组织体系。

《方案》指出,除法律法规规定需要前置审批的以外,自 2012 年 7 月 1 日起,社会组织的业务主管单位均改为业务指导单位,实现自愿发起、自选会长、自筹经费、自聘人员、自主会务和无行政级别、无行政事业编制、无行政业务主管部门、无现职国家机关工作人员兼职,推进社会组织民间化、自治化、市场化改革进程。放宽社会组织准入门槛,简化登记程序,申请成立社会组织,由民政部门直接审查登记。

《方案》在"分类登记办法改革"一节中,对行业协会商会、群众生活类社会组织、公益慈善类和社会服务类社会组织、异地商会、城乡基层社会组织、涉外社会组织、枢纽(联合)型社会组织这七类社会组织的管理体制改革进行了详细规定,并明确将出台进一步加强培育、促进发展的意见。其中包括:允许公益慈善类社会团体名称使用字号,探索将非公募基金会登记管理权限从省下放至地级以上市民政部门;异地商会的登记范围从地级以上市扩大到县(市、区),登记管理权限从省下放至地级以上市民政部门;乡镇(街道)的社会组织由县(市、区)民政部门直接办理法人登记,以街道办事处、乡镇政府作为业务指导单位。达不到法人登记条件的,可直接向当地街道办事处(乡镇政府)申请非法人登记。以社区、村为活动范围的,实行备案制;积极发挥工会、共青团、妇联等人民团体在孵化培育、协调指导、集约服务、党建群团建设等方面的枢纽型功能作用。枢纽(联合)型社会组织分别由登记管理机关、政府相关业务指导单位引导成立,直接到民政部门申请登记。

2012 年 6 月,深圳市出台《关于进一步推进社会组织改革发展的意见》,自 7 月 1 日起,社会组织的业务主管单位均改为业务指导单位,申请成立社会组织,由民政部门直接审查登记。提出要重点发展服务经济、服务社会、服务民生、关注社会公共利益的社会组织,实行工商经济类、公益慈善类、社会福利类、社会服务类、文娱类、科技类、体育类和生态类等八类社会组织由民政部门直接登记。同时,其余教育、卫生、宗教意识形态、法律、国际及涉外组织、职业及从业者组织等社会组织,有相关法规规定或属于敏感领域的,仍按照双重管理体制需前置审批。

到 2014 年 7 月,深圳全市共有社会组织 7484 家;其中社团 3665 家,民办非企业单位 3720 家,基金会 99 家;登记 6141 家,备案 1343 家。直接登记的社会组织数量达到 1312 家,占总数的 17.53%。

2011 年 6 月,北京出台《关于加强和创新社会管理全面推进社会建设的意见》,在"积极推进社会组织管理改革"一节中指出,按照有关法律法规要求,积极稳妥地推进工商经济类、公益慈善类、社会福利类、社会服务类社会组织直接登记。完善备案管理制度,逐步扩大社会组织备案管理范围。北京市又规定,这四类社会组织由民政部门直接申请登记时,由民政部门帮助寻找、协调合适的业务主管部门;对于协调不到合适业务主管单位的创新型社会组织,又的确在公益慈善、社会福利或社会服务领域做出不可替代工作,符合登记条件的,市民政局一手托两家,即兼任业务主管单位和登记管理单位。2011 年 1 月到 10 月,在北京市社团办成功登记的市一级社会组织共有 86 家,其中 28 家是由市民政局兼作业务主管单位。

2011 年 7 月,海南省委省政府做出决定,除法律、行政法规规定需要前置审批外,对经济类、公益慈善类、社会福利类、社会服务类社会组织实行直接登记制。天津、浙江、安徽、湖南等省市也在部分地区进行了类似的探索。

2013 年 3 月,《国务院机构改革和职能转变方案》中指出,改革社会组织管理制度。加快形成政社分开、权责明确、依法自治的现代社会组织体制。逐步推进行业协会商会与行政机关脱钩,强化行业自律,使其真正成为提供服务、反映诉求、规范行为的主体。探索一业多会,引入竞争机制;重点培育、优先发展行业协会商会类、科技类、公益慈善类、城乡社区服务类社会组织。成立这些社会组织,直接向民政部门依法申请登记,不再需要业务主管单位审查同意;建立健全统一登记、各司其职、协调配合、分级负责、依法监管的社会组织管理体制。这是首次从中央政府层面明确这四类社会组织可以直接登记、一业可以多会。

党的十八届三中全会通过的《中共中央关于全面深化改革若干重大问题的决定》在论及"创新社会治理体制"时指出,激发社会组织活力。正确处理政府和社会关系,加快实施政社分开,推进社会组织明确权责、依法自治、发挥作用。适合由社会组织提供的公共服务和解决的事项,交由社会组织承担。支持和发展志愿服务组织。限期实现行业协会商会与行政机关真正脱钩,重点培育和优先发展行业协会商会类、科技类、公益慈善类、城乡社区服务类社会组织,成立时直接依法申请登记。

2013 年 11 月,国务院下发《关于取消和下放一批行政审批项目的决定》,同年 12 月下发《关于修改部分行政法规的决定》,取消了法律规定自批准之日起即具有法人资格的社会团体及其设立的分支机构、代表机构的备案,取消了全国性社会团体分支机构、代表机构的设立登记、变更登记和注销登记,取消了商务部对在华外国商会的前置审批,并对《外国商会管理暂行规定》做了相应修改。与此同时,全国多个省份下延了非公募基金会和异地商会的登记管理权限。

由此,以简政放权为核心的社会组织登记管理改革在中央和地方次第展开、稳步推进,社会组织登记管理体制开始了全国性的创新。

2."枢纽型"社会组织发展的探索

"枢纽型"社会组织,是 2008 年北京市社会建设大会公布的"1＋4"系列文件中出现的一个新词汇,是指由负责社会建设的有关部门认定,在对同类别、同性质、同领域社会组织的发展、服务、管理工作中,在政治上发挥桥梁纽带作用、在业务上处于龙头地位、在管理上承担业务主管职能的联合性社会组织。它承担对其构成体系内社会组织的政治领导、业务指导和管理服务等职能。

2009 年,北京市社会建设工作领导小组正式认定首批 10 家市级"枢纽型"社会组织,标志着北京市社会组织与原有的行政部门逐步从"主管主办"关系过渡到"行业指导"关系,向"小政府,大社会"的建设目标迈出了关键的一步。这 10 家市级"枢纽型"社会组织都是群团组织,包括北京市总工会、团市委、市妇联、市科协、市残联、市侨联、市文联、市社科联、市红十字会、市法学会,负责职工类、青少年类、妇女儿童类、科学技术类、残障服务类、涉侨类、文学艺术类、社会科学类、医疗救助类、法学类社会组织的联系、服务和管理。2010 年年底,北京市又认定了市工商联、市志愿者联合会、市律师协会等 12 家单位为第二批。两批共 22 家"枢纽型"组织对市级社会组织的工作覆盖率达到了 80% 以上,"枢纽型"社会组织工作体系的基本框架初步形成。2011 年下半年,北京市认定第三批"枢纽型"社会组织,力求实现对市级社会组织的全覆盖。同时培育区县、街道层面的"枢纽型"社会组织,打造市、区、街三级"枢纽型"社会组织工作网络。

"枢纽型"社会组织进行分级分类管理,可以发挥其在政治引领、业务指导、管理服务、联系协调、研究政策、信息发布、组织交流、反映诉求、维护权益等方面的功能。"枢纽型"社会组织框架建立后,按照"政社分开、管办分离"的发展方向,大部分行政部门对社会组织只行使行业指导职责,原则上不再作为社会组织业务主管单位。除少部分有特殊职能的部门外,大部分行政部门原则上不再接收新的社会组织申请,逐步实现与其主管的社会组织在机构、人员、资产、财务等方面彻底分开。

"枢纽型"社会组织作为业务主管单位,按照社会化、专业化的要求,对同性质、同类别、同领域的社会组织进行分类管理,有利于整合资源,形成合力,促进社会组织自我管理、自主发展。同时,如何进一步完善"枢纽型"社会组织管理模式,值得认真思考。"枢纽型"社会组织如何指导和管理其他社会组织,尚待明确的制度规定。同时要注意可能出现的监管层级增加、组织利益分割、组织间关系难以协调、业务指导有偏差等问题。

温州市开展了社会组织的分类归口管理等多项创新。

2011 年,浙江温州市出台《关于促进社会组织参与社会治理的实施意见》及《暂行办法》，提出加快社会组织与政府职能部门脱钩分离步伐，创新社会组织管理体制，并建立健全由人民团体、"枢纽型"社会组织分别承担业务主管单位职责、对社会组织进行统一分类归口管理的模式。

2012年，温州首批共16家协会进行了业务主管部门的变更。市机动车驾驶员培训行业协会率先，从原先由市交通运输局主管，转移到现业务主管部门市工商联。实现分类归口，社会组织业务主管单位以人民团体、"枢纽型"社会组织等单位为骨干，具体是：工商联（总商会）统一归口管理工商类行业协会（商会）；总工会统一归口管理职工维权类社会组织；团委统一归口管理青少年类社会组织；妇联统一归口管理妇女儿童类社会组织；侨联统一归口管理涉侨类社会组织；残联统一归口管理残障服务类社会组织；文联统一归口管理文学艺术类社会组织；社科联统一归口管理社会科学类社会组织；科协统一归口管理自然科学和科学技术类社会组织；体育总会统一归口管理体育类社会组织。在现有人民团体业务覆盖不到的领域，通过改造、提升、新建等形式，组建"枢纽型"社会组织。这样，温州市社会组织登记机关仍为民政部门，但职能业务部门原则上不再作为社会组织的业务主管单位。①

广东省也对"枢纽型"社会组织的发展进行了探索。

2011年，团广东省委、广东省青联注册成立了"好社会·亲青汇"广东青年社会组织培育发展中心，计划了六大工程：一是培育"亲青汇"青年社会组

---

① 温州市大胆探索社会组织登记管理体制的改革，还有"三大举措"。

一是降低登记门槛。温州率先在全国启动了社会组织直接登记工作；减免开办资金，对"公益慈善、社会福利、社会服务和基层社区社会组织"这四类实行"零资金门槛"；通过增加字号等形式突破"一业一会、一地一会"的限制，允许适度竞争，为社会组织发展进一步拓宽空间。2013年，温州市社会组织登记总数跃居浙江省各地级市首位，全市直接登记社会组织1516个，全年净增数是2012年的3.3倍；备案的基层社会组织数量也是全省第一。

二是承接非公募基金会登记管理工作。经省民政厅授权，温州开展了非公募基金会的登记管理工作，开全国地级市登记管理基金会的先河。非公募基金会登记管理权限向下级延伸是一个积极的政策导向，可以为举办者提供方便，大力激活民间慈善力量。温州市试点前近10年时间里非公募基金会只成立了20余家，而试点之后的1年时间里有13家基金会市本级登记成立，政策效果明显。

三是民办非企业单位产权及回报制度改革成效明显。对登记为民办非企业单位的民办学校、民办医疗机构、民办养老机构，温州市明确出资财产属于出资人所有，一定条件下可以转让、继承、赠予，并允许出资人取得一定的合理回报。这一项改革使民间资金办学、办医、办养老热情得到激发，社会参与教育、卫生、养老呈现快速扩张趋势。

织,二是建设"亲青家园"青年社会组织培育孵化基地,三是开展"亲青汇训练营"青年社会组织骨干培训,四是开展"亲青创造"青年社会组织"微创益"活动,五是举办"亲青议事"青年社会组织"面对面"活动,六是推进"亲青汇聚"青年社会组织团建计划。

2012 年,由共青团广州市委主办、广州市青年文化宫协办的广州市青年社会组织孵化基地在广州市青年文化宫揭幕,由广州市青年文化宫全面负责日常运作,给广州地区的青年自组织提供了一个维系感情、交流经验、反映诉求、完善自我、健康成长的"五星级的家"。孵化基地是广州共青团发挥"枢纽"作用,更好引导青年自组织有序参与社会管理的一个重要载体。青年文化宫充分发挥专业社工队伍的人才优势,运用"社工+志愿者"工作模式,旨在"联系青年、影响青年、带动青年"。孵化基地是青年社会组织承接社会公共服务的重要平台,是政府及机构服务项目向青年社会组织转移的载体。其主要功能有三项:一是建立广州地区青年社会组织管理和社会组织联络员机制,为青年社会组织提供信息、项目策划、培训交流等服务;二是采取无偿或低偿的服务形式提供办公场所;三是提供专业技术指导和业务培训,连接各方面的资源,为有需要的青年社会组织提供公益理念、运作模式、项目设计、制度完善、团队建设等培育服务。基地的孵化内容包括建立专业规范的青年服务机构,促进松散的志愿者队伍组织化、专业化和规范化,代理承接未注册青年社会组织服务项目,协助政府及机构服务项目向青年社会组织转移和评估。换言之,公益理念、运作模式、项目设计、制度完善、团队建设等都是孵化培育的重要内容。

(二)购买公共服务与孵化

政府购买服务,是将本由政府部门承担的社会和公共服务职能,交托给有资质的社会组织来完成,并按照市场标准订立服务合约;政府按照一定的标准邀请第三方评估履约情况,并向受托社会组织支付服务费用。2013 年9 月,国务院办公厅下发《关于政府向社会力量购买服务的指导意见》,对政府向社会组织,以及企业、机构等社会力量购买服务做出系统安排和全面部署,填补了我国政府购买服务政策领域的空白。

购买公共服务的内容很丰富。如上海市委宣传部委托文化发展基金会面向社会开展公益文化项目资助,上海市民政局委托市慈善基金会等多家社会组织兴办社会福利事业。杭州市政府也向行业协会购买服务,进行编制行业规范、行业规划、行业统计、会展展览和技能大赛等。

政府向社会组织购买公务服务以及对社会组织的孵化扶持,有一个不断探索的历程。

深圳市在社会组织登记管理体制改革的同时,配合行政管理体制和事业单位改革,加大政府职能转变力度,重新厘定和规范政府、市场、社会三者的关系。政府与社会组织的关系,从原来行政性的依附关系,改为契约式的合作伙伴关系,形成有效的功能互补机制,构建新型的公共服务体系。

2004 年后,深圳市社工机构和社会福利服务组织实现了从无到有。2007—2011 年,深圳共登记注册 36 家社工机构和 101 家社会福利服务组织,2008 年全市社工机构共获得市、区两级政府购买社工服务的经费达到 5000 多万元,2009 年达到 7000 多万元。2008 年和 2009 年,深圳市先后从福彩公益金中安排 1970 万元和 1760 万元用于向社会组织购买服务,并公开向社会征集了 102 个项目。深圳市物流与供应链管理协会 2003 年只有 7 名专职工作人员,2011 年扩展到 61 名,每年来自政府购买服务的资金高达 450 多万元,占协会收入总额的 2/3。政府资助行业协会组建家具、钟表等 8 个行业技术和公共服务平台,到 2011 年政府用于资助的资金累计已达一亿多元。

2010 年 5 月,广东省东莞市出台《关于进一步发展和规范社会组织的意见》(以下简称《意见》),在"着力转变政府职能"一节中指出,要明确政府职能转移事项。除法律法规另有规定的外,政府各职能部门要将公民、法人和其他组织能够自主解决,市场机制能够自行调节,社会组织能够通过自律管理的事项转移出去。政府各职能部门以自身具备的权限为依据,以社会组织具备承接能力为前提,有重点、分步骤地将行业标准和行规行约的制定,行业准入资质资格、专业技术职称、执业资格与等级初审,公信证明、行业评比、行业领域学术和科技成果评审等行业管理与协调职能;法律服务、宣传教育、专业培训、社区事务、公益服务等社会事务管理与服务职能;业务咨询、行业调研、统计分析、资产项目评估和行业内重大投资、改造、开发项目可行性前期论证等技术服务与市场监督职能,通过授权、委托等适当方式转移给社会组织。《意见》指出要突出社会组织发展重点:今后 3～5 年,重点培育和扶持五类社会组织。一是行业协会商会。二是公益慈善类社会组织。拓宽社会福利事业的资金筹集渠道,积极发展面向社会公众的,具有社会性、保障性和非营利性特点的公益慈善类社会组织,培育和发展一批志愿服务组织,建立覆盖全社会、与政府服务和市场服务相衔接的社会志愿服务体系。发挥公益慈善类社会组织在扶贫济困、抢险救灾、化解矛盾、公益捐赠等方面的作用。三是民办非企业单位。四是社区社会组织。五是职业类社会团体。《意见》指出,要建设孵化基地。筹建东莞市社会组织服务中心,打造社会组织孵化基地,建设专业培训、技术孵化、投资融资、管理咨询等公共服务体系。

2012 年 4 月,广东出台《关于进一步培育发展和规范管理社会组织的方案》,在"加大社会组织扶持力度"一节中指出,要"建立政府职能转移和购买服务制度",按照建立目录—设立咨询服务机构—职能转移—购买服务的方式,推进政府职能转移和购买服务。各地级以上市要参照省的做法。要"创新资金扶持机制",在省和地级以上市实施社会组织扶持发展专项计划,建立孵化基地。省、市、县(市、区)设立孵育专项资金,采取分类扶持方式对符合申请条件的社会组织给予补助。

2012 年,中央财政首次安排 2 亿元专项资金,主要采取项目补贴方式,支持社会组织开展社会服务项目。这是中央财政首次对社会组织进行重大专项支持,是社会组织发展中的一件大事。全国的社会组织提交申报项目书 2 万余份,申报资金超过 200 亿元,配套资金达到 160 亿元。经过评审共立项 377 个,总资金 1.94 亿元,配套资金 7.85 亿元。

2012 年,在省会城市中,成都最早成立基金会发展社会组织。2012 年 6 月,成都市社会组织发展基金会成立暨成都公益组织服务园开园仪式在成都高新区举行。社会组织发展基金会注册资金先期到位 3 亿元,由成都市政府和区(市)县政府共同出资,专门培育扶持社会组织的发展。基金会是经四川省民政厅审核通过正式注册成立的地方性公募基金会,目的是充分发挥连接政府和社会的"轴"的作用,通过政府资金撬动社会、市场资源,共同扶持社会组织发展。同时通过研发服务社会、服务民生的公益项目,带动更多的社会组织参与社会治理,提供公共服务。开始时重点扶持服务老年人、青少年、妇女儿童、残疾人、流动人口的民生项目和大力推动社会组织孵化载体建设。

在上海,园区基地已不仅是科技企业、经济效益的代名词。占地面积 2.3 万平方米的上海公益新天地园,首批 21 家公益组织与社会企业正式签约入驻,涵盖的领域包括助老养老、残疾人就业帮扶、弱势群体教育、社区融合、绿色环保、创新工场。截至 2013 年 11 月底,上海全市建成 18 个社会组织孵化基地及创新园区,各类公益性社会组织在这里落地,运作服务项目,承接政府购买,产出社会效益。上海市公益性社会组织已经形成了较为完整的公益生态链。截至 2013 年 10 月底,上海市共有社会组织约 11338 家,除了互益性的社会团体,非营利性的民办非企业单位和基金会共有 7430

家,约占社会组织总量的 66.9%,这一比例高于全国平均水平。在其中,政府的孵化支持功不可没。

政府向社会组织购买服务的资金主要由两部分构成:一是财政预算内资金;二是预算外资金,主要是福彩公益金等。如上海市 2012 年投入福彩公益金 1 亿元用于资助社会组织开展公益服务。有时则是设立专项资金,其中既有财政资金,也有社会捐赠资金。

招标已经成为政府向社会组织购买公共服务的主要方式。在具体操作中,要重视购买程序的规范和公开透明。满足政府采购条件的,都按照《中华人民共和国政府采购法》等相关规定,通过公开招标、邀请招标、竞争性谈判、单一来源采购等方式实施;不属于政府采购范围的,除单笔金额较小的项目外,也确保通过公开竞争方式实施。

中国社科院社会政策研究中心编纂的《慈善蓝皮书:中国慈善发展报告(2014)》称,2013 年,全国各级政府购买社会组织服务的总资金达到 150 多亿元。

下面我们从一份报告看政府购买社会组织服务工作存在的问题。

2014 年 9 月,广州市海珠区益友社会组织信息中心联合其他 5 家社会组织,共同发布《政府培育社会组织政策创新 6 地调研总报告》(以下简称《报告》)。这个团队在广州、合肥、贵州、上海、西安、昆明等地调研了 188 家民间公益组织。报告称,截至 2014 年,受调研地区的当地财政,均已开始向当地的社会组织进行政府购买服务。其中有 54 个机构曾获得政府购买服务,约占整体的 29%。广州市 2013 年地方财政的政府购买服务资金达 3.61 亿元,合肥市在 2014 年的政府购买服务资金达 2.6 亿元。

《报告》指出了许多问题,如资金的具体分配与使用仍有较多限制、资金拨付不及时、项目评估机制不合理等。

在资金的具体分配与和使用方面,各地都做了较为严格的规定。尤其在对社会组织人员及行政费用的支出上,有着较大的限制。例如广州市规定资金须按照"6:1:1:1:1"的比例分配,即人员经费 60%、督导经费 10%、中投标相关税费及评估费 10%、办公经费 10%、服务费用 10%。还有,政府购买社会组织服务的资格门槛较高,能惠及的民间公益组织较少。在调研的 188 家机构中,没有获得政府购买服务的共有 111 家。其中,没有申请资格的 39 家;不了解申请信息的 30 家;业务不在支持范围内的则有24 家。

一些地区的购买服务资金不能及时落实;有时款项的给付甚至会拖延

数个月。在对项目进行评估时,受政府体系惯用的考评机制影响,须以数据或立竿见影的事实作为考评依据;但这种机制却未必适用于所有的社会组织工作。

另外就是对"购买服务"的定义不清晰,政府对向社会组织购买服务,与政府对社会组织给予"扶持资金"的概念多有混淆。贵阳、西安、上海等地将政府购买公共服务与专项资金支持、公益创投等支出统称为政府购买服务。部分地区的政府部门在购买服务项目时,则是以公益创投的名义发出资金。这导致难以评估资金效益。

《报告》还显示,目前,社会组织普遍认为本领域内缺乏多元监管,只有政府作为主要的监管主体,社会公众、行业组织、服务对象对社会组织的监督最为缺乏。社会组织中,认为公众对其进行了有效监管的,仅占 29.3%;认为公益行业(同行组织)和服务对象对其进行了有效监管的,只有 20.2%。而政府对社会组织日常监管的主要形式——年检制度,存在形式化、工作量大、标准不清等问题。《报告》称,一般来说,如果登记管理部门在组织提交的年检报告中发现问题,会进行实质的审查;但如果组织的年检报告做得非常完善却不符合实际,登记管理部门也很难看出问题。

同时,调研发现,有些地方也有监督方面的创新试点。如 2015 年开始实施的《广州市社会组织管理办法》,将年检制度变更为年度报告制度,监督监管的主体则已由单一的民政部门扩充为民政部门、社会组织成员、社会公众等多主体。

(三)搭建交流平台

政府积极搭建交流平台,促进社会组织特色发展。

在这方面,深圳经验值得借鉴。自 2012 年起,深圳抓住民政部、国务院国资委、全国工商联、广东省政府与深圳市政府等每年联合举办"中国公益慈善项目交流展示会"的机遇,搭建常设性的国家级、综合性公益慈善项目交流展示平台,促进社会组织之间及其与政府、企业、媒体和公众之间交流沟通,资源整合,互动合作,吸引全国性、区域性社会组织落户深圳,努力把深圳打造成社会组织宜居集聚的城市、公益慈善之都,把深圳打造成"辐射全国影响全球永不落幕的慈展会"。

2015 年 9 月,第四届慈展会开幕。来自 14 个国家的 2588 个参展机构和项目齐聚深圳。慈展会共有扶贫济困、国际公益、社区公益、社会服务、公益支持、教育公益、众创空间、生态公益、社会责任、中心舞台等十个主题。

秉承社会化、专业化和市场化的运作原则,由社会捐资成立一家民办非企业性质的"中国慈展会发展中心",专门负责展会总体运作和执行工作。从传统的线下捐款捐物到现代的多种网络支付平台,从单纯的看重资金到捐赠股票,从大众创业到公益创投,慈展会不断创新。

第四届慈展会首次设立了国际公益展区,吸引了来自亚洲、欧洲、南美洲、北美洲14个国家的近200个公益机构和人士参展参会。慈展会首设众创空间,展示国内外公益慈善领域创新、创业、创投、创客的三大类共200多个创新项目和案例,其中包括优胜项目119个、社会企业项目20个、公益创新项目26个、公益创客体验设备40个。

慈展会资源对接平台发起中国慈展会"社会创投合伙人"计划,邀请国内外各公益基金会、爱心企业、政府相关部门、公益创投基金、爱心个人,为慈展会2588个参展机构和项目提供项目资助、公益创投、社会价值投资等资源对接活动。该计划招揽的"合伙人",来自基金会、企业、政府部分、社会团体等,覆盖全国多个省市,涵盖青少年儿童(含教育)、社区发展、妇幼家庭、文化艺术等十几类。

目前,公益慈善事业发展到了新的阶段,需要全要素的慈善资源对接。全要素慈善资源,包括资金、项目,也包括慈善理念、慈善模式、慈善人才、慈善设施等。促成这些资源的对接,是慈展会的主要宗旨,也是慈展会品牌和生命力所在。从第三届慈展会开始,中国慈展会公益慈善资源对接平台上线运行,通过编制政府购买服务、企业社会责任、基金会资助和社会组织项目等公益慈善资源对接目录,在网上挂牌,建立网上慈展会,搭建慈善资源对接三级系统,形成全国公益慈善项目流、资金流、人才流、理念流和信息流的聚集地、发散地,形成"3天展示交流、362天网上对接"的格局。

深圳慈展会走上了社会化、专业化、国际化的道路,政府和社会、国内和国外、企业和社会组织、市场和公益等各种资源高度融合对接,为参展机构和参会人员提供国际化的展示交流平台、创新性的资源对接平台、高端化的研讨互动平台、更具影响力的公益传播平台,引发了公益事业的"蝴蝶效应"。

(四)提升社会组织的政治地位

随着我国经济结构、社会阶层结构和社会组织形态发生了深刻变化,以商会、行业协会以及各种中介组织、自治组织为典型代表的新经济组织和新社会组织纷纷兴起。党的十七大报告指出,"发挥社会组织在扩大群众参与、反映群众诉求方面的积极作用,增强社会自治功能"。所以,如何促进社会组织有序的政治参与,是摆在我们面前需要研究的重大问题。

社会组织首次正式作为一个类别被列入省级人代会代表类别是在广东省。2012 年 4 月,广东出台《关于进一步培育发展和规范管理社会组织的方案》,在"拓宽参政议政渠道"一节中指出,提高社会组织代表人士的政治参与度,将社会组织中的优秀代表人士纳入党代会代表、人大代表、政协委员推荐范围,适当增加各级党代会、人大、政协中社会组织代表的比例。建立政府与社会组织沟通协调机制,在出台涉及行业发展、社会管理和社会服务等政策前,要注意听取相关社会组织意见,广泛征询民意。同年,广东省十二届人大优化代表结构,将代表按行业分成 15 个大类、32 个小类,其中增加社会组织作为一大类,分配全省社会组织类省人大代表名额 9 个,占全体代表的 1.1%。

从 2012 年始,我国社会组织的政治社会地位有了显著提高。国家民间组织管理局、清华大学 NGO 研究所、北京大学非营利组织法研究中心、国家行政学院公共管理教研部等机构共同开展了"2012 年社会组织十件大事"评选活动。按照"突出重要性、注重导向性、兼顾全面性"的原则,在广泛征求意见的基础上,评选出 2012 年社会组织十件大事。其中有"防治艾滋病社会组织发挥积极作用得到中央领导高度评价""新修订的民事诉讼法首次明确社会组织的公益诉讼主体资格""部分社会组织首次作为一个类别受到中央表彰""社会组织首次列入省级人代会代表类别""多项社会组织公益项目获得'中国社会创新奖'"等。

2013 年 4 月 20 日,四川雅安芦山地震发生后,民政部发布《关于四川芦山 7.0 级强烈地震抗震救灾捐赠活动的公告》,不指定救灾捐赠接收主体,提倡通过依法登记、有救灾宗旨的公益慈善组织和灾区民政部门进行捐赠,为社会组织参与救灾和灾后重建服务畅通了渠道,同时强化信息公开,加强监督管理,提高捐赠使用的透明度。雅安市成立了全国首个抗震救灾社会组织和志愿者服务中心,对接社会组织公益项目 493 个,涉及资金 11.46 亿元,社会组织成为抗震救灾的重要力量。此举是构建政府与社会组织联合救灾机制的新探索,它整合救灾资源,拓宽救灾渠道,在救灾领域建立了政社互动互补的新格局。社会组织在雅安地震中的突出表现,与各级政府、社会各界对社会组织发挥作用的支持,无疑对全国社会组织形象地位的提升起到良好作用。

2012 年的《中华人民共和国民事诉讼法》修订案规定,对污染环境、侵害众多消费者合法权益等损害社会公共利益的行为,法律规定的机关和有关组织可以向人民法院提起诉讼。这是中国法律首次确立公益诉讼制度,并明确将社会组织作为公益诉讼主体之一,为更好地发挥社会组织在公益事业中的积极作用提供了法律保障。2014 年 4 月,十二届全国人大常委会第八次会议审议通过的新修订《中华人民共和国环境保护法》,首次以法律形式确立社会组织在环境公益诉讼中的主体资格和认定标准。同时,环境民事公益诉讼司法解释及最高法、民政部、环保部联合下发的《关于贯彻实施环境民事公益诉讼制度的通知》,对社会组织参与环保公益诉讼做出了可操作性规定。2014 年 9 月,泰州市环保联合会就 6 家企业非法倾倒案提起公益诉讼,泰州市中院一审判决 6 家企业赔偿 1.6 亿元,这是迄今为止全国环保公益诉讼中民事赔偿额最高的案件,案件本身和泰州市环保联合会这一社会组织同样引起了广泛关注。

2014 年 7 月,全国政协在京召开双周协商座谈会。政协委员和专家学者围绕更好发挥社会组织在社会治理中的作用,积极建言献策,提出了很多真知灼见。会议强调,社会组织广泛代表着各阶层和团体的权益,是进行社会协商的重要载体,也是推动实现社会治理的有益力量,建议通过加强立法、完善相关培育扶持政策进一步发挥社会组织在社会治理中的作用。

另外,2013 年 5 月,人力资源和社会保障部办公厅印发《专业技术人才知识更新工程 2013 年高级研修项目计划》。同年 7 月,人力资源和社会保障部、民政部联合下发《关于鼓励社会团体、基金会和民办非企业单位建立企业年金有关问题的通知》,该政策出台对稳定社会组织人才队伍,提高其社会保障水平具有重要意义。同年 10 月,民政部、人力资源和社会保障部联合举办首届全国行业协会商会领军人才高级研修班,社会组织人才培训首次纳入国家专业技术人才知识更新工程,这是加强社会组织人才队伍建设的重要举措。

三、宁波社会组织的发展成就

宁波社会组织发展成就显著。2010 年 1 月,宁波市海曙区成为全国首批社区建设示范区。2010 年 9 月,宁波市又被列为全国社会管理创新综合试点城市。2011 年,宁波市提出了社会管理创新试点的"8＋38＋12"的布局,即 8 大体系、38 项工作、12 项重点推进项目,其中,"探索新社会组织培育管理机制"就是 12 项重点推进项目之一。率全国之先,宁波市出台了加强社会组织服务管理工作意见,建立了公益服务性社会组织直接登记制度、基层社会组织培育发展制度、社会组织人才队伍建设"1+4"政策体系,并积极构建社会组织服务平台,在海曙区成立了浙江省首个区域性社会组织服务中心,孵化社会组织,参与社会服务。

(一)数量稳步增长

2013年,宁波市出台了《关于加快建立现代社会组织体制促进社会组织健康有序发展的意见》,此后相继出台了《关于推进政府向社会组织购买服务制度的实施意见》等系列配套政策文件,促进全市社会组织数量稳步增长。

截至2014年年末,宁波市共有依法登记的法人社会组织5759家,其中社会团体2315家、民办非企业单位3384家、基金会60家。宁波每万人拥有法人社会组织数量达到7.6个,高于全国每万人3.7个的平均水平。此外,宁波市城乡基层还活跃着11081个经过备案的基层社区社会组织,涵盖城乡基层社会各个领域。法人社会组织的会员总数超过450余万人次(包括单位会员和个人会员),吸纳就业7万余人。2014年年初,海曙区、北仑区、鄞州区被评为全国首批"社会组织创新示范区"(全国共70个,浙江省共5个);海曙区、北仑区、鄞州区以融合性组织为依托、新老市民共建共享的社会融合模式,获得首届中国社会创新奖和第六届中国地方政府创新奖。自2011年起,"探索建立现代社会组织体制"连续三年列入宁波市社会管理创新重点推广项目,2014年又列入市重点改革创新项目。

(二)登记管理制度改革与承接政府职能

2012年,宁波市首先对公益慈善类社会组织实行直接登记。2013年,进一步扩大直接登记范围,宁波市民政局发布了《关于开展四大类社会组织直接登记的通知》,除依据法律法规和国务院决定需要前置审批的,以及政治法律类、宗教类社会组织,境外非政府组织在甬代表机构外,成立行业协会商会类、科技类、公益慈善类、城乡社区服务类等社会组织实行向民政部门直接登记,不再需要业务主管单位审查同意。直接登记范围的扩大,使宁波市社会组织如雨后春笋般不断涌现。社会组织涵盖面越来越广,涵盖了社区教育、文体、科技、公益服务、外来人口融合、社区单位共建、社区安全自治等多个方面。

2013年12月,宁波市民政局与市财政局、市发改委、市公共资源交易工作管理委员会办公室联合出台了《关于推进政府向社会组织购买服务的实施意见》(以下简称《意见》),鼓励规范全市政府购买社会组织服务行为,加快政府职能转变和政社分开,促进社会组织参与社会服务。《意见》指出,政府向社会组织购买服务的交易活动,应按《中华人民共和国政府采购法》等相关法律法规执行,实行公开、透明、竞争性的机制。政府部门向社会组织购买服务的内容为适合采取市场化方式提供、社会组织能够承担的公共服务和社会管理事项,其中非营利性、公益性的事项应优先向社会组织购买。购买内容具体包括教育、卫生、文化等领域的部分基本公共服务事项;社区事务、养老助残、社会救助等社会事务服务事项;行业资格认定和准入审核、处理行业投诉等行业管理与协调事项;科研、行业规划、行业调查等技术服务事项;法律服务、课题研究等辅助性和技术性事务。此外,《意见》还规定,政府部门在同等条件下,应优先向 4A 级及以上等级的社会组织购买服务。

2014 年 6 月,宁波市民政局正式对外公布《宁波市首批具备承接政府职能转移和购买服务资质的社会组织目录》。优先列入首批资质目录的社会组织共有 50 家,评估等级基本在 4A 以上,多次承接政府职能转移和购买服务,包括枢纽型社会组织服务平台,以及在区域内具有较大影响力和较高公信度的社会组织。首批社会组织资质目录的发布,与政府职能转移和购买服务指导目录相呼应,符合资质条件的社会组织优先获得政府支持。

(三)服务平台建设

2013 年,民政部民间组织管理局副局长廖鸿说,在全国各大城市中,宁波的社会组织服务中心最多,已经形成了全国最大的社会组织"孵化群",它们激发了社会组织的活力和提高了参与社会治理的能力,为政府将适合由社会组织提供的公共服务和解决的事项交由社会组织承担打下了坚实的基础,在全国具有示范意义。

2012 年 7 月,宁波市公益服务促进中心正式挂牌成立,该中心是由宁波市社会组织促进会和浙江大学公民社会研究中心共同主办、宁波市民政局主管的民办非企业单位。中心以需求为导向、以项目为核心,倡导透明化、专业化的新型公益,以全新的机制、专业的服务实现更为透明、更有效率的公益。以中心为枢纽,在政府、企业、社会三者之间,形成彼此连接的公益服务新模式,从而实现公益资源配置的效率最大化和公益价值的最大化。该中心通过搭建一个"公益项目交易大超市",实现公益服务需求者、公益服务资助者、公益服务生产者的三方对接,形成以公益服务项目为中心的各个主体都能参与其中的公益服务链,打造一个包含项目征集、项目设计、项目发布、项目资助、项目招标、项目实施、项目评估和项目激励在内的枢纽性的全方位的专业团队和服务网络,更好地满足差异化的公益服务需求,几年来已经对接成功并实施运行了270个公益项目,真正起到了枢纽型平台的作用。

除市级以外,宁波全市现有大大小小社会组织服务中心100多个。一部分社会组织在里面接受"孵化",更多的社会组织则以参与公益项目创投的形式从各社会组织服务中心获得资金支持。

海曙区社会组织服务中心创新培育机制,让社会组织成长起来。近几年有之江、天云、和风、乐慈4家社工机构孵化出壳。对刚登记成立、人员经费场地不足、管理服务经验欠缺但社会需求度高、发展前景好、服务潜力大的初创型社会组织,服务中心则在资金、项目、场地等硬件上加以扶持。2015年共为社会组织提供场地设备140多次,能力建设培训43次,提供资源信息154条,项目指导200余次。服务中心坚持项目驱动,让社会组织壮大起来。至2015年共吸引379.69万元社会资金支持,初步形成了政府指导下,社会各方共同参与,社会组织之间既相互合作又优胜劣汰,各类资源自我循环流动的公益"生态系统"。

从2008年开始,江东区创建了各级邻里中心,其功能定位主要是承接政府公共服务或社会事务项目、服务其他社区社会组织。一般设在社区比较繁华的地方,工作人员由社区内有一定影响力、政治素质好、综合能力强、热心公益事业的居民担任。江东区建立了社区社会组织资助和奖励机制,通过政府补助、福彩公益金资助等方式,多渠道筹集社区社会组织发展资金。该区财政按照户籍人口每人每年不少于2元的标准补助给社区社会组织用于基础设施配备和改善;街道按照与区财政相同的补助标准每年安排社区社会组织日常运作经费;区民政部门每年争取不少于50万元福彩公益金,用于扶持社区社会组织优质服务项目和示范性社区社会组织。目前,江东区上千个社区社会组织在邻里中心备案登记,并依托它发展壮大。各社区邻里中心成立后,社区社会组织有了活动场所和经费,很多处于休眠状态的社会组织活跃起来,一些处于萌芽状态的社会组织也迅速发展。华光城社区依托邻里互助中心孵化出了通过照相机和手机捕捉社区里不文明现象的"社区啄木鸟",帮社区大龄青年介绍对象的"社区红娘站",调解社区纠纷的"老娘舅调解队"等。

镇海区于2014年建成集创业孵化、项目研发、党建指引、公益实践等功能于一体的区社会组织公益服务中心,通过集聚资源、集成创新、集约服务,构建起资源对接零障碍、公益创业零风险、公众参与零门槛的公益生态体系。到2015年8月,该中心规模居全省同类机构前列,入驻团队33家。全区登记备案的社会组织数量突破 1500 个,每万人拥有的社会组织数达到 28.64 个,居于浙江省前列。

另外,枢纽型社会组织发展迅速。传统的枢纽型社会组织包括共青团、妇联、侨联、总工会、科协、社会科学联合会等,新型的枢纽型社会组织则包括文艺团体联合会、社区组织联合会、社会组织服务中心、社会组织孵化器等。2012 年 11 月,宁波市北仑区东港社区成立社区社会组织联合会,采取"以社管社"的方式加强对社区组织的管理。宁波市的多个社区都成立了类似的枢纽型社会组织。宁波市的志愿者组织以宁波市志愿者协会为枢纽,已经发展成为一个包括市、区(县、市、开发区、高校、行业系统)、乡镇(街道)三级志愿者协会,包括市志愿者指导中心、县(市)区指导中心、乡镇(街道)志愿服务站、社区(村)志愿者四级阵地,还包括 11 家专业志愿者队和各系统管理、省部属单位志愿者队伍的复杂网络,纵向到底、横向到边,形成了强大的社会资源整合能力。

四、宁波社会组织存在的问题与分析

(一)数量与结构问题

截至 2015 年年底,宁波全市共有注册登记的社会组织 6216 家和备案管理的社会组织 14134 家,平均每万人拥有法人社会组织 7.6 个。尽管宁波的社会组织规模较大,万人拥有数量上也远超全国、全省水平,但同深圳、上海等发达城市相比,仍有较大差距。截至 2015 年 12 月 31 日,深圳全市各类社会组织总数达到 10100 家,连续 3 年平均增长 20% 以上,每万人拥有法人社会组织 10 个。上海市各类社会组织总数达 3.8 万余个,每万人拥有社会组织数量近 16 个。宁波市的社会组织在总体上表现为数量不足、发育程度低、实力不够强、在社会治理中的功能尚不明显等特征。宁波在社会组织结构方面,总体发展不平衡,特别是公益性组织在社会组织中的比例还不高,大多力量比较弱小,分布较为分散。

如 2014 年,民政部公布全国首批 70 个社会组织建设创新示范区,宁波海曙区成功入选。截至 2014 年 10 月底,海曙区登记备案的社区社会组织共 1480 家,但是其中 80% 达不到民政部门登记所需的资金、人员、场地等条件,只能在街道备案。它们只是"准社会组织",或者称为"社区群众活动团队",通常有两类:第一类是由共同的兴趣爱好、自愿结合进行活动的结合体,以团队为载体,通过社区群众的自娱自乐或参与社区活动为其成员和社区提供服务,具有主体广泛、组织自发、活动自主的特点,但缺少专业支持,有的自生自灭;第二类是由社区工作者受命领衔发起、在社区备案的组织,通常是为了配合街道、社区应景性的工作任务,它们在观念上、组织上、职能上、活动方式上以及管理体制上都有局限,缺乏社会组织的"主体性""自治性"。

社会组织的领域狭窄、服务雷同等问题也限制了其在社会治理中作用的发挥。在宁波市现有社会组织中,教育、科技、文体类占70%以上,与社会治理关系较为密切的行业协会、社区服务与公益慈善类社会组织所占比例较小,仅有10%左右。

不容忽视的还有支持型社会组织发展的落后。

社会组织按照组织运作方式、服务对象的不同可分为支持型社会组织和运作型社会组织。支持型社会组织是指专门为其他社会组织提供服务和支持的一类社会组织。美国波士顿大学教授戴维·布朗和坦顿在1990年首次提出这一概念。

支持型社会组织的特殊性体现在公益或互益服务的间接性上,即不直接为社会大众提供公益或互益服务,而是通过为社会组织服务间接提供社会服务。支持型社会组织具有四大功能。一是资源保障功能。从政府、企业、社会组织获取资源,整合社会中的资金、智力、信息、场地等各种形式的资源,将这些资源提供给有需要的社会组织。二是能力培养功能。提升社会组织的能力。三是专业服务功能。为社会组织提供管理咨询、财务托管、法律咨询、网络技术支持、营销推广等专业服务。四是规范沟通协调功能。倡导和推动社会组织自律互律,发挥行业规范作用;承担政府与运作型社会组织的桥梁纽带作用,向社会组织宣传政策导向,代表社会组织向政府表达利益诉求;在重大事件、灾难来临时发挥统筹协调作用。支持型社会组织从举办单位看,分为官办和民办;从提供服务的领域看,分为资金支持型、专业服务型、枢纽型、孵化器等四类。资金支持型社会组织为社会组织提供资金支持,以基金会为主。专业服务型社会组织,是指为社会组织提供包括战略咨询、管理咨询、培训、法律咨询、财务托管、信息服务、人力资源管理、营销推广等专业服务的社会组织。枢纽型社会组织,是指同一领域、同一地域、同一性质、同一类别的社会组织的联合体,便于社会组织自我服务、自我规范、自主协调。社会组织孵化器是指提供特定的场所和空间,通过资金支持、服务提供和能力提升等多种形式,以培育和扶持初创期社会组织为目标的支持系统。

目前,不仅在宁波,从全国范围来看,支持型社会组织都存在着数量不足的问题。清华大学 NGO 研究所参与的中国全球公民社会指数的研究表明,公民社会组织之间的网络、联盟、伞状组织等支持型机构的不足,是我国公民社会一个显著的结构弱项。美国的社会组织中有为数众多的支持型机构,已经建立起由资助型基金会、能力建设机构、公益行业协会、会员制组织、公益研究与教育机构、专业服务机构、认证机构等组成的提供政策研究、资金支持、智力支持、专业技术服务(法律、财务、咨询、研究)的公益支持链。我国目前拥有的社会组织基本上都是运作型社会组织,而提供资源的资金支持型社会组织和提供专业服务的社会组织偏少,孵化器作用的社会组织就更缺乏了。

(二)服务能力有待提高

一是社会组织的能力不足,作用发挥不佳。

社会组织还没有真正实现去行政化。政社不分、管办不分的状况还没有根本改变,尤其是一些较高层级的社会组织,很多都是"一套人马,两块牌子",对政府依赖性较强,社会组织自身缺乏造血功能,组织管理人才缺乏。社会组织章程形同虚设,组织领导包括理事长、秘书长等一般由主管单位指定,民主选举只有形式。

政府与社会组织未能有效对接,政府购买公共服务存在不足、不稳定现象,公开性、透明度不高,竞争度不够。社会组织在承接相应职能的同时,得到的资金、财税等支持不够。许多社会组织的服务范围往往集中在浅层次的扶贫帮困、助学解难等公益服务内容,至于在表达其所代表的民众和所联系群体的利益诉求,通过提出建议、协商对话等方式反映到政府层面,进而影响政府的决策过程方面,尤显不足。而在社会热点问题的协调、群体性事件的化解等社会治理领域的介入也是不够。

二是社会组织培育平台功能有待提升。

具体表现在下列方面:一些社会组织培育服务平台是以满足政府"应景"需求为主;服务平台以提供硬件支持为主,软件的能力建设相对欠缺;社会组织的孵化器、服务平台重量不重质;"温室型"社会组织在其离开孵化中心后即陷入组织独立生存发展困境;绝大多数社会组织自身缺乏独立自主的可持续发展资源;社会组织服务平台支持系统的资源过于单一,难以提供长效服务。总之,社会组织服务平台建设需要系统的思考,包括观念思维、政策环境、服务落地、能力建设、持续性资源、公共空间等一系列安排。

三是专业化、职业化水平有待提升。

宁波市社会组织的专业化、职业化水平相对低下,尤其是作为"三社联动"中起专业支撑作用的专业社工以及社工机构尤其稀缺,这影响了社会组织的自身发展和作用发挥。在 2016 年浙江省"两会"上,省人大代表、宁波市海曙区社会组织服务中心主任裘丽萍带去一份关于加大政府购买专业社会工作服务的政策建议,她说,现在外界一般都把社区工作者和社会工作者简称为"社工",但事实上,专业社工指的是后者——那些在社会福利、社会救助、社会慈善、劳动保障、残障康复、优抚安置、医疗卫生、青少年服务、司法矫治等社会服务机构中从事专门性社会服务工作的专业技术人员。"他们能对各种社会问题和处于困境的社会成员进行专业化'诊疗'"。但目前专业社工们面临不少难题,如社工岗位少、待遇低、易遭误解等,不到 20% 的国内社会工作专业的大学生在毕业后到对口领域就业,即使对口就业,他们也更愿意去北、上、广、深等大城市发展。

五、对宁波社会组织创新的思考

总的来说,要以创新体制机制、完善扶持政策、拓展发展空间、规范管理方式、提升作用效能为重点,加快形成政社分开、职权明确、依法自治的现代社会组织体制,充分发挥社会组织在社会建设和管理中的重要作用。

(一)深化登记管理体制改革

降低准入门槛,加大实行直接登记的力度。按照"统一登记、各司其职、协调配合、分级负责、依法监管"的社会组织管理体制要求,坚持法律监督、群众监督、舆论监督有机统一,建立政府、社会监管和社会组织自律相结合的监管体系。推行行业协会商会与行政机关脱钩,创造社会组织公平竞争的环境。按照 2015 年中办、国办印发的《行业协会商会与行政机关脱钩总体方案》和《中共中央关于加强和改进党的群团工作的意见》文件精神,尽快取消行政机关(及下属单位)与行业协会商会的主办、主管、联系和挂靠关系,行业协会商会依法直接登记和独立运行,行政机关依据职能对行业协会商会提供服务并依法监管。除法律法规有特殊规定外,一律剥离行业协会商会现有的行政职能。群团组织要吸纳更多的群众,特别是非公有制经济组织、社会组织和各类新兴群体人士。

扩大社会组织直接登记范围。除政治法律类、宗教类社会组织及法律法规规定需要前置审批的以外,其他社会组织可直接向民政部门依法申请登记;重点在行业协会商会中引入竞争机制,取消"一业一会"限制。重点扶持发展城乡社区服务类、公益慈善类、行业协会商会类和科技类社会组织。积极发挥群团组织联系社会组织、服务社会组织以及孵化培育、协调指导、集约服务、群团建设等枢纽型功能作用,推动同类型、同性质、同行业、同领域的社会组织建立枢纽(联合)型社会组织,实行协调指导、自律管理和自我服务。

降低城乡社区服务类社会组织登记门槛,实行登记备案双轨制。降低准入门槛,简化登记程序,大力培育发展社区社会组织。授权街道办事处对社区社会组织进行备案管理,给予资金扶持,重点扶持发展贴近居民、服务居民的社区社会组织。

(二)加大政府购买公共服务等扶持力度

建立政府职能转移的动态调整机制。继续清理政府职能与工作事项,界定应由政府部门自身履行的职责,进一步减少行政审批事项,并使政府职能梳理转移制度化、常态化。将政府梳理出来的职能和工作事项向市场和社会转移委托和购买服务,有计划、有重点、循序渐进地推进,实现平稳有序地承接。

完善政府购买服务机制。建立政府与市场、社会在公共服务领域的合作伙伴关系。对于满足市民群众生活需求的公共服务,凡是能由市场和社会组织提供的,政府不再设立新的事业单位,而交由市场和社会组织承担,逐步向有承接能力、公信力高的社会组织转移职能。市编办编制政府转移职能目录,明确转移职能的部门、职能、项目和原则,形成政府职能转移承接的运行机制;市财政委研究建立政府职能部门购买服务目录,并制定项目库管理制度;市民政局编制社会组织目录,明确具备资质条件承接政府转移职能和购买服务的社会组织。引入独立的社会第三方咨询评价机构参与评估工作,健全公共服务提供的绩效评估体系,确保公共服务质量。逐步形成以政府为主导、各种社会主体共同参与的社会管理和公共服务供给格局。

2014年宁波市服务采购支出18.06亿元,仅占总采购支出的8.60%。服务采购主要集中在政府履职所需辅助性领域,教育、就业、社保、医疗卫生、住房保障、文化体育及残疾人服务等基本公共服务领域的项目比较少，政府购买服务的广度和深度有待于进一步拓展。政府购买服务的方式也值得商榷，人员经费的比例限制较大，忽视人力资源成本的政府购买服务方式，已成为制约社工人才发展的关键因素。在这方面，广东的经验值得借鉴。截至2014年6月，广东省在5年中在政府购买专业社会工作服务方面投入资金近20亿元，每年的资金投入都在上升。

鼓励社会资本投入。引导社会组织拓宽筹资渠道，鼓励金融机构在风险可控前提下为社会组织提供信贷支持，鼓励公益创业。鼓励驻社区企业等发起成立社区非公募基金会，开展社区服务，推进社区建设；鼓励企业和企业家以及社会贤达等发起设立公益慈善基金会，支持公益事业，履行社会责任。

保障支持社会组织发展的财政投入。建立公共财政支持制度，确立市、区财政分级负担体制，建立多层级财政经费保障体系。市、区两级财政部门应将政府职能部门购买服务所需经费纳入部门预算，强化购买服务的经费保障。对提供公益性服务和行业公共服务的社会组织，经评审后给予项目补贴，或根据绩效评估考核情况，给予项目奖励。以养老服务为例，养老服务业投入大、收益低、投资回收期长；近几年宁波市各级政府虽然出台了不少鼓励扶持政策，努力降低养老服务业民间资本投资门槛、优化投资环境，但土地供应、抵押融资、出资人权益等方面仍存在的不少制约，影响了投资者的积极性，民间资本进入养老服务领域的步伐缓慢。

加强社会组织人才的培育扶持。将社会组织人才发展纳入市中长期人才发展规划，推动重大人才政策和重点人才工程惠及社会组织人才。积极引进社会组织杰出人才，发掘培育社会组织领军人物，符合条件者可申请认定为高层次专业人才。建立社会组织人才职业晋升渠道，开展社会组织从业人员技能培训，落实社会组织人才待遇，发展壮大社会组织专业人才队伍。

培育支持型社会组织。鼓励发展能够为操作型社会组织提供资金、人才、能力、智力、信息支持和评估服务的支持型社会组织。

加快孵化培育。在已有的社会组织培育实验基地的基础上，进一步扩大规模，合理布局，运用"政府支持孵化器、专业团队管理、公众监督、公益组织受益"的孵化模式，对处于初创期的社会组织提供办公、培训、交流展示、信息咨询、能力辅导等一条龙、便捷式服务，促进社会组织快速成长。探索设立乡镇（街道）层面的社会组织孵化平台。完善公共财政和福利彩票公益金对社会组织的奖励扶持机制，将符合条件的社会组织纳入政府产业扶持和社会事业发展扶持政策范围;倡导企业、学校、社区等向公益类、服务类社会组织开放更多的公共资源;落实社会组织税收优惠和公益性捐赠税前扣除资格认定政策;支持民办非企业单位发展社会事业,对教育、医疗、养老等领域的民办非企业单位,鼓励探索有限产权和合理回报制度等。

(三)加强规范与监督

完善社会组织法人治理结构,建立社会组织负责人管理制度,健全社会组织内部民主和制衡约束制度,规范会员大会、理事会、监事会的运作,健全财务、捐赠资产、人事等管理制度。强化社会组织的社会责任,推动社会组织普遍建立规范运作、诚信守法、公平竞争、信息公开、奖励惩戒、自律保障等多项机制,主动公布服务程序或业务规程、服务项目和收费标准,提供优质服务,自觉接受社会监督,提高社会组织自律能力和社会公信力。

规范社会组织的经营性活动。社会组织的资产及收入应全部用于章程规定的业务范围、发展公益事业,不得用于分配和分红。完善社会组织的组织架构,推动社会组织从业人员的专业化、职业化建设,完善薪酬福利待遇。工作人员工资福利开支应在合理的比例内,不得变相分配该组织的财产。社会组织注销后的剩余财产,应用于发展与该社会组织宗旨相关的事业,或者转赠给该社会组织性质、宗旨相同或相近的其他社会组织。

加大社会组织信息披露力度。增加社会组织财务信息透明度。社会团体必须定期向会员(会员代表)大会报告财务工作和财务状况并接受会员查询;民办非企业单位和基金会向理事会汇报财务工作,基金会要通过媒体向社会公布其内部信息和业务活动信息。社会组织收费的服务项目、收费标准等内容必须向社会公开。社会组织的重大活动情况、资产财务状况、接受与使用社会捐赠和政府资助情况以及资金使用效果等应通过媒体或本组织网站、刊物、会员大会等多种形式进行公开,接受监督。

建立健全社会组织综合监管体系。完善统一登记、各司其职、协调配合、分级负责、依法监管的社会组织管理体制,形成监管合力。建立社会组织诚信数据库和从业人员诚信数据库,纳入全市的诚信系统。将诚信记录作为社会组织和从业人员考核评估的重要依据。

建立健全社会组织退出机制。深圳市的做法值得借鉴。深圳探索建立了行政司法监管、社会公众监督、行业协会自律"三位一体"的综合监管体系。2011—2014年三年间,深圳市共对54起行业协会违法违规行为进行了查处,撤销登记行业协会17家。深圳市政府建立完善行业协会信息公开和披露机制,定期公布"行业协会活动异常名录"。行业协会健全完善行业协会内部治理,自 2011 年以来已选取家具、建筑等 24 个行业协会作为试点,探索成立行业廉洁建设委员会。

(四)搭建发挥综合作用的各类平台

建立社会组织公共服务平台。建设好社会组织促进会和社会组织服务中心等枢纽型社会组织,为社会组织提供公共服务项目策划、产品推介、信息发布、政策咨询、业务培训等服务。重点支持和发展一批民办社会工作服务机构、民办养老服务机构和志愿服务组织,促进企业、个人与公益类慈善类组织开展长期合作、多样合作。深圳建设了深圳社会组织总部基地(福田),这是福田区深化改革的重点项目和创新载体,定位为社会组织发展的成长加油站、创意梦工厂和综合服务 MALL;推进"政社""企社""融社"和"社社"的联合互动。到 2015 年 5 月,已有红树林湿地保护基金会、恩派非营利组织发展中心、创意谷公益文化发展中心、小鸭嘎嘎公益基金、维德志愿法律服务中心等 28 家枢纽型、示范型、支持型组织入驻,成功培育了深圳蓝天救援队等 5 家极具发展潜力的社会组织,构建了以资源对接、社会组织培育、项目发展、标准建设、保障服务等为主要内容的面对辖区乃至全市所有社会组织的综合服务体系。通过开展"福田区社会创新百舸行动",发布政府职能转移项目,推动政府职能部门与社会力量合作项目已达 100 多个,形成福田区社会创新公益下午茶、法治城区建设众议汇、社会影响力投资沙龙等多个活动品牌。

完善决策咨询机制。设立由社会第三方组成的咨询委员会,在涉及不同行业和群体利益的重大决策出台前,广泛吸收相关领域的社会组织参与政策咨询、论证和决策旁听、听证,并逐步加以规范。完善社会组织信息专报制度,引导社会组织通过调研定期提出有关经济社会形势分析的可行性建议,为党委、政府和相关职能部门提供决策参考。

健全社会组织参与矛盾调处机制。引导社会组织深入了解群众呼声,敏锐把握社会脉搏,及时传递社会动态,通过平等对话、沟通、协商、协调等办法参与调解社会矛盾,缓解社会纠纷,增强社会弹性,促进社会融合。发挥社会组织精神抚慰、人文关怀的功能,积极加强对群众进行社会心理疏导,落实心理民生。推广"行政调解、人民调解、行业调解+司法确认"的联调模式,完善社会组织调解与行政手段、司法裁决之间的衔接机制。

拓宽参政议政渠道。在党代表、人大代表、政协委员中增加社会组织代表比例,鼓励社会组织代表人物参政议政,广泛反映各行各业和不同群体的意见建议。推动社会组织参与公共政策的制定。

(五)打造社会组织参与城市公共空间管理品牌

城市公共空间,狭义是指供城市居民日常生活和社会生活公共使用的室外及室内空间。室外部分包括街道、广场、居住区户外场地、公园、体育场地等;室内部分包括政府机关、学校、图书馆、商业场所、办公空间、餐饮娱乐场所、酒店民宿等。城市公共空间、社会组织的性质,决定了二者具有天然的密切联系。城市公共空间的治理,需要多种主体的协同,需要社会组织的参与,为社会组织的发展提供了广阔平台。

随着宁波建设新型国际化大都市步伐的加快,一方面,城市公共空间的发展也迎来崭新的局面,呈现出数量多、种类多、质量高的特征,满足了市民多方位、多层次的城市空间活动需要。另一方面,宁波的社会组织发展也取得巨大成就。具体到参与城市公共空间管理的领域,宁波的社会组织也发挥着不可替代的作用。

社会组织参与城市公共空间管理中存在的最大问题,是双方沟通协同机制不够健全,缺乏沟通协作的平台,资源分割,信息不畅,不能互通有无、形成合力、达成双赢。多渠道的经费筹措机制没有形成,使得社会组织参与城市公共空间管理缺乏必要的经费支撑,参与乏力。另外,对社会组织参与公共空间管理的宣传力度不高,社会影响不够。城市公共空间管理主管部门、单位的认识理念,社会组织自身认识理念认识存在一定的问题,在一定程度上也制约了双方密切协作、达成共赢。为此,要做好如下工作。

一是搭建双方沟通协同平台,畅通沟通协同机制。

每一类城市公共空间,都有适宜某些社会组织参与的公共服务内容,而每一类社会组织,都能在一些城市公共空间提供适宜的公共服务。如博物馆、图书馆等城市公共空间,需要义务讲解、学术与知识讲座等公共服务,可由科技工作者协会、教授协会、非遗协会、老战士协会、老干部协会等社会组织来提供。因此,城市公共空间与社会组织双方应该互通信息、互通有无、达成契合、通力协同。鉴于目前双方信息不畅、协同不力的局面,建议政府积极发挥主导作用,由各级政府社会组织管理部门,采取组织"社会组织参与城市公共空间管理座谈会""社会组织参与城市公共空间管理项目对接会"等多种方式,为双方搭建沟通交流、协同创新的平台。

二是构建多渠道经费筹措机制,为社会组织参与城市公共空间管理提供必要的、充足的经费支持。

城市公共空间的成长和发展涉及政府、市场、社会组织、公众等多方的利益平衡。一方面,政府要运用政策工具,制定促进社会组织发展的政策,完善相关法规和制度,扩大社会组织发展空间;另一方面,要加大对在城市公共空间管理中发挥积极作用的社会化组织的资金支持和激励机制。浙江省财政厅发布的《浙江省政府向社会力量购买服务指导目录(2016年度)》就明确了政府可以向社会力量购买公共图书馆、文化馆、社区综合文化服务中心、公共美术馆、博物馆等运营和管理服务。因此,宁波各级政府可以考虑采取切实可行的政策措施,在经费方面促进社会组织参与城市公共空间管理创新。无论政府对城市公共空间管理部门、单位的经费下拨,还是政府对社会组织的扶持发展经费或购买服务资金,都要安排一定的专项。

另外,城市公共空间要留出专项经费,用于支持社会组织的参与管理,更要更新观念,采取市场化运作,利用公共空间资源,为企业的宣传推介活动提供舞台,争取企业捐赠的经费支持;也可用同样的方式,为社会组织提供宣传推介自身的舞台,争取社会组织的积极参与管理。

三是开阔视野,充分借鉴外地经验。

外地城市在促进社会组织参与公共空间管理方面,有许多经验值得借鉴。如深圳市成立了城市设计促进中心这一社会组织,整合各方资源,提供设计交流和推广服务,包括开放设计竞赛、设计交流(大师论坛、设计讲坛、酷茶会、"设计与生活"公众论坛)、设计研究(保障房、多地面城市)、城市之旅等。该中心还承担着思想库、调研组、促进会、服务网、孵化器、互动区和充电站等众多职能。上海市的城市公共空间设计促进中心、新途社区健康促进社等社会组织,策划了"天不亮,我不停"荧光夜跑活动;上海创意设计工作者协会、上海美术家协会与上海著名高校联合举办的以"人文艺术与城市公共空间"为主题的系列讲座活动等,激发了多元社会主体的创意来创造城市空间,造成了全社会共同塑造、美化城市空间的氛围。上海市还利用地铁营造城市文化氛围,于1997年创建上海地铁文化艺术长廊,展示文化艺术品;于2013年又制定《上海地铁公共文化建设纲要暨三年行动计划》,推出全方位的地铁公益文化方案。如今,地铁文化这一城市公共空间文化,已成为上海城市文化的一部分。这里面也有社会组织的身影,如人民广场站"地铁音乐角"就是由文化协会和企业建设的,后升级为优质项目,由政府购买服务,现已成为地铁文化的品牌。

而"迷你化"城市广场和公园、"口袋公园"(Vest Pocket Park)、城市步行系统、商业窄街、亲水空间、步行空间等充分体现人文关怀、追求文化品位的城市公共空间的出现,无不与社会组织的努力有关。"口袋公园"从车行和步行交通线中分离出来,尺度宜人,远离噪声,围合而有安全感,是由空地或被遗忘的空间发展起来的,多是由社区组团、私人实体或基金会建成,为当地的邻里使用,包括用作小型活动空间、儿童游乐空间、会见朋友的交谈空间、午餐休息空间等。广州市有一项步行系统规划,要在全市建成 11 条总长约 145 千米的富有特色的步行生态连廊,串联起该市各个自然生态及历史文化区。有专家指出,街道的宽度与商业的繁荣成反比,窄街安全而有趣。美国社会学家雅各布认为,街道空间存在着无形"眼",人们可通过相互的经常照面来区分熟人和陌生人,从而获得安全感、舒适感。世界最长的步行街在丹麦首都哥本哈根的市中心,由 20 多条步行街和小巷织成。步行街区中,步行街道面积为 1/3,另外 2/3 是城市广场,共约有 5000 个咖啡座位,成为承载丰富的公共空间,成为城市中人们信息、物质、文化交换的中心,由此诞生了丹麦、北欧的特种文化——咖啡文化。以上的做法都值得学习借鉴。

四是加大对社会组织参与公共空间管理的宣传力度。

提高城市公共空间管理部门、单位与社会组织的认识水平,深化协同创新的内涵。作为城市公共空间管理部门、单位,要认识到公共空间的管理不是本部门、单位自己的事情,需要社会组织、公民个人的参与协同。作为社会组织,要认识到城市公共空间是展示自我的重要舞台。只有提高了认识水平,才能不断深化、丰富协同的内容,扩展新的协作领域。

建议通过电台、电视台、报刊等新闻媒介制作专题宣传片等手段,烘托出浓厚的氛围,加大对社会组织参与公共空间管理的宣传力度,提高其社会影响力。利用宁波社会组织微信公众号、志愿者 APP 等新媒体互动平台,为参与城市公共空间管理的公众提供活动信息发布、志愿者注册等服务,搭建信息互通、项目联动、资源共享的交流平台。另外,政府可以在社会组织年度工作安排时,在城市公共空间管理年度工作安排时,推出"社会组织参与城市公共空间管理创新年"等一类的专项活动,加强主导,统筹协调,项目化运作,组织评比。开展政府社会组织管理部门、城市公共空间管理部门与单位、有关社会组织在社会组织参与公共空间管理方面工作的年终考评,切实推进协同创新。

第五章　宁波市区街社体制创新与加强社区建设研究

本章探讨市、区（县、市）、街道、社区四者权责关系调整以及如何加强社区建设问题。社区治理是国家治理的基础环节,社区治理现代化是实现国家治理现代化的前提。社区治理是社会治理的主要内容与基础平台。社区治理创新的内容很多,主要包括:伴随行政审批制度改革、基于扁平化理念的权力削减和下放而进行的市区街社体制改革、权责调整;基于统筹理念的社区党组织领导下的社区居委会、社会组织、居民等多主体互动的社区治理体制的完善;三社(社区、社会组织、社会工作者)联动的探索;社区由减负、扩权、归位等回归自治职能;社区民主协商的发展;基于统筹化、信息化的社区公共服务综合平台的建设,等等。上述这些内容,又都体现出简政放权与公共管理的扁平化、基层民主的发展与社区治理多主体间协商民主的发扬、政社(政府与社区、社会组织、社会工作者)职责分清与社区公共产品提供主体的社会化等趋势。

一、市区街社权责关系概况

1954 年年底,全国人大常委会第四次会议通过《城市街道办事处组织条例》,其中指出,市辖区、不设区的市的人民委员会可以按照工作需要设立街道办事处,作为它的派出机关。街道办事处的任务主要包括:办理市、市辖区的人民委员会有关居民工作的交办事项;指导居民委员会的工作;市、市辖区的人民委员会的各工作部门,非经市、市辖区的人民委员会批准,不得直接向街道办事处布置任务。但事实上,几十年来,政府工作部门直接向街道办事处布置任务的情况很多。

目前市区街社四者关系的一个突出问题,就是权责不对称,其中社区承担了太多的行政职能,或多或少地失去了自治的本位,这是不容忽视的现象。政府要在宏观层面上对社区建设进行指导和监督,但政府职能转变不到位、职责不清等问题的存在,影响了社区的发展。在政府主导模式下,在社区建设中至今未能较好地实现"政社分开",政府对社区的许多社会事务进行直接干预和包揽,"政社不分"导致了政府角色与职能的越位和缺位。与之相关的,则是社区治理的多主体良性互动关系有待完善,基层民主协商的内涵与方式有待创新,社区公共产品与居民个体化服务的提供渠道与方式有待创新,等等。

2010 年 11 月,中办、国办印发《关于加强和改进城市社区居民委员会建设工作的意见》(以下简称《意见》),对社区的性质、职能以及与基层政府、政府派出机关(即街道办事处)、政府部门之间的关系进行了明确。《意见》指出,城市社区居民委员会是居民自我管理、自我教育、自我服务的基层群众性自治组织。《意见》明确,社区居民委员会要协助城市基层人民政府或者它的派出机关做好与居民利益有关的社会治安、社区矫正、公共卫生、计划生育、优抚救济、社区教育、劳动就业、社会保障、社会救助、住房保障、文化体育、消费维权以及老年人、残疾人、未成年人、流动人口权益保障等工作,推动政府社会管理和公共服务覆盖到全社区。另一方面,城市基层人民政府或者它的派出机关对社区居民委员会的工作给予指导、支持和帮助。要在街道社区服务中心设立"一站式"服务大厅,为社区及居民群众提供方便、快捷、优质的服务。普遍推行社区公共服务事项准入制度,凡属于基层人民政府及其职能部门、街道办事处职责范围内的事项,不得转嫁给社区居民委员会,凡委托给社区居民委员会办理的有关服务事项,应当遵循"权随责走、费随事转"的原则。逐步清理和整合在社区设立的各种工作机构,规范政府部门面向社区居民委员会开展的检查评比达标活动,大力压缩针对社区居民委员会的各类会议、台账和材料报表数量。

这是我们思考市区街社四者之间权责关系,解决职能越位、功能错位、自治不到位等问题,探索以撤销街道、加强社区职能等为主要特征的社会治理体制创新的重要的指导性文件。

二、外地调整市区街社权责关系、加强社区建设的经验

(一)社会治理领域行政审批制度改革

行政审批体制改革,即削减审批事项,或调整给社会组织自律管理,或下放给下级政府,这是政府职能转变的关键环节。行政审批体制改革中包括不少社会治理领域的内容。

2011年11月,国务院召开深入推进行政审批制度改革工作电视电话会议。主要内容有:进一步清理、减少和调整行政审批事项。坚持市场优先和社会自治原则,凡市场机制能够有效调节的,公民、法人及其他组织能够自主决定的,行业组织能够自律管理的,政府就不要设定行政审批;凡可以采用事后监管和间接管理方式的,就不要再搞前置审批。对于社会事业领域,要放宽限制,打破垄断,扩大开放,公平准入,鼓励竞争。对于非行政许可审批领域,要清理一些部门和地方利用"红头文件"等对公民、企业和其他社会组织提出的限制性规定。党的十八大提出,要深化行政审批制度改革,继续简政放权。党的十八届三中全会通过的《中共中央关于全面深化改革若干重大问题的决定》指出,进一步简政放权,深化行政审批制度改革;直接面向基层、量大面广、由地方管理更方便有效的经济社会事项,一律下放,由地方和基层管理。

国务院在2002年、2003年、2004年、2007年、2010年、2012年先后六次取消和调整行政审批项目2497项,占各部门原有审批项目总数近69.3%。其中2012年取消和调整314项部门行政审批项目,即取消184项、下放117项、合并13项。李克强总理在2013年3月表示,国务院各部门行政审批事项还有1700多项,本届政府下决心要再削减1/3以上的项目。截至目前,国务院已经进行过十几次行政审批事项的取消、合并、下放等工作,效果显著。

同时,国务院还减少了资格资质许可认定。

职业资格制度是从20世纪90年代初发展起来的,全国各类职业资格证书多达1000多种。人社部官员曾坦言,现有的职业资格认证的主要问题,第一是认定太多,第二是重复量很大,第三是有些职业资格本属水平评价类的,但有的地方把它作为准入类。职业资格认证过多过滥,带来了诸多

社会问题,比如人为抬高相关领域的从业门槛,制约社会经济发展。从 2014 年开始到 2015 年 11 月,国务院分四批取消了 211 项国务院相关部门设置的职业资格,人社部同时取消了地方自行设置的各类职业资格。2015 年 11 月,人社部决定废止原劳动保障部《招用技术工种从业人员规定》——它规定了 90 个持职业资格证书就业的职业。这对于降低就业创业成本,调动各类人才就业创业积极性,激发市场主体和社会活力具有重要意义。人社部表示,将继续以问题为导向,充分运用群众"点菜机制",对社会反映强烈、阻碍创业创新的职业资格坚决予以取消。

省对市、县,市对县、区也进行了大规模的行政审批权力下放,各地区取消和调整的行政审批事项占原有总数的一半以上。如到 2011 年,贵州省省直单位取消、下放、转变和合并行政许可事项占总数的 59%,取消、下放、转变与合并非行政许可审批事项占总数的 52%。2012 年 8 月,国务院批准广东省"十二五"期间在行政审批制度改革方面先行先试。同年 11 月,广东省对 100 项行政审批事项做出调整,其中 66 项行政审批事项被停止实施,34 项被下放。其中取消或向社会转移了一部分对经营活动、设立相关企业的审批和机构、人员资质资格核准、认定及证书核发事项;软件产品登记、资产评估机构年检、旅游饭店星级评定等 32 项职能逐步向社会转移,由符合条件的行业协会实行自律管理。2012 年 12 月,广东省政府发布《广东省"十二五"时期深化行政审批制度改革先行先试方案》提出,到 2015 年,广东将力争成为中国行政审批项目最少、行政效率最高、行政成本最低、行政过程最透明的先行区;到 2015 年,广东各级行政审批事项压减 40%以上,办结时限总体缩短一半左右,实现各级行政审批事项网上办理率达 90%以上,社会事务网上办理率达 80%以上。

在浙江,嘉兴市和温州市的行政审批改革力度很大。

2013 年 11 月,嘉兴市出台《行政审批层级一体化改革实施方案》,努力将嘉兴打造成审批事项和层级最少、审批集中度和效率最高、审批流程和服务最优的地区。提出要推进行政审批层级一体化改革,全面下放市级审批权,减少审批层级,缩短审批链,探索建立市县(市、区)两级扁平化、一体化的新型审批制度。主要任务是市县一体、全面放权,转变职能、加强监管、优化流程、高效审批。当时,嘉兴市级审批事项共有 594 项,其中 93 项实现市县同权,而在此次改革中,除全市确需保留的统筹协调、综合平衡等审批事项外,其他 457 项全部下放。《方案》指出,要按照"权责一致、重心下移、减少层级"的原则,凡是能够直接下放的审批事项直接下放县(市、区);凡是能够委托下放县(市、区)的审批事项就委托下放;凡是省级部门委托市级部门实施的审批事项,经省政府同意后由省级部门直接委托下放给县(市、区)。行政许可事项,对于明确规定由县级以上人民政府实施的必须下放。对于法律法规明确授权给县(市、区)的必须下放。依照法律、法规、规章的规定可以委托给县(市、区)的必须下放,由县(市、区)机关以委托机关的名义行使许可权。对于法律、法规、规章没有具体明确分级审批规定的必须下放。对于委托设区市实施的行政许可事项提请上级部门同意后,直接委托给县(市、区)实施。法律、法规、规章明确不能授权和委托的行政许可事项,可采用延伸机构、前移服务窗口的方式在县(市、区)设立专门的受理点(窗口),办理市级机关许可事项;条件暂不具备的,可以采用受理审核权与批准权分离、受理审核权下放的方式,并使用统一审批系统,实现网上审批。非行政许可事项,原则上一律下放。市级机关认为确实无法下放的,必须提出充分理由,经批准后,可参照行政许可事项采用延伸机构、延伸服务窗口或审核权与批准权分离、审核权下放、网上审批的方式,方便企业和群众办事。市级部门委托下放的审批事项,可使用行政审批专用号章或套章打印等办法办理审批事项,要防止以备案、核准等名义进行变相审批。同时,注重管理重心下移,结合镇级管理需求和承接能力向镇级放权。

2014年12月,温州市人民政府办公室印发《关于推行市县同权扁平化管理改革试点方案的通知》,决定为深化行政审批制度改革工作,加快推进政府简政放权,释放改革红利,优化发展环境,在永嘉县和温州高新区先行开展市、县同权扁平化管理改革工作试点,在总结试点工作的基础上,再向全市推行。下放的事权范围是:市级政府及其具有行政审批职能的部门(含省属部门)所行使的行政审批事权均列入下放行政审批事权范围。下放的事权内容是:除需全市统筹协调和综合平衡外,市级有审批权而县级没有的,均应下放给县级行使。

(二)行政区划调整

行政区划是一种重要的行政资源。近年来,本着提高行政效率、降低行政成本、利于资源整合等原则,行政区划体制改革迈出较大步伐。而跨行政区之间的协作,是近年来的一个明显趋势,这有利于区域间资源互补、整合和优化配置,产生"1+1>2"的效果。同时,适当的行政区划,可以加强社会治理的资源统筹,利于社会治理创新。

近年来的行政区划体制改革,包括撤县(市)设区、乡镇改街道、行政区撤并等多种方式。

1.撤县(市)设区

自 20 世纪 80 年代实行市管县体制后,各地纷纷开展撤县(市)设区和镇改街,以实现中心城市扩展,增强其带动力、辐射力,有效配置资源。撤县(市)设区后,市一级在财政、人事、规划、基础设施建设、土地、治安、行政综合执法等方面加大了统筹领导的力度,在同一区域增加了只由一个行政主体行使权责的事项的比例,无疑提高了行政效率。另外,一些乡镇改设为市区的街道后,区域的许多行政职能改由市、县、区级政府统筹行使,也相应减少了管理层级,体现了统筹和扁平化并重的色彩。

近几年来,撤县(市)设区呈逐渐增多趋势。

如 2011 年:四川宜宾市进行行政区划调整,南溪撤县设区;昆明市进行行政区划调整,呈贡撤县设区;重庆撤销大足县和双桥区,设立大足区和双桥经济技术开发区,撤销綦江县和万盛区,设立綦江区和万盛经济技术开发区,双桥、万盛经开区主要负责经济发展和开发建设工作,党务、社会事务分别由大足、綦江区委、区政府统筹管理;长沙撤销望城县,设立望城区,望城正式成为长沙第六区后,长沙市城区扩张一倍。

2012 年撤县(市)设区的主要案例有:广东清远市行政区划调整,清新撤县设区;青岛市行政区划调整,撤销市北区、四方区,设立新的市北区,撤销黄岛区、县级胶南市,设立新的黄岛区;国务院《关于同意山东省调整青岛市部分行政区划的批复》指出,要加大区域资源整合力度,优化总体布局,将市北、四方区合并为一个区,有利于解决两区行政区域过于狭小、人口和产业密度过高、公共资源难以统筹利用、社会管理难以统一协调等突出问题,实现城市中心区统筹规划、集约建设和精细管理,将黄岛区与胶南市合并为一个区,有利于合理布局和充分利用西海岸发展空间,推动西海岸区域统筹协调发展;广东揭阳市行政区划调整,揭东撤县设区,揭阳的城市扩容提质迎来新的大机遇,也有利于"汕潮揭同城化";四川雅安市行政区划调整,名山撤县设区。

2013 年撤县(市)设区的主要案例有:山东省济宁市将兖州撤市设区,撤销市中区、任城区,设立新的任城区;浙江绍兴市撤销绍兴县,设立绍兴市柯桥区,撤销县级上虞市,设立绍兴市上虞区,将原绍兴县的孙端等三镇划归绍兴市越城区管辖。规划调整后,绍兴市区面积由 362 平方千米扩大到 2942 平方千米,人口由 65.3 万人增加到 216.1 万人。调整有利于统一规划、合理布局、共享资源,加快城乡一体化发展;有利于有效集聚资本、技术、人才、信息等高端要素,促进绍兴城市经济发展、产业转型升级;有利于实现功能优化、互补互利、融合发展。此外,江西省赣州市撤销县级南康市,设立赣州市南康区;广东梅州市撤销梅县,设立梅州市梅县区。广州市撤销黄埔区、萝岗区,设立新的黄埔区;撤销县级从化市,设立从化区;撤销县级增城市,设立增城区。改区之后,广州下辖11个区,进入"无县"城市时代。

2014年年底,杭州市撤销县级富阳市,设立杭州市富阳区。

具体以江苏省为例,近年来区划调整动作频频。2009年,南通市将通州撤县设区。2010年,徐州市将铜山撤县设区。2011年,扬州市将江都撤县设区,又将邗江区的李典、头桥等5镇并入广陵区;撤销维扬区,原维扬区的行政区域与邗江区合并。调整后,扬州市区的土地面积从1024平方千米扩大到2310平方千米,户籍人口从122.4万人增至229.1万人。目的是扩大中心城市规模,提升城市综合竞争力,优化生产力布局和资源配置,推动经济社会转型升级,同时优化市区政区结构,更好地提升城市公共服务水平。2012年,苏州市撤销沧浪区、平江区、金阊区,设立姑苏区,吴江撤市(县级)设区。2013年,泰州市代管的姜堰撤市设区。同年,南京市撤销秦淮区、白下区,设立新的秦淮区;撤销鼓楼区、下关区,设立新的鼓楼区;撤销溧水县,设立溧水区;撤销高淳县,设立高淳区。南京市由11区2县精简为11个区,中心城区由6个减为4个,南京市出现"无县"城市的新格局。两县撤县设区,有利于南京统筹区域整体发展和城乡一体化发展。这样,江苏全省100个区、县、市中,有55个区、22个县、23个县级市,市区的数量首次超过县和县级市。

2. 乡镇改街道

《城市街道办事处组织条例》(1954年制定,2009年废止)第二条规定:10万人口以上的市辖区和不设区的市,应当设立街道办事处。撤镇设街后,由乡镇管理模式向城市管理模式转变,工作重心将转到城市建设管理上,可以强化社区建设,利于统筹城乡发展。改革开放以来,这项工作伴随城市化进程而从未间断,尤其是市、县的驻地镇和郊区镇。

2011年8月,丽水市下辖、代管各县(市、区)开始全面撤城关镇、设街道办事处。丽水市委、市政府认为,这是优化城乡区划布局、统筹城乡协调发展的一项重要战略举措,有利于推动城乡统筹发展,有利于提升城市化发展水平,有利于提高社会管理和服务水平。

温州构建"1650"新格局。2011年行政区划调整前的温州共有290个乡镇、街道,其中包括118个镇、142个乡、30个街道,平均规模43.75平方千米,比省均乡镇、街道面积小34平方千米;平均人口2.55万人,其中有80个小乡、小镇常住人口不足1万人。乡镇的多而小、小而全,导致乡镇发挥不出规模效益,重复建设,资源浪费,而部分特大镇发展空间不足,制约了温州城市化的推进,也不利于城乡统筹。这次调整,是重组温州市乡镇行政区划,构建以都市型功能区、大中小城市和区域性中心镇为重要支点的温州城镇发展新格局,使政府在更大范围内安排城市功能布局,资源优化配置,提升基层公共服务和行政管理效能;理顺县(市、区)、乡镇(街道)两级管理体制,达到精简机构、降低成本、优化服务、提升效能的目标。调整后,温州市镇街整合为140个乡镇、街道,其中有65个镇、6个乡、69个街道,平均面积达138.7平方千米,平均人口达7.45万人。调整的总体目标概括为"1650"。"1"指1个主中心,范围包括当时鹿城、龙湾、瓯海三区,向东扩展到洞头和瓯江口,向北吸纳瓯江北岸和上塘镇,成为温州大都市核心区。三个市区实施"两级政府、三级管理、四级网络"的体制,乡镇除特殊的以外,原则上都改为街道。"6"指6个副中心,即乐清、瑞安、平阳、苍南、文成、泰顺六县的城区,并吸纳周边小乡镇,发展成大都市副中心,原则上也实行街道建制。各主、副中心区可根据城镇规划和产业发展实际建设功能区,设立管委会。功能区内可有若干个街道办事处,县(市)级部门可在功能区内设立直属分局。"50"指通过对小乡镇的整合,培育一定数量、人口达3万人以上的区域性中心镇,最终发展为小城市,成为推动城乡一体化和新型城市化的重要节点。调整后,可在原乡镇驻地设立便民服务中心或过渡性办事处,过渡期为3年。对省级培育的中心镇及有条件的地方,可实行"区镇合一"的管理体制,即功能区管委会与镇政府两块牌子、一套班子、合署办公,并下设若干办事处。

2012年,南京市部属开展撤镇设街,113个街镇(其中84个街道、29个镇)整合为96个左右;并逐步落实市辖区全部为街道建制。其中,2012年浦口区、六合区大部分镇实施撤镇设街;溧水和高淳两县政府驻地镇争取列入省县城镇撤镇设街区划改革试点。到2013年,浦口和六合区全部镇实施撤镇设街,溧水和高淳两县经济社会发展较好的开发区所在镇实施撤镇设街。

2012年12月,西安市高陵县撤销泾渭、鹿苑、崇皇3个乡镇建制,设立3个街道,高陵成为陕西全省乃至西北地区首个作为县级行政区设立街道的县份。2014年年底,国务院同意高陵撤县设区。

另外还有以行政区撤并为主的区划调整,这里面也涉及社会治理体制调整的内容。

(三)撤销街道、推行扁平化管理的探索

长期以来,一般地级以上城市的社会治理是"市—区—街道—社区"这样的"两级政府、四级管理"的架构。近年来,不少地方开展了减少治理层级的探索,主要方式就是撤销街道一级,形成"市—区—社区"这样的"两级政府、三级管理"模式。

1.南京、北京的早期探索

2002 年年初,南京市白下区政府提出"改革街道管理体制,强化居委会的社区自治功能,弱化街道办事处行政职能,直至撤销街道办事处"。这在全国是较早的探索。同年 3 月,开始在淮海路街道进行街道管理体制改革的试点。首先是撤销淮海路街道办事处,城市管理层次由四级变为三级,按照"权随责走、费随事转"的原则,原街道的行政管理和行政执法的 57 项职能全部移交给 13 个区职能部门。对一些需要延伸到社区的工作,由政府职能部门招聘或派人承担。其次是建立淮海路社区党工委。再次是成立过渡性质的行政事务受理中心,作为区政府有关职能部门在辖区内直接面对居民服务的平台,由劳动、民政、计生、城建、市容、司法等职能部门派出的工作人员组成,使区政府直接服务于社区群众。另外,让居委会充分行使自治权。属于社会性、群众性的工作,由社区居委会全面承接,社区居委会直接面向居民。社区建立"社会工作站"和专职化的社区工作者队伍,负责长期由居委会统揽的社区公共服务和福利保障事务。

2003 年 7 月,北京市石景山区撤销鲁谷街道,成立鲁谷社区;2004 年整个石景山区都撤销了街道建制。当时北京市同等规模的街道一般在 90 人左右,鲁谷社区减少为 39 人。鲁谷社区将内设机构由传统街道的 17 个科室,改为"三部一室",党群工作部履行原街道党工委职能;社区事务部履行原街道民政、计生职能及劳动、文教体卫的行政协调职能;城市管理部承担原街道城建科和综合治理办公室的职能;原街道工委办、行政办、财政科、监察科整合为综合办公室。将劳动监察、居民私房翻建审批、殡葬管理执法等职能剥离归还给区有关职能部门。同时撤销统计科,职能归于区统计局向鲁谷派驻的统计事务所。将城管分队原双重领导体制改为职能部门垂直领导;由政府直接管理的文教体卫等部分社会事务交给社区民主自治组织和社团组织承接。由社区代表会议组成鲁谷社区委员会。

当时有评论称此举是"基层民主自治的春风拂过"。但事实上,改革前鲁谷承担的行政职能约 368 个项,改革最初只剥离、转出、整合了 28 个小项,其中有的还不彻底,只是"从左手换到右手",18 项职能只是从社区机构转入社区所属的事业单位,对外仍由鲁谷社区行政事务管理中心负责,社区总体上的工作任务和上级考核并未实质减少。工作人员一人兼数职、一人对数口的情况依然存在,最多时 2 名工作人员对应文委、教委、科委、科协、卫生局、政府教育督导室、人大教科文办公室、农委、体育局、区文明办、区语委办、区校外办、区社区学院、区疾控中心、红十字会等 15 个单位。虽然鲁谷的行政编制增加不明显,但社区处级领导从原来的 6 人变成了 2011 年的 12 人,跟一般的街道没有太大区别,事业编制从当初的十几个人增加到 40多人。不久,除鲁谷外,石景山区又恢复了被撤销的街道建制。

鲁谷社区的尴尬和石景山区的恢复街道,主要原因是"下变上不变",区职能部门与街道、社区的职责关系有待理顺。

2.近年来黄石、铜陵、嘉峪关、大庆、贵阳、辽源等市的探索

到 2012 年,黄石、铜陵、嘉峪关、大庆、贵阳、辽源等城市的市区全部撤销街道。

湖北黄石市现辖大冶市、阳新县和黄石港区、西塞山区、下陆区、铁山区四个城区及一个国家级经济技术开发区——黄石经济技术开发区。遵循"减少层级、重心下移、充实一线"的思路,2009 年 3 月,黄石市从铁山区开始试点撤销街道;2011 年推广到下陆区。2011 年 3 月,黄石港区和西塞山区先后推行。到 2012 年 4 月,随着西塞山区 5 个街道全部撤销,4 个城区的 14个街道全部撤销,4 个城区将原来 132 个社区整合为 81 个。

安徽铜陵市现辖铜官山区、狮子山区、郊区和铜陵县。作为全国首个社区管理和服务创新实验区,2010 年铜官山区 6 个街道被十几个社区公共服务中心替代。到 2012 年 8 月,铜陵市市区的 10 个街道办全部撤销,原有的 61 个社区整合为 23 个"大社区"。

2010 年 10 月,甘肃嘉峪关市被中央确定为全国 35 个社会管理创新试点城市之一。嘉峪关市推进城乡户籍一元化、社区管理扁平化、社会细胞和谐化、社会服务集约化等,整体规划设计、积极探索社会管理新模式。社区管理扁平化的改革思路是"精简管理层级,优化整合资源,实行区域化管理,加强党的基层组织"。一是精简管理层级。在全市城乡所有社区(村)设立社区党委和社区服务中心,撤销 7 个街道,社区直接面对群众提供公共管理

服务。二是调整合并社区。以人口数量、服务半径和地域面积为主要依据，兼顾居民认同感、治安管理、公共服务资源配置等因素，围绕打造社区"一刻钟服务圈"，调整划分社区管理服务范围，将原来的 69 个社区合并为 29 个社区。推行"一委一会一中心"的社区工作新模式，"一委"即社区党委，"一会"即社区居委会，"一中心"即社区服务中心。社区党委受区委领导，指导社区居民委员会依法开展工作。社区服务中心受区行政领导，承接政府公共服务和市各委办局延伸业务。社区党委和社区服务中心实行"两块牌子、一套人马"。居民议事会是社区议事协商机构，负责收集意见建议、讨论社区建设和民主决策、民主管理、民主监督，引导群众自觉参与社区事务、监督社区工作。设立社区警务室，把警员、综治员、联防员等人员整体下沉到社区，实行包片责任制。实行村庄社区化管理模式，规划建设综合服务中心，推行村干部坐班制，实现"一体化"管理、"一站式"服务的新模式。三是理顺管理体系。坚持有利于服务管理、有利于提高效率的原则，将原街道公共管理服务职能下放到社区，把原街道行政职能收归区直相关职能部门。

2012 年，黑龙江省大庆市启动新社区改革，将市区原有的 29 个街道和 200 个社区居委会重新划分为 70 个社区工作站。新社区实行"一委一站一会"模式。"一委"即社区党工委。"一站"即社区工作站，是政府在社区实施服务和管理的基础平台，内设综合管理中心和公共服务中心。公共服务中心主要负责劳动和社会保障、婚姻登记管理、双拥、低保、残联、老龄、社团及民办非企业管理、区划地名管理、殡葬市场管理等民政工作。而综合管理中心主要负责辖区司法，人民调解，信访稳定，矛盾纠纷排查和社情民意收集，市容环境卫生、园林绿化的监督、管理和服务，爱国卫生运动，居民健康教育等宣传，以及辖区内大集和早晚市的管理等。"一会"即居民议事会，是新社区议事协商机构。并且"一社多居"，在一个社区管理服务范围内设置 3～4 个居委会，居委会不再参与行政管理性事务，而是作为基层群众性自治组织。这样，大庆构筑了以社区党工委为领导核心，以社区工作站为服务和管理平台，以居民议事会和居委会为自治主体，以社会组织为有效参与的新社区运行架构。

贵阳在省会城市中最早撤销街道。2010 年 2 月，贵阳市的城市基层管理体制改革首先在小河区、金阳新区试行，即撤销街道，整合为大社区。2011 年扩大到全市 10 个区(市、县)。到 2011 年上半年，贵阳市撤销全市所有 49 个街道，建立 89 个新型社区，使全市 200 多万城区人口全部纳入新型社区覆盖的"半小时服务圈"。贵阳市把社区机构纳入事业单位序列，工作人员纳入正式编制,并把社区工作人员经费、办公经费、公益事业费等纳入区(市、县)级财政预算,把社区办公和服务场所建设纳入城市建设规划。新建社区推行一个社区党委、一个居民议事会、一个社区服务中心的组织架构,领导成员的产生采取公推直选方式。改革取得良好效果。

另外,吉林辽源市也进行了类似的积极探索。2011年年底,辽源市西安区将原有6个街道办事处撤并,整合成立12个社区服务中心。西安区构建了新的"1+3"社区组织结构,即以社区党工委为核心,以社区居委会、社区公共服务中心和社会组织为依托的格局。成立正科级建制的社区党工委和社区公共服务中心,选举产生新的社区居委会,将原有的街道办公人员"下放"和充实到各个社区,老人老办法,新人新政策,人随事走、身份不变、职级不变、待遇不变。试行半年后,辽源市从2012年4月起,撤销市区的街道,将原来的51个社区整合为30个新社区,政府公务人员和公共资源进入社区,搭建了基层社会治理服务平台,实现了"管理区对区,工作面对面,服务心连心"。

(四)街道职能调整与社区"还权、赋能、归位"

1.成都市社区的"还权、赋能、归位"

街道改革是基层社会管理的前提,街道的工作重点不转移,社区就无法剥离其行政职能。成都市从2010年年底启动了"完善城乡社区治理机制"的基层社会管理改革,《成都市城乡社区治理机制建设实施纲要》提出,要用五年的时间实现"还权、赋能、归位"的城乡社区治理目标,通过"剥离社区行政职能"和"小单元治理",还社区自治权予各种社区组织,市区两级财政每年为城乡社区提供"社区公共服务专项资金"为社区治理提供"能量",锻炼社区组织和公众参与公共事务的"能力"。

成都市的基层治理创新从锦江区开始。2008年6月,锦江区出台《关于进一步加强街道办事处社会管理和公共服务职能的决定》,把街道办原来承担的招商引资、协税护税、固定资产投资、经济统计等经济管理职能彻底剥离出来划归政府相关部门。明确街道办的主要职责是负责基层党建、城市管理、公共服务、社区建设、安全监督、应急管理、社会稳定、社会治安综合治理等八个方面的35项具体职责,把街道办的工作重心真正从发展经济转移到强化公共服务和社会管理上来。

锦江区还成立了"区社会工作委员会",制定出台了一系列配套政策,使街道办从结构上脱胎换骨——调整财政体制,安排公共服务和社会管理专项资金,足额保障街道、社区履行职能所必需的经费。锦江区以街道新的职能为预算编制依据,将其预算管理体制由"一级财政管理体制"调整为"部门预算管理体制",取消其预算自主分配权,取消其"协税护税分成"和"超税收任务奖励",统一其预算外收入的统筹比例。按照街道职能调整后的事权,区财政按照每个街道 125 万元、每个社区 24 万元的标准安排公共服务和社会管理专项资金。取消对街道的经济目标考核,增加对其履行社会管理和公共服务职能情况的绩效评估。一方面,调整内设机构和考核办法,建立街道与部门的联动机制,加强对街道干部的交流使用;另一方面,强化街道办的服务功能——设立社区公共服务站,具体履行社会管理和公共服务职责。锦江区形成了"社工委统筹协调、职能部门归口管理、街道属地负责、公共服务站具体承办"的扁平式、网络化工作机制,使得政府可以直接面对社区、院落和居民群众。

2008 年 10 月出台的锦江区《关于完善城乡社区治理机制,进一步推进基层民主政治建设的意见》指出,在"街道剥离经济职能"之后继续推进"社区剥离行政职能"。街道根据居民聚居规模设立的社区公共服务站,全面承接了原来由社区居委会承担的行政性公共服务与社会管理职能,包括劳动保障与就业服务类、社会保障和民政服务类、教育服务类等六类共 50 项服务事项,社区公共服务站作为政府在社区的工作平台和窗口,在行政管理上接受街道办事处的领导,在业务上接受区级相关职能部门的指导和监督,人、财、事都不再与社区交织。剥离行政职能后的社区,开始探寻履行其自治的职能,创出了院落党支部"一辕牵引"、院落议事会和自管小组"两翼平衡"即"社区小单元治理"的治理模式。

2009 年,锦江区为打破行政区划界限,统筹推进重点产业和重点区域发展,整合全区要素资源,依照产业分工,设置中央商务区、创意产业商务区、生态商务区、金融街商务区、沙河商务商业区五个功能区。各功能区管委会主要负责区域内发展战略、产业规划、招商引资、企业服务等经济活动。管委会下辖综合部、产业一部、产业二部和投资服务中心为辖区内所有企业提供"一站式"服务。功能区的设立,既有利于街道和区直部门各自职能的归位,又有利于资源整合。

2009 年 11 月,成都市委、市政府下发《关于做好村级公共服务和社会管理改革有关工作的通知》。成都市县两级财政每年向全市范围内建制村和涉农社区提供不低于 20 万元的村级公共服务与社会管理专项资金,用于村社自主决定的、非经济建设类的民生项目,把基层社会管理和公共服务纳入政府财政预算,使公共财政第一次为社区"民生项目"买单。2010年前后,专项资金的做法被锦江、青羊、武侯、金牛等区引入城市社区。"民主财政"不但使城乡基层社会管理能够获得公共资源,解决了社区服务"无米之炊"的问题,还增强了基层社会的管理能力,实现了基层公共事务的公众参与,被称为民生项目。为了保证专项资金的合理使用,各区市县充分发挥公众的主动精神和实践智慧,出现了许多保证民主决策、实施民主管理的机制创新,如青羊区清波社区的"两下三上三公开"工作程序等。

2010年3月,成都市委、成都市人民政府印发了《完善城市社区居民自治机制试点方案》,提出了完善城市社区居民自治机制的三个总体要求。一是真正做到还权,扩大社区居民自治范围,落实社区居民对社区公共事务的知情权、参与权和决策权,切实发挥社区居民自治作用,切实保障社区居民参与社区公共事务治理的权利,实现社区居民自我管理、自我教育、自我服务、自我监督。二是真正做到赋能,保障社区自治组织运行经费,赋予社区居民对基层政府的评价监督等权力,提高社区居民自治能力。三是真正做到归位,加快基层政府职能转变,夯实服务社区的基础,实现行政化的社区管理向社会化的社区居民自治转变,把社区建成管理有序、服务完善、文明祥和的社会生活共同体,实现政府行政管理与社区居民自治的有效衔接和良性互动。

2.包头市的"精街道、强社区、促服务"

自2011年以来,内蒙古包头市创新社会管理工作,提出"扁平化体制、下沉式职能、网格状管理、全方位服务、下评上机制"的社区管理模式改革创新形式,积极推行"精街道、强社区、促服务"管理体制改革工作,形成社区党务、政务、居务既相对独立、又相互配合的工作局面,把城市社区打造成加强和创新社会管理的基础平台。

一是调整街道与社区的工作职能。街道办事处主要负责社区的发展规划、协调资源、指导服务、考核监督,不再承担公共服务和社会管理职能及与之相关的事务性工作,相应的人、财、物及各类公共设施一并下移至社区。在社区加强社区党委(党总支)、新增社区服务站(不设为实体机构,不增加行政、事业编制)、强化社区居委会自治功能,形成"一委一站一居"的工作格局。社区服务站全面承接区直部门和街道办事处下移的公共服务和社会管理职能及与之相关的事务性工作,为居民就近、就便提供全方位服务。通过建立精街道强社区管理体制,实现公共资源向社区聚集、公共财政向社区倾斜、公共服务向社区延伸。

二是调整街道与社区的人员配置。街道工作人员原则上保留12名,其中科级职数保留4名,将街道办事处列编注册(含行政、事业编制)工作人员的2/3选派到社区(编制原则上保留在原单位)。社区按照3000户左右居民的标准进行合并调整,全市城镇社区数量由332个缩减为243个,减少26.8%,社区组织平均配备15名工作人员。

三是调整社区经费的管理办法。在社区单独设置财务账户,区(旗、县)财政直接对社区核拨经费。

四是加强政府公共服务的能力。社区服务站实行"网格化"管理和AB角工作制度。建立社区服务站与区直部门工作联动衔接的工作机制,在社区建立"一站式"服务大厅,向居民提供最低生活保障、医疗和教育救助、住房保障、居家养老、优待抚恤、人口和计划生育、社会治安、司法援助、人民调解、信访接待、政策咨询等服务。社区服务内容不断完善,在街道社区普遍建立了社区卫生服务中心(站)、劳动保障事务所、文体辅导站和警务室,组建2370个义务联防队、治保会,初步形成了卫生、文化体育、就业、治安、救助等六大社区服务体系。社区志愿者队伍逐渐壮大。同时,加大政府购买服务的力度,在社区配备劳动保障、计划生育、社会治安、卫生保洁等协理员。

五是加强居民委员会的自治功能。社区居委会剥离过去承担的大量政府社会管理和公共服务职能及与之相关的事务性工作,将其移交到社区服务站;居委会强化自治职能,建立健全人民调解、治安保卫、公共卫生、计划生育、群众文化等下属委员会机制,选齐配强居民小组长、楼院门栋长。提倡业主委员会主要成员与社区居委会成员交叉任职,业主大会、业主委员会支持社区居委会开展工作,并接受居委会的指导和监督,体现了自我管理、自我服务、自我教育、自我监督的自治功能。

3. 南京市深化街社体制改革

自2011年以来,南京市玄武区、秦淮区、鼓楼区、建邺区、栖霞区以街道"中心化"为方向,先行先试,撤科室,转职能,建中心,如玄武区街道"五大中心"、秦淮区街道"四部一中心"、鼓楼区街道公共服务区域受理中心、建邺区街道社会管理与服务中心、栖霞区街道全科社工政务中心等,初步形成了以"街道中心化"为特色的南京基层社会治理和服务新探索。

2014年10月,南京市又出台了《深化街道和社区体制改革实施方案》,

继续深化街道社区改革。主要内容包括一清、一移、一收、一放、一包、一全等。

（1）一清：职责理清，城区街道以公共、社会服务为主。推进街道经济职能转变，城区街道由直接承担招商引资、财税增长等经济发展任务，转向为经济发展提供服务和营造环境，经济服务职能重点向采集企业信息、促进项目发展、服务驻区企业、优化投资环境等工作领域集中。城区街道"去经济化"，取消经济考核，工作重心落在公共服务和社会服务上；职能部门下沉到街道的资源、人员、经费等，由街道统一调配。制定《南京市街道办事处工作职责清单》。按照费随事转的原则，属于部门职责下放到街道办理的服务事项，须将权限、经费等一并下放到街道。

（2）一移：服务前移，整合街道职能，"中心"集中办理。整合优化街道内设机构，归并相近职能，综合设置党群工作、经济服务、城市管理、社会管理（政法综治）等服务管理机构和街道便民服务中心，建立扁平化的政务服务运行机制。街道去科室化，事项前移到"中心"集中办理，"中心"作为街道承接事务、开展服务、受理诉求的统一平台，实行"一门式管理"与"扁平化服务"。街道实现"两个转型"，即集中式办公、开放式服务，街道由"行政机关"向"民生窗口"转型；干部由"后台管理"向"一线社工"转型。

（3）一收：街道回收由社区承担的27项行政服务事项。梳理收回街道便民服务中心覆盖范围内社区的政务服务事项，社区服务站工作转向政策咨询、服务向导、了解民情、反映诉求和组织开展公益慈善服务、居民自我服务，面向特殊人群开展上门和代办服务。各区可结合实际建立服务项目清单，明晰办理条件、程序、时限及服务责任，实行"一门受理、一站办结"。辖区较大的街道建立中心社区、分中心，实现服务有效覆盖。而社区"去行政化"，主要聚焦自治和服务，协助政府工作事项实行契约化管理。涉及企业单位的服务管理事项和权限收归区级政务服务中心，人社、民政、计生、司法等涉及居民生活的公共服务管理事项和权限下放到街道便民服务中心。

（4）一放：街道、社区资源下放。市、区两级将行政服务管理事项向街道服务中心集中，做到服务事项进驻到位、审批（核准）授权到位、信息资源整合到位、资金保障落实到位。自2015年起，市、区两级按1：1配套在每个社区（村）设立20万元为民服务资金，由社区专项用于公益服务、购买社会组织专业服务和居民自治服务。减轻社区负担，清理规范对社区的考核、创建、评比项目，取消分解到城市社区的经济发展目标任务。

这样，就彰显了街道的作用，促进了块上资源整合、工作联动，对辖区内的城市管理、社区发展、社会事务进行统一管理、协调、指导、监督与服务,减少了内部科室与部门间的推诿扯皮,简化了内部层级、部门之间的周转程序,克服了条块分割、多头管理、资源浪费等问题。通过下放权限、整合力量,实现城管、环保、药监、工商、治巡警、交警等6个部门派驻执法,公安、住建、卫生、人社、投促、安监、质监、文化、教育、消防等10个部门联系执法,到2015年8月,派驻执法事项达152项,联合执法事项达33项,做到权力下放到街道、执法人员充实到街道。

(5)一包:社区公共服务、专业服务外包社会组织。探索社区居委会协助政府工作事项服务外包。改革社会组织登记制度,降低社区社会组织登记门槛,推动社区社会组织直接依法登记。

(6)一全:街道社区全科服务,全天服务,全年无休。整合便民服务中心工作力量,建立"全科社工"队伍,推行"全科政务服务"制,努力实现"一窗多能、全科服务"。细化街道便民服务中心服务项目清单,明晰各类服务的办理条件、工作程序、办结时限和服务责任。工作日中午及节假日,街道、社区分别采取错时、轮流上班制,居民办事随到随办,实现全天服务、全年无休。配置到社区的专职社工实行"五统一":统一由各区招录调配、统一网格服务管理职责、统一日常管理制度、统一工资标准、统一由街道负责评价考核。

另外,南京市出台了《基层群众自治组织依法履行职责事项》和《基层群众自治组织协助政府工作事项》清单,明晰社区居委会的职责范围。探索并推行居委会协助政府工作事项服务外包,逐步弱化社区居委会行政化功能。建立社区工作准入制,实行费随事转、契约化管理。2015年进社区工作事项压缩到11项,取消了与社区服务管理无关九大类出具证明(盖章)事项。清理规范对社区的考核、创建、评比项目,大幅取消社区台账,取消分解到社区的经济发展目标任务。全面推行社区大党委党建工作体制,强化社区党组织整合资源与组织志愿服务的职责。建立居委会、业委会与物业企业的协调机制。出台《关于深入开展在职党员到社区报到"奉献社区、服务群众"活动的意见》,实行党员进社区双向管理制度。搭建志愿服务对接平台,完善志愿服务工作体系,建立常态化的社区志愿服务机制。

4.上海市街道的赋权增能

2014年上海市委一号课题的成果,是《关于进一步创新社会治理加强基层建设的意见》(以下简称《意见》)以及6个配套文件。

关于街镇赋权增能,《意见》指出,"赋予街道党工委对区职能部门派出机构负责人的人事考核权和征得同意权,赋予街道规划参与权和综合管理权,赋予街道对区域内事关群众利益的重大决策和重大项目的建议权,强化对街道考评职能部门派出机构结果的应用"。以前,来自条线的大量事务和职责落到街道,而与之相匹配的管理权限和资源配置并未到位。这一规定明确给街道赋权,科学界定条块职责,体现重心下移、资源下沉、权力下放。

同时,街道的"三中心"拓展为"六中心"。《意见》指出,"继续优化社区事务受理服务中心、社区文化活动中心、社区卫生服务中心的基本公共服务功能,进一步建立完善城市网格化综合管理中心、社区党建服务中心和社区综治中心"。各中心是街道履行"公共服务、公共管理、公共安全"基本职责的载体、服务群众的窗口、推进社区共治自治的平台,使得街道各中心定位更准确、功能更完整。

上海市取消了街道的招商引资职能,街道回归管理服务本位。《意见》指出,"取消街道招商引资职能及相应考核指标和奖励,街道经费支出由区政府全额保障,推动街道工作重心切实转移到公共服务、公共管理和公共安全等社会治理工作上来"。

同时,上海市还进行了街道的机构精简、调整。原先街道一般设 11 个左右的科室,个别达到 15 个,街道部门设置存在与上级条线部门简单对应、科室划分过细、职能重复交叉、工作忙闲不均等问题。《意见》指出,"按照街道职能定位和创新体制的要求,街道党政内设机构按'6+2'模式设置,即统一设置党政办公室、社区党建办公室、社区管理办公室、社区服务办公室、社区平安办公室、社区自治办公室,同时可根据街道实际需要,增设 2 个工作机构"。这样,使得街道按照管理服务的新要求、基层群众的新需求来划分确定科室职责。街道机构精简后,由注重"向上对口"转变为注重"向下对应",更好地面向基层、面向群众服务。

(五)社区减负

1.南京市取消社区台账

南京取消社区台账,这在全国是首创。2012 年 2 月,南京市政府按照能删就删、能并就并、全面压缩的原则,决定大力压缩影响社区工作,增加社区负担的各种会议、台账、材料、报表,规范面向社区的各类检查评比和创建达标活动。2013 年 9 月,南京市实施社区减负的"四减"(减台账、减机构、减网络、减考核)、"两增"(增自治服务、增群众满意)"一考核"(考核奖惩),并具体明确了"四个取消""两项整合"和"两项机制"。

"四个取消",一是取消 25 项社区(村)工作任务与指标;将本该由部门和街镇承担却下移至社区承担的工作任务、政策法规没有明确由社区承担的工作任务、社区实际无法承担的工作任务取消。二是取消 41 项社区(村)市、区创建达标评比。此前社区(村)的各项创建达标评比共有 82 类,社区"为创建而创建",此次改革,除国家、省级的创建达标评比,市、区两级的精简 80%。三是取消 41 个社区(村)组织机构,只保留依法应设立的组织机构。四是取消 72 项社区(村)纸质与电子台账。原来的社区台账涉及 41 个部门共 151 项,其中市区两级要求做的台账有 84 项,本次取消了 72 项,减少了 85.7%,剩下的台账以后一律转到电子台账上,仅保留服务对象基础信息、开展活动记录以及需要个人签字的原始资料。

原来南京共有近 20 条社区(村)网络平台。"两项整合",一是全面整合社区(村)各类信息网络,整合成智慧社区(村)平台,作为社区(村)综合信息平台,实现社区(村)信息统一采集、资源互联共享,减轻社区负担,形成全市统一的"智慧社区(村)"系统。二是将原来各部门进入社区(村)的各类考核评比一律纳入和谐(平安、文明)社区(村)统一考核,以年度为单位一次性实施,考核分两部分(总分 100 分):工作评价(30 分)和群众评价(70 分)。

"两项机制"确保细则执行落到实处。一是明确管理机制,各级党委政府按分级管理原则组织实施。二是明确督查机制,由市、区纪检监察部门负责督查。

2. 沈阳市沈河区社区的"还权、赋能、归位"

自 2013 年开始,沈河区秉承全国社区管理和服务创新实验任务,开展了一系列新的实践和探索。其中包括围绕强化社区管理服务职能,进一步理清区直部门、街道办事处和社区组织的权责边界,最大限度地将服务职能下放到街道和社区,实现为民办事由原来的区街社"三级流转"向市民服务中心"一门式办结"转变。

沈河区建立了社区工作准入机制。明确社区协助政府承办 7 类 64 项工作,社区居民自治承担 4 类 72 项工作,规范了下派社区工作事项审批程序,做到费随事转,真正实现了社区功能上"还权、赋能、归位"。建立规范化制度。先后制定出台《社区工作站及网格工作规范》等多个规范性文件,梳理细化社区工作站 34 项任务,社区网格责任区 30 项工作,理清了各层级之间、各种责任主体之间的关系、职责、标准和流程。完善公共服务事件责任划分。按照"高效、顺畅、管用"的原则,规范了各职能部门的责任权属,将涉及群众日常生活的 269 项民生热点工作上收区直部门,重新进行了定位。推动区直部门进行简政放权。将涉及群众利益的 33 项民生审批事项下放到街道社区,直接将审批职能放在了服务群众的最前沿。

另外,沈河区创新设立了社区工作站,选派 109 名机关干部作为社区工作站站长,进一步完善社区党委、社区居委会、社区工作站、社区社会组织联合会"四位一体"的组织架构,形成了"党为核心、站管事务、居行自治、社抓参与"的管理服务新格局。围绕实现工作重心下移,向社区下放了人、事、物管理权,进一步明晰了社区党委罢免、解聘等 5 项人事管理权力,实现了社区经费"一支笔"审批,初步实现了"人往下边走、事在下边办、劲往下面使、钱在下边花"。

3. 常州市社区的"减负、还权、赋能、归位"

2014 年 7 月,常州市经统计发现,社区建立的组织机构 37 个,活动阵地 27 个,工作任务与指标项目 101 项,创建达标评比 71 项,网站及信息系统 27 个,台账资料 109 套,盖章证明项目 80 项。社区干部近 2/3 的精力用于参会、迎检和做台账。于是,常州市委、市政府召开全市城乡社区建设工作会议,正式启动社区减负增效工作,提出要通过严把社区的门,清理社区的墙,规范社区的账,整理社区的网,实现社区的"还权、赋能、归位"。

常州停、减、并、转、限并举,从取消组织机构、清理阵地、减少指标、压缩评比、整合资源、精简台账、规范盖章、归并考核八个方面入手,明确列出社区准入事项的负面清单。所有市级纸质台账、创建达标评比项目一律取消。而厘清权责边界,就是一份协议两份清单,"一份协议"就是街道(镇)与社区签订的群众自治组织政务工作协议书,"两份清单"是编制好村居民委员会依法履行职责的事项和村居民委员会协助政府工作事项,通过这些来厘清基层政府、基层群众自治组织的权利边界和职责范围。

常州在社区增效上,积极运用大数据手段、互联网思维,指尖上的"云社区"实现了线上线下的虚实互动、高效运转。在江苏省率先建成城乡社区综合管理和服务信息化平台,被评为"江苏省重大信息化示范工程"。以电子政务、云计算中心为支撑,平台功能服务半径横向到边——涵盖各业务条线,纵向到底——覆盖市、辖市区、镇(街道)、社区(村)和居民。2014 年,平台网络覆盖率、应用率分别达到 100%。通过平台,社区党建、民政救助、人民调解、综治维稳等信息实现社区一次采集、多部门集成使用,申请、受理、办理、回复处理实现"一站式"。

时任常州市委书记阎立就这项工作表示,减形式之负,增服务之效,做到资源向下、民心向上、民主向前;减负不留余地,对社区负担过重的八大类事项全面清理;增效不遗余力,全面调动政府、市场、社会力量;另外还有服务无微不至。

4. 黄石市社区减负

街道撤销前,湖北黄石市社区居委会工作中普遍受"七多"困扰,即台账资料多、调查报表多、证明盖章多、会议活动多、检查考核多、组织牌子多、硬性指派任务多,据统计,社区承担的行政事务多达 12 大类 128 项。街道撤销后,区直部门习惯于将社区看作街道,要求社区上下对口,直接对社区下指标做指示,社区专职工作者主要精力都用在完成区直部门布置的行政任务上。社区的考核考核检查行政化。社区不仅要承担计划生育、综合治理、安全生产、违建控制等涉及"一票否决"的考核任务,还要承担统计、征地拆迁、经济发展、招商引资等重点工作考核,社区面对的检查考核不仅数量多、频率高,而且还要求社区建立大量的报表、台账、档案。"两委三站"工作不能正常开展,严重影响了社区的自治功能。

为此,黄石市推进社区去行政化,让社区回归自治本位,让社工回归服务本色,让考核回归群众本元。按照法律赋予居委会的工作职责,对社区现有工作任务进行全面梳理、仔细分类。社区参加考核评比的纸质台账一律取消,全面清理、压缩社区的组织机构、工作任务、达标评比、示范创建等。合理确定社区规模,控制服务半径。制订全市性的社区考核标准,各项考核年底一次实施。同时,严格社区准入制度,新进事项必须经市专门机构审批同意,且"权随责走,费随事转,以费养事"。

5. 北京市规范社区居委会开证明

居委会开证明,明目不仅繁多,而且有的莫名其妙。2015 年,北京市政府审改办对 21 个社区居委会做过摸底调查,了解到由居委会日常开具的各类证明达 240 余个,分为十大类,包括居住类、身份类、关系类、死亡类、收入财产类、家庭困难类、就业情况类、无犯罪记录类、人身财产损害类和其他类别。像家庭困难的证明都能有十多个,由于没有相对一致的标准和口径,这些证明显得五花八门。

2016 年 3 月,北京市政府制定《北京市简化优化公共服务流程方便基层群众办事创业工作方案》,规定今后凡是应由行政机关、国有企事业单位核实的事项,群众不必再提供证明。到 2016 年年底前,全市完成社区减负各项清理工作。减负后本市的基层社区只需办理居住证明等 15 类证明。同时还明确取消"幸福社区"等 25 类社区达标评比。

《方案》提出,属于各部门、街道办事处、乡镇政府职责范围内的事项,不得转嫁给社区。其他需要社区协助的工作事项,市级部门的须经市委、市政府批准,区级部门的须经区委、区政府批准。未经批准的工作事项,一律不得交由社区落实,一经发现,立即撤销、终止。

《方案》要求规范社区印章使用管理制度。对法律、法规和规章明确规定需社区提供证明,属于社区职责范围,且社区能够如实掌握情况的事项,可盖章证明。各职能部门、企事业单位、社会组织等依法依规要求社区为居民出具证明的事项,须提供所依据的法律、法规等具体条款。各职能部门、企事业单位、社会组织等职责范围内的证明事项,不得要求社区出具证明。

社区居委会日常出具的 15 类证明事项如下:居民在社区居住证明(含异地享受社保、迁移户籍等);为中小学生参加社区实践活动出具证明;为申请各类救助、援助、补助的困难家庭出具经济困难证明;为无档案人员办理一孩、二孩《生育服务证》证明;办理流动人口婚育证明;应征新兵入伍政审鉴定意见;为长期卧床参保患者出具亲友代购药品委托证明和长期卧床证明;为社区无档案违法生育对象出具收入情况证明;出具见义勇为证明材料;限制民事行为能力或无民事行为能力证明、监护关系证明、近亲属关系证明、死亡证明;出具收养人委托证明,收养人有无子女和抚养教育被收养人的能力等情况的证明,生父母有特殊困难证明,收养状况证明;出具住宅专项维修资金工程证明;妇女、儿童救助家庭困难证明;执法文书留置送达证明;将住宅改为经营性用房证明。

群众办证多、办事难,与政府职能转变不到位直接相关。一方面,一些政府部门不同程度地存在管控思维,习惯通过增加环节或增设条件来进行管理、规避风险,甚至转嫁责任;另一方面,由于政府内部存在信息孤岛现象,很多可以通过内部信息共享、资源互通来解决的问题,却需要群众自己来提供证明。政府部门间的信息共享联通是减少这种证明的重要途径。目前北京市做得最成功的一个案例,是小汽车摇号系统,各部门对信息数据进行了成功的整合,申请人只需要输入身份证号、驾照号,公安、民政等等相关部门就可以进行信息对接和互证,不需要申请人再提供任何证明。

（六）社区的多主体复合共治

1.深圳罗湖区社区的"活化赋权"与社区居民议事会

2015年,深圳市罗湖区的"活化赋权"社区治理法制化建设创新经验,荣列"2014年度中国社区治理十大创新成果"。

深圳市罗湖区下辖10个街道办事处,115个社区居委会,83个社区工作站。2014年上半年,罗湖区民政局牵头,对罗湖辖区的社区综合党组织、社区居委会、社区工作站、社区服务中心的实际工作职能进行系统调研。调研结果显示,罗湖辖区仅一个社区工作站就要承担十大类、88小项工作事务,承担各级检查考核评比64项,建立电子台账98项、纸质台账90项,各类盖章证明事项112项;同时,在社区挂牌的各类临时机构至少有45种。

罗湖社区依法归位的改革,即是以《中华人民共和国城市居民委员会组织法》等为依据,在社区党组织的领导下,让社区综合党组织、社区居委会、社区工作站、社区服务中心、社区社会组织、业委会和社区服务机构七大类主要社区治理主体重新归位,重新梳理各自的职能与职责,同时制定了8份工作清单。其中,社区综合党组织承担6项工作职责,社区居委会承担13项工作职责,社区工作站承担11项工作职责并协助开展15项工作,社区服务中心承担16项工作职责。取消了原来社区工作站所承担的80项工作任务、9项考核评比检查任务、25种社区临时性组织机构、22种电子台账、24种纸质台账,取消了11项责任状和65项不应由社区开具的证明;同时,减少50%的社区工作人员,大幅度提高社区工作者的待遇。一系列改革让社区工作站腾出了双手。

罗湖区活化居委会,以社区居民议事会为社区决策机构,引导社区居民参与社区治理。

一是"赋选票"。赋予社区居民、社区社会组织选举成立社区居民议事会作为社区决策机构的权利。2014年,罗湖区有115个居委会,有居民代表10521人及楼栋长11213名。在此基础上,每个居委会选举产生一个21人的社区居民议事会,作为社区公共事务的决策机构,它由居委会主任1名,社区社会组织代表6人,纯居民代表14人组成。

二是"赋能"。罗湖区从2014年开始举办近30场培训,旨在培养社区居民议事会的项目设计能力、规则设计能力、预算编制能力、沟通表达能力、冲突协调能力、活动组织能力和财务管理能力等一系列决策和管理能力,着力提升其议事能力。"文华十条"是罗湖区在改革实践中探索总结的一套地方版"罗伯特议事规则",在社区议事讨论会中,居民议事逐步由最初的脸红耳赤的讨论,转变为理性有序、充分和组织化的辩论。

三是"赋权"。议事会不承担消防、城管、安全和计生等行政管理事项,其权力包含社区基金的使用,社区公益服务项目的设置,社区文艺节目的"点菜",社区社会组织项目的申报,环评程序中的居民评议,对区相关职能部门、街道办事处参与社区建设工作情况的"下对上"评议等。2014年,罗湖区将超过6000万元的资金决策权赋予社区居委会,2015年罗湖区设立1.6亿元"民生微实事"资金,其中大部分项目决策权赋予社区居民议事会。

2.清远市社区的"分类治理、三级自治、多元共治"

广东清远市构建以党组织为核心、自治组织为基础,群众组织各负其责,社会组织和辖区单位广泛参与的工作格局,通过创新社区党建模式、社区治理模式、社区服务供给模式,不断完善社区组织架构、治理体系、运作机制、平台建设。

一是创新社区党建模式,强化党组织的领导核心地位。

推进党建重心下移。将党组织设置下移至社区各自治单元(小区、片区、街巷、楼栋),以"三有一化",即有人有钱有场所、构建区域化党建格局为重点,实现党组织全覆盖。健全社区党组织发挥领导核心作用的领导机制。大力推荐党组织书记兼任自治组织主要负责人,充分发挥党组织在社区治理中的领导核心作用。

推进"支部共建"。实行机关单位党组织与社区党组织"结对子",建立联席会议等制度,促进机关单位优势资源向社区聚集,帮助社区党组织解决实际困难。

探索"大党委"制度。整合社区内机关事业单位、"两新"组织党组织成立社区"大党委",单位党组织负责人兼任社区党委委员,提高社区党组织统筹协调区域党建资源的能力。

充分发挥党员的引领作用。在自治单元成立党群服务中心,组建党员志愿者带头的志愿者服务队,鼓励党员参与议事决策与志愿服务,实行在职党员"双报到"认领社区服务项目,并在社区治理中充分发挥带头引领作用。

二是创新社区治理模式,强化多元主体的推动合力。

推进自治重心下移。重构社区自治单元,按照"地域相近、利益相关、文化相连、规模适度、群众自愿"的原则,以小区、片区、街巷等为单元,推进居民自治重心下移到自治单元,完善社区自治组织,以自治单元为单位开展多种形式的居民自治活动。

实行分类治理。区分不同社区的特点和实际,划分成熟社区、村改居社区、无物业社区、城中村社区、高档社区等,因地制宜探索最适合的治理模式。

构建纵向的"社区—小区(片区、街巷)—楼栋"三级自治体系,建立横向的"一核多元"治理架构。在社区层面,建立以社区党组织为核心,居委会、监事会、社区公共服务站、社会组织服务中心等多元协同共治的架构;在小区(片区、街巷)层面,建立以小区党组织为核心,小区居民理事会或业委会、监事会及社会组织等多元协同共治的架构;在楼栋层面,成立由楼栋长、宣传员、卫生员、调解员、安全员等"一长多员"组成的自治小组。

完善自治机制,丰富自治参与渠道。规范议事规则,建立多样化的居民诉求表达平台、利益协调平台和公共事务参与平台,推动社区居民围绕利益共同体通过民主协商的方式提事、议事、决事,实现居民自我管理、自我服务。

培育社会组织,动员社会力量支持社区治理。重点培育、发展社区社会组织,同时引导其他社会组织进入社区,与基层党委政府部门、社区组织等密切合作,广泛吸纳、使用专业社工,组织动员居民群众参与社区治理和服务。

建立完善行政事务进社区准入制度,回归社区居委会自治属性。依法厘清社区居委会与街道办和各职能部门的职能边界,制定《基层群众自治组织依法履行职责事项》和《基层群众自治组织协助政府工作事项》等社区事务"清单"。凡属"职责清单"内的事项,社区居委会必须依法认真履职。凡属"协助清单"内的事项,实行准入审批。经审批可以进入社区的行政性工作,属于居委会有能力承接并愿意承接的工作,由居委会优先承接,但必须按照平等、自愿和双向选择的原则,相关职能部门应以购买服务或费随事转的方式进行委托,不能采取行政性指派的方式向居委会摊派。居委会有权拒绝接受任何职能部门摊派的工作。属于居委会没有能力承接或不愿意承接的工作,相关职能部门可以采用购买服务的方式委托社会组织承担。对两份"清单"之外需要社区协助政府办理的行政事务和公共服务事项,在审批的基础上,实行政府购买服务的方式,并"权随责走、费随事转"。回归居委会的自治职能,增强居委会自治和服务能力,将行政事务转交给社区公共服务站。

培育社区文化认同。以培育和践行社会主义核心价值观为根本,发展各具特色的社区文化,丰富居民文化生活,增强居民的归属感和认同感。深入开展和谐社区等精神文明创建活动。健全社区现代公共文化服务体系。

三是创新社区服务模式,强化"三社联动"的积极作用。

推进服务重心下移。在社区治理改革中将行政事务转交给社区公共服务站,在原有社区社会服务站的基础上扩大服务范围,或根据实际情况建立完善社区公共服务站建设,推进部门职能下沉,把服务送到居民家门口。

推进服务平台区域化。以位置较为居中或硬件条件较好的社区建设中心社区,探索"一中心＋多元"服务模式,将优质服务向周边社区辐射。

推进服务内容精细化。探索社区"网格化"管理模式,在社区结合自治单元合理划分网格,有效整合政府部门人员资源和发动热心群众充当"网格员",将服务延伸到居民生活细微之中。

推进政府购买服务。完善政府购买服务制度机制,加大政府购买服务力度,围绕居民需求开发设计服务项目,推行"居民点菜,政府配餐",以社区服务项目为抓手,向社会购买服务,实现公共财政向社区倾斜。购买服务内容涵盖家庭服务、长者服务、残障康复、青少年服务、妇女和留守儿童关爱、异地务工人员服务、社区矫正等方面。

培育社会志愿服务。积极调动工青妇等群团组织发挥带动作用,开展多种形式的服务进驻社区的活动,激活社区自我服务功能启动运转,活跃参与氛围。吸纳小区居民充当志愿者,成立各类居民志愿者组织,由各个志愿者组织开展垃圾清扫、绿化等志愿活动,培育居民自我管理,自我服务能力。

加强专业社工服务。通过每年安排一定数额的专项资金,对社会组织、社区居民、市场主体等参与推动社区服务项目建设进行培育型补助,激活外部力量参与服务的潜能。实行"社工＋义工＋居民"服务模式,夯实社区服务队伍长效机制,提升社区服务水平。

3. 贵阳市社区的"一核多元、五力共治"

贵阳市构建了"一核多元、五力共治"的城市基层社会治理体系。"一核多元",即以社区党委为核心,社区服务中心、居民议事会、居委会、驻社区企事业单位、社会组织等多主体共同参与。"五力共治",即"党委全力、政府主力、社会协力、群众得力、制度给力",实现社会各个层面良性互动、各种治理手段优势互补,形成基层社会治理的强大合力。

一是改革城市基层管理体制,构建"一核多元"的治理体系。

自 2010 年以来,贵阳市就在全市开展了城市基层管理体制改革,撤销原有的 49 个街道办事处,设立了 94 个新型社区。在新型社区实行"一委一会一中心"治理模式:"一委",即社区党委,为区域性建制党委,是新型社区的领导核心;"一会",即社区居民议事会,为社区议事协商机构,代表居民群众和驻区单位对社区内的各项事务进行民主决策、民主管理、民主监督;"一中心",即社区服务中心,是政府在社区开展公共服务和管理的平台,是在党委领导下直接面对面为群众服务的工作机构。同时,强化居委会自治功能,组织群众自我管理、自我教育、自我服务;发挥社区大党委统筹功能,动员辖区内机关、企事业单位参与自治、共治;培育发展社会组织,引导和鼓励社会组织参与公共管理、公共服务。这样,一个以社区党委为核心,社区服务中心、居民议事会、居委会、机关企事业单位、社会组织、社区居民等各个层面共同参与的"一核多元"治理体系初步形成。

二是成立社区社会建设党委,强化党的政治引领和领导核心作用。

贵阳市在各社区成立了"中国共产党××社区社会建设委员会"(简称"社会建设党委"),由社区党委书记兼任社会建设党委书记,社区党委班子成员及辖区内机关、企事业单位、社会组织党组织负责人兼任社会建设党委委员,通过建立健全社会建设党委运行机制,统筹抓好辖区社会领域党的建设工作,组织辖区内各类机构、组织共同推进社区社会治理。在社区党委的统一领导下,社区社会建设党委牵头,辖区内各级党组织按照"条块联动、组织联建、党员联管、活动联搞、资源联用、服务联做"的要求,全面推进以社区为单位的区域化党建,实现党的组织和党的工作全覆盖,并坚持以基层服务型党组织建设为统领,完善服务功能,提升服务水平,巩固了城市基层社会治理基础。

三是完善治理结构,丰富"一核多元"的内涵和实质。

明确职能职责和治理方式。社区党委和服务中心履行"八项职责",即"加强党的建设、服务经济发展、提供公共服务、强化综合管理、协助专业管理、维护社会稳定、动员社会参与、指导基层自治"。采取"坐诊"服务与"出诊"管理的方式,构建"15 分钟服务圈",解决服务群众"最后一公里"问题。居民议事会实行"三会一评",通过意见收集会、议题讨论会、议事决策会、述职评议等方式,引导社区居民有序参与社区建设与管理,做到社区事大家议、大家办。居委会建立"一居两站","两站"即"群众服务站"和"综治工作站","群众服务站"负责为群众提供出具证明、盖章和有关社保、养老、计生等方面的服务,"综治工作站"负责协助党委、政府开展"两严一降"、禁毒综治、公共安全等服务管理工作,组织辖区社会单位、社会组织、居民群众参与共驻共建,推进辖区居民群众自我管理、自我服务、自我监督及居委会民主协商、民主自治。同时,通过制定"三个目录",即职能部门向社区下沉资源目录、驻社区机关企事业单位参与社区治理指导目录、政府向社会组织购买公共服务指导目录,将各方面参与社区治理的要求进一步具体化、规范化,推进机关、企事业单位主动向社区居民开放活动场所、主动参与社区各项工作、主动为社区建设发展提供支持,引导社会组织积极开展公益性和社会化服务、有偿提供个性化服务、主动承接政府购买公共服务。

四是进一步完善社会治理的制度体系。

贵阳市相继出台了《干部联系群众实施细则》《重大事项社会稳定风险评估办法》《经济组织履行社会责任规定》《支持社会组织履行社会责任办法》等社会治理方面的 60 多个规范性文件,制定了《贵阳市流动人口居住登记和居住证管理办法》《贵阳市计算机信息网络安全保护管理办法》《贵阳市养老服务机构管理办法》等一系列政府规章,出台了全国首部地方性专项法规《贵阳市社区工作条例》等,进一步健全和完善了社会领域法制体系,为创新社会治理、加强社会建设提供了强有力的制度保障。

4. 无锡市的居务、政务、服务"三务协同",深化社区扁平化改革

江苏无锡市于 2013 年 1 月发布《关于深化社区扁平化管理、提升社区建设水平的意见》,指出以深化社区扁平化管理为抓手,以居务、政务、服务"三务协同"为路径,以社区、社会组织、社会工作专业人才"三社联动"为手段,以信息化建设为支撑,进一步推进社区服务管理理念、体制、机制和方法的创新。

主要任务包括五个方面。一是社区管理体制更健全。在社区"一委一居一站一办"全覆盖的基础上,着力构建并形成以社区党组织为领导核心,社区居(村)委会、社区事务工作站和社区服务中心(以下简称社工站)、综治办、物业管理单位及其他各类社会组织和社区居民广泛参与的新型社区服务管理体制。二是社区居民自治更深入。扎实推进社区居民自治制度化、规范化建设,保障居民各项民主权利的落实。三是社区服务体系更完善。着力推动基本公共服务城乡一体化,便民利民服务社会化,志愿服务经常化。四是社区规划布局更合理。制定社区发展专项规划,优化社区布局,做到设置科学,规模适度,布局合理。五是社区服务设施更完备。到 2015 年,社区服务设施及功能达标率达 95％以上,社区信息化服务实现全覆盖。

重点工作中包括:以深化扁平化管理为抓手,形成社区政务、居务、服务

"三务协同"机制。进一步优化社区公共服务。以社工站为平台,健全以社区常住人口为基础、民生保障为主要内容的社区公共服务体系。不断提高社区救助、就业、卫生、教育、文体、养老、安全、防灾以及流动人口和特殊人群服务等水平,让居民群众普享基本公共服务。有效落实扁平化管理各项工作机制。提升社区设施使用效能。按照标准要求和实际需求,优化社区服务设施及功能,重视做好拆迁安置社区、村改居社区的综合服务平台建设,推进社区工作、人员、经费、信息、考核整合,按扁平化管理模式,实行工作一体化安排、人员一体化管理、考核一体化进行,着力提升社区服务效能。规范社区挂牌和设站,完善一站式服务大厅、综合服务功能室和服务指示牌,各部门不再专门挂牌和设立独立办公室。提升社区信息化水平。将社区信息化建设纳入全市信息化建设总体规划。完善市、市(县)区、镇(街道)、居(村)四级贯通、信息共享、协同处置的"无锡市社区管理服务综合信息平台",大力推行系统应用。进一步加强部门数据的整合共享,完善社区综合资源库;拓展网上报送渠道,联动解决社区问题;推动信息化手段和物联网技术应用,促进居民参与和政社互动。

5.上海市徐汇区社区事务受理中心

徐汇区社区事务受理中心建设,是"2013年度中国社区治理十大创新成果"候选项目。同年,徐汇区以"打造社区治理服务云平台"为主题,成功申报全国社区治理和服务创新实验区。

徐汇区于2006年年底在全区统一建立起13个街镇社区事务受理服务中心。第一阶段是全面落实服务事项、办事流程、建设规范、标识标牌、管理软件和评估体系"六统一",率先在全市范围实现了"三一两全":一门办理、一口受理、一头管理,全年无休和部分事项的全区通办。还有,不断夯实标准化建设,硬件建设实现从"多门"到"一门"的转变;不断提升服务效能和水平,前台服务实现从"多口"向"一口"的转变。2009年全面完成"一口受理"软件更新,即在一个窗口实现劳动、民政、计生、医保和社保等190多项业务的综合受理服务,解决了前台分类受理时窗口之间忙闲不均的老大难问题。到2014年,徐汇区"一口受理"窗口数达到75%,远远高于上海市2014年年底达到50%的目标。

第二阶段是积极探索服务智能化,进一步推进受理中心服务的公开、便捷、透明和人性化。自2011年以来,徐汇区利用信息化技术的发展和信息网络的不断普及,加大了政社互动和跨界合作,在中心智能化的服务上进行了不懈的探索,着力探索构建"未来政务云"服务模式。

一是试点智能查询服务,通过自助分享,让居民"办理事项早知道"。在市民政局的牵头指导下,徐汇区与上海一门式政务研发中心政社合作,研究推出"智能社工"查询机。居民不仅可以查询办事指南,还可输入个人基本情况,倒过来查询可办理的事项,以及通过"政策解读专家系统"和"住房保障咨询系统"智能查询相匹配的政策。

二是试点政务全程公开,通过政务互动,让居民"办理过程可查询"。结合全国电子政务公开和政务服务试点工作,徐汇区于2012年率先探索了"受理事项全程公开",使居民能在网上和中心现场查询机上对办理事项进行全程跟踪,让受理中心的工作真正做到便捷和透明。2014年,政务全程公开事项达到41项,全区已有8个受理中心实施公开。

三是试点政务延伸服务,通过主动推送,让居民"办理方式可选择"。徐汇区在上海市率先试点社区事务延伸服务标准化模式,2013年首批5个社区居委会试点设立了社区事务延伸服务点,为居民提供政策咨询、事务查询,为本区户籍老年人以及行动不便、生活困难或有其他特殊情况的居民提供13项社区事务代理服务。同时,与沪知名公益民生广播节目——上海人民广播电台《直通990》节目组合作,开设"徐汇直通990"APP手机应用软件,让社区居民随时随地享受查询服务。

受理中心有效打破条线和行业壁垒,公共资源得到充分整合,服务效能得到极大提升。它突破传统的政府工作模式,将分散的条线资源有效整合起来,改变了政府提供服务的理念和方式。从多门到一门,从多口到一口,从多头到一头,每一步都是对政府提升工作效率的有效促进,确保了10多个部门近200项的业务能全年无休地在一个中心内得到办理。

受理中心探索政社联动和跨界合作,政府的社区治理模式得到重新构建。在信息技术的支撑下,上海市民政局统一研发了市标软件,使不同行业的业务在一个平台上综合办理成为可能。根据民政部标准化建设的要求,受理中心的标准体系已成为上海的地方标准,社区事务办理员已新列入国家职业大类。

6.长春市朝阳区的社区民主协商"4335"工作模式

2014年,长春市朝阳区把"发扬民主、协商议事"作为社区民主建设工作的着力点,坚持以居民利益为导向,遵循"多方参与、民主决策、百姓受益"的原则,经过不断地实践探索,总结出了社区民主协商"4335"工作模式。

"4"，即细化四个类别，完善议事内容。一是发展类协商内容。涉及社区发展规划、公共服务设施建设等事关社区全局性的工作，在广泛协商的基础上进行决策，确保决策科学化、民主化。二是管理类协商内容。涉及社区环境整治、治安维护、安全防范等事项，广泛征集民意，汇集民智，协商解决。三是监督类协商内容。涉及水、电、气、暖等与居民日常生活密切相关的事项，由居民对相关行业服务质量进行监督和评议。四是选举类协商内容。涉及社区"两委"换届工作的事项，由街道派驻"选举联络员"，与社区"两委"班子、居民代表等相关人员共同就成员职数设定、选举方式以及候选人资格条件等方面进行研究和商议，达成一致意见后形成选举实施方案，保证了换届选举依法公正进行。

第一个"3"，即突出三个层面。朝阳区建立以社区居民为主导，以社区组织为纽带，相关利益方共同参与的协商机制，明确了"协商对方是谁、和谁进行协商"的问题。在推进社区"减负"工作方面，开展了社区与政府部门之间的协商。专门制定《朝阳区社区工作准入制度》，规定凡法定职责外进入社区的事项，都要与社区进行协商，通过平等对话的方式，较好地解决了社区行政化倾向问题。在加强社区综合治理方面，开展了社区与驻区单位、相关行业及社会组织之间的协商。通过建立联盟组织，召开联席会议，共同协商解决社区治理问题。在深化居民自治活动方面，开展了居民与居民之间的协商。通过引导居民发挥"主人翁"作用，建立"楼栋会议"制度，积极开展"楼道大家管"主题活动，为居民协商议事搭建平台，让居民自己解决自己的事情。

第二个"3"，即坚持"三化"同步推进。"参与主体多元化""协商程序规范化""协商形式多样化"是朝阳区开展民主协商的基本遵循。通过指导社区建立议事协商委员会，广泛吸纳辖区的各级党代表、人大代表、政协委员、驻街单位代表、社区干部和居民代表等相关人员多元参与协商议事，有效增强了社区民主协商的广泛性，提升了民主协商层次水平和质量效果。

在协商程序上，他们研究推出了"五步议事法"，将社区民主协商规范为"收集议题、确定议题、公示公告、组织协商、结果运用"五个步骤，具体实施时，社区根据党员、群众意见收集议题，再由利益相关方共同研究确定协商方案，方案确定后由社区发布公告，而后由社区党组织牵头召开会议进行协商，最后向居民公布协商结果，保证了民主协商公开透明、有序进行。

在协商形式上，在充分依托居民代表大会、民情恳谈会、党群议事会、社区听证会等平台开展协商的基础上，利用信息网络搭建协商平台，所辖社区开通了网上居民论坛、社区 QQ 群、社区微博等，借助网络平台反映情况、征集意见、开展协商、解决问题。

"5",即建立五项制度保障常态运行。通过"民主恳谈、民主议事、民主听证、民主咨询、民主评议"这五项制度,朝阳区指导各社区定期召开例会,将一些难点问题摆到"桌面"上集体协商,使很多居民诉求得到了及时妥善处理。朝阳区所辖社区普遍建立民情恳谈日,每月固定一天,组织居民交流座谈,倾听群众心声,解决矛盾问题。

长春市朝阳区的社区民主协商"4335"工作模式很有借鉴意义。2015 年7 月,中办、国办印发的《关于加强城乡社区协商的意见》指出,城乡社区协商是基层群众自治的生动实践,是社会主义协商民主建设的重要组成部分和有效实现形式;基层政府及其派出机关、村(社区)党组织、村(居)民委员会、村(居)务监督委员会、村(居)民小组、驻村(社区)单位、社区社会组织、业主委员会、农村集体经济组织、农民合作组织、物业服务企业和当地户籍居民、非户籍居民代表以及其他利益相关方可以作为协商主体;到 2020 年,要基本形成协商主体广泛、内容丰富、形式多样、程序科学、制度健全、成效显著的城乡社区协商新局面。

三、宁波市区街社关系调整与社区建设存在的问题分析

(一)行政审批改革方面

宁波自 1999 年开始行政审批制度改革至今,大致经历了四个阶段。

一是削减审批事项、规范政府行为时期(1999—2006 年)。削减审批事项 825 项,近 64%。二是深化服务型政府建设时期(2006—2010 年)。坚持"批管分离"的目标,推出行政审批职能归并改革,各行政审批职能部门按照"两集中、两到位"的要求,将审批职能向一个处室集中,并统一入住行政审批服务中心。三是标准化建设时期(2011—2013 年)。2010 年 5 月,宁波市政府下发了《推进行政审批服务标准化建设的实施意见》,宁波市级有 42 个审批职能的部门根据《行政审批事项办理指南编制规则》,编制完成并发布了 564 个行政审批事项、1028 个子项(除不经常发生暂时冻结的事项外)的办理指南。同时,文化娱乐业、汽车修理业、餐饮业、再生资源业、洗浴业、宾馆业等 6 个关系民生的行业联合审批标准也编制完成并发布。四是进一步深化行政审批制度改革时期(自 2013 年起)。2013 年,国务院不断推进行政

审批制度改革,浙江省也积极推进以"三张清单一张网"(政府权力清单、企业投资项目负面清单、财政专项资金管理清单和浙江政务服务网)工程为抓手的新一轮行政审批制度改革。宁波市下发了《宁波市人民政府关于深化行政审批制度改革的实施意见》,提出要"创新行政审批方式,引入标准化的质量方针,优化审批流程,强化联合审批机制。遏制政府部门审批职责交叉、分散的现象,按照'重心下移、权责一致'的要求下放行政审批权";"市、县两级政府部门要在已有基础上,采取依法交办、委托、延伸机构等多种方式,下放行政审批权或减少审批层级"。当月,宁波市政府同时发布《下放部分行政审批服务事项的通知》,向县(市)区下放第一批市级行政审批服务事项共 198 项。

2014 年 5 月,宁波市政府制定《关于下放第二批行政审批服务事项的通知》,继续向县(市)区下放第二批市级行政审批服务事项共 43 项。2015 年10 月,宁波制定《关于推进权力清单责任清单向乡镇(街道)延伸覆盖工作的指导意见》,提出要提高基层政府社会治理能力,按照权责统一的要求,理顺乡镇(街道)与县级部门及其派驻机构、村(社区)之间的关系,进一步清理规范乡镇政府(街道办事处)行政权力,明确责任事项,编制并公布权力清单、责任清单,接受社会监督,实现权力清单、责任清单全面覆盖。县级部门权力清单中,通过依法直接放权、委托或延伸机构等形式在乡镇(街道)行使的权力事项,为便于管理,皆列入乡镇(街道)权力清单。研究建立职责调整会商机制和乡镇(街道)工作准入制度。以宁波慈溪市为例,自该《意见》执行以来,到 2015 年 5 月,共梳理镇(街道)法定权力 74 项,慈溪市级部门下放权力 537 项,市级部门通过延伸机构方式下放权力 1129 项。

到 2014 年 10 月,宁波市在网上公布首份权力清单,涉及 44 个市级部门4189 项权力,分为行政许可、行政处罚、行政征收、行政裁决、行政奖励、非行政许可审批、行政强制、行政给付、行政确认及其他行政权力十大类别。到 2015年 5 月,宁波市行政审批事项已经从 1999 年的 1289 项减少到 667 项。

同时,宁波市向县(市)区下放行政审批及相关管理权限 500 多项,直接向中心镇(卫星城)下放 40 多项,并建立了审批事项动态调整和管理制度。建成了市、县、乡、村四级行政服务中心和网上审批暨电子监察系统,可受理和可直接办理的审批事项比例均已超过 90%,实现了"一站式"服务。为提高审批效率,先后实施了简化审批环节,再造审批流程。宁波在全国率先推行行政审批标准化建设,全市 90% 以上审批事项按"一事一表"的标准流程审批。

2015年《中共宁波市委关于创新社会治理全面加强基层基础建设的决定》指出,"理顺条块关系。按照责权利相统一、人财事相配套的要求,推动'四张清单一张网'向基层延伸,理顺乡镇(街道)与县(市)区部门关系,依法赋予乡镇(街道)履行职责必要的职权,实现乡镇(街道)权力清单和责任清单全面覆盖。对直接面向基层、量大面广、由乡镇(街道)管理更方便有效的各类事项,依法下放到乡镇(街道),做到权随责走、费随事转"。

上述行政审批制度改革中,有不少社会治理领域的内容;深化行政审批制度改革,也为社会治理提供了良好环境。应该说,宁波市行政审批制度改革,宁波市区街(镇)权责关系调整,都取得了显著成绩,但还存在着进一步加大力度的空间。

(二)行政区划调整方面

中华人民共和国成立以后,宁波的行政区划处于不断调整的过程中。到1992年5月,宁波推行撤区(区公所)、扩镇、并乡工作。全市37个县属区公所全部撤销,乡镇(街道)总数由原来347个减少到150个,实行了区、县(市)直辖乡镇的行政体制。1994年宁波被确定为副省级市。2002年2月,国务院正式批复同意撤销鄞县,设立宁波市鄞州区。到2016年9月,宁波市辖海曙、江东、江北、镇海、北仑、鄞州6个区,宁海、象山2个县,慈溪、余姚、奉化3个县级市,共有76个镇、10个乡、66个街道、680个居民委员会和2543个村民委员会。

2016年10月,浙江省政府发布《浙江省人民政府关于调整宁波市部分行政区划的通知》称,根据《国务院关于同意浙江省调整宁波市部分行政区划的批复》(国函〔2016〕158号)精神,就有关事项通知如下:一是撤销宁波市江东区,将原江东区管辖的行政区域划归宁波市鄞州区管辖;二是将宁波市鄞州区的集士港镇、古林镇、高桥镇、横街镇、鄞江镇、洞桥镇、章水镇、龙观乡、石碶街道划归宁波市海曙区管辖;三是撤销县级奉化市,设立宁波市奉化区,以原县级奉化市的行政区域为奉化区行政区域。调整后,宁波的区域格局变更为6区、2县、2市。

从把宁波建设成为长江三角洲南翼的区域经济中心城市和现代化国际港口城市这一目标定位来看,宁波的行政区划仍然存在一些问题。

一是同一个城市功能区分属多个行政区,资源配置分散,不利于城市功能区的统一规划、整体开发和整体提升。

二是中心城区的集聚、辐射和带动能力有待提升。长期的"县强市弱"

的格局使得宁波主城的特色和品位难以充分彰显,做大做强城市经济、推动城市空间合理布局、优化提升产业结构、集约利用要素资源、完善城市功能等各项任务十分繁重。

　　三是市级政府统筹力、调控力有待加强。在财政体制方面,区划调整后成立的新的行政区仍然享受县级财政待遇,相比老城区实行的"半级财政"而言,独立性强。这导致市级政府较难做到市级层面的有效统筹,难以集中力量提供市级层面的公共产品与服务,如尖端科研机构、优质高等教育、顶尖医疗院所、一流文化设施等,而这些又在很大程度上体现了城市综合竞争力的强弱,决定了高层次人才的去留。总之,市级统筹推进城市建设和管理的工作体制机制尚待完善。

(三)社会治理层级方面

　　目前,宁波市主要还是"市—区—街道—社区"这样的"两级政府、四级治理"模式,各县(市)则是"县(市)—街道—村社"这样的"一级政府、三级治理"模式或"县(市)—乡镇—村社"这样的"两级政府、三级治理"模式。随着经济、社会、科技等的迅速发展,这些模式显现出一个问题,即层级过多,不利于提高治理效率,市区街社关系、市县(市)镇(街)村(居)关系还需进一步理顺。

　　2014 年暑假期间,课题组专门走访了社区工作人员,对宁波市区街社的工作关系和社区减负情况进行了一些调查。通过对问卷的统计分析,我们得到如下信息。

　　社区在协助街道、区直部门工作和回归居民自治这两个职责的分工中,前者所占工作分量比例偏大。有 75% 的受访者认为两者比例约为 5∶1,16.67% 认为是 3∶1,6.25% 认为是 2∶1,2.08% 认为是 1∶1。

　　近年来开展社区减负和实施事项准入制度后,社区工作人员认为社区承担区里部门工作的事项并未显著减少。91.67% 的受访者认为是没有减少,6.25% 认为减少程度在 50% 以下,2.08% 认为减少在 50%～80%,没有人认为减少 80% 以上。

　　开展社区减负和实施事项准入制度后,87.50% 的受访者认为区里部门对社区的考评总结(包括创建活动)没有减少,6.25% 认为减少在 50% 以下,6.25% 认为减少在 50%～80%,没有人认为减少在 80% 以上。

　　对于近年来开展社区减负和实施事项准入制度的实际效果的评价,2.08% 的受访者认为效果很好,56.25% 认为效果一般,41.67% 认为没有任何实效。

在问及影响社区减负和事项准入制度效果的主要原因,大多数人都认为是区里部门、街道认识不到位,仍把大量工作放在社区;当然区直部门与街道也有难处。他们认为目前对社区形成较大工作压力的区直部门包括统计局、文明办、计生部门、卫生部门等,但几乎没有人列举出在社区减负方面对社区帮助较大的区直部门。

被问及目前社区工作哪些方面压力大时,受访者的答案是:台账、普查调查、创建活动、各种考核评比、拆迁等社区里的中心工作。

被问及对于社区减负与转型这一问题还有什么想法和意见时,受访者的回答包括:希望社区减负可以落到实处,不要雷声大雨点小;希望上级部门能减少社区在行政档案方面的工作,使社区工作人员有更多时间深入居民家中,成为联系居民和政府之间的纽带;各部门职责不清,主管与协助分不清,服务与监管分不清,希望有关部门可以对此做出改善;希望社区可以回到为居民服务的本职工作上。

这次调查揭示出了目前宁波社区工作仍然存在的一些问题:社区仍承担了大量街道和区政府部门派下的事务,社区在自治方面的有效精力投入不足。虽然宁波创新性地进行了社区"减负"工作,取得了较好的效果,但社区减负涉及市区街社四者关系的进一步理顺,更涉及政府机构改革和职能转变等深层次问题,社区要回归到本位,尚需不断努力。

四、对宁波市区街社关系调整与加强社区建设的思考

2015 年 7 月,全国社区治理创新工作会议媒体见面会在厦门市举行。民政部基层政权和社区建设司司长蒋昆生做总结讲话。他指出,进一步推进社区治理创新,一是社区治理职责法治化,通过基层服务型政府建设和社区减负增效专项行动,优化基层政府职能设置、流程运作和治理能力,厘清基层政府和社区组织在基层治理中的角色定位,构建起政府依法治理和居民依法自治有效衔接的社区治理机制;二是社区治理主体社会化,通过"三社联动"机制和社区协商机制建设,打破"自上而下""行政包办"式的社区管理模式,发挥社区党组织领导核心作用,畅通社区居民和社会各界参与渠道,构建起多元参与、多元协商、多元共治协调发展的社区治理格局;三是社区治理技术专业化,推进社区公共服务综合信息平台建设,逐步构建信息技

术与社区治理深度融合的智慧社区,大力吸纳专业社会工作人才,开发社区社会工作岗位,构建起项目化运作、信息化支撑、专业化介入的社区服务体系;四是社区治理资源多元化,切实加大社区治理的人力、财力、物力投入,探索在社区服务领域推广政府和社会资本合作模式,培育和发展社区基金会等新型社区社会组织,构建起政府投入、居民筹集、多方融资互联互补的社区保障机制;五是社区治理制度系统化,增强社区治理创新政策的系统性、关联性、耦合性,建立上下贯通、左右联动、务实有效的社区制度体系。

社区建设涉及的内容很多,包括积极调整市区街社体制,探索撤销街道,实行扁平化管理,调整街道职能,实现社区的"减负、还权、赋能、归位",构建社区的多主体互动治理体制,加大"三社联动"力度,实现社区服务供给的社会化与专业化,积极发扬基层民主,实现社区的民主协商治理等;还要注重改革的上下协调联动,因为如果没有行政审批制度的不断推进,没有基于扁平化理念的权力削减与下放,没有市区街社体制的深度改革,只把眼睛盯在社区一级,就不会有真正持久的社区治理创新。

(一)适当进行行政区划调整

近年来,各地加快了行政区划调整的步伐,为扩张城市规模、利于资源整合、发挥集聚辐射作用、统筹城乡发展、增强区域竞争力等提供良好的行政区划体制保证,如北京、上海、天津、重庆、南京、杭州、青岛、长沙、合肥等。

宁波在行政区划调整方面有过成功经验。2002年鄞县撤县设区后,宁波市区的面积由1033平方千米增至2413平方千米,人口由126.14万人增至199.14万人。2016年10月的区划调整后,市区面积扩至3730平方千米,市区户籍人口达到280万人。

但总的来看,与其他大城市相比,宁波城区体量偏小,这是一个不争的现实(见表5-1)。

表5-1 一些城市基本情况

基本情况	大连	青岛	厦门	深圳	杭州	成都	广州	武汉
市区面积/平方千米	2517.57	3239.00	1597.99	1203.75	4881.00	1418.00	7434.40	8468.18
市辖区数量/个	6	6	6	6	9	9	11	13
市辖区常住人口/万人	300.00	487.59	381.00	837.49	889.20	1435.00	1192.68	1033.80

2014 年 9 月,《中共宁波市委关于深入推进新型城市化提升城乡治理水平的决定》指出,健全区域统筹发展机制。适时调整行政区划,谋划启动撤县建区,改革完善市区财权、事权,调整理顺各市级功能区与行政区的体制关系。2015 年宁波市政府工作报告中指出,要加快宁波都市区规划建设,完善主体功能区规划,有序推进行政区划优化调整,增强市域统筹能力和区域发展活力。

宁波要按照资源统筹的原则,积极借鉴国内近年来行政区划调整的经验,继续大力推进适当的行政区划调整工作,包括撤县(市)设区、撤镇设街、镇街归属调整等。重点是撤县(市)设区,做大中心城市的板块,尽快考虑将慈溪、余姚等县、市并入宁波市区的问题。同时,合理调整六区格局,适当进行并区、扩区调整。

行政区划调整是一个比较敏感的问题,既要从资源整合、有利于最大程度发挥资源的效益这一角度考虑,又要兼顾到各方面的心理、文化因素尤其是经济利益的平衡;既要积极谋划,扎实推进,不能畏难而退,裹足不前,又要深谋远虑,稳妥进行。要正确处理撤县(市)设区与扩县强权两者之间的辩证关系,充分论证,当撤则撤,当扩则扩。外地一些因行政区划调整引起的问题值得关注,如湖北大冶撤市设区、浙江黄岩撤市设区和浙江长兴撤县设区等。

行政区划调整可以考虑分步骤、分阶段进行。把敏感的行政隶属规划放缓,首先加强经济共同体的建设,加强区域协作,使大家为了共同的发展优势自愿走到一起,然后再深入到税收、财政等方面,等到区域协作格局初步形成时,行政区划的调整就会瓜熟蒂落、水到渠成,因为区域协作经常是行政区划调整的先声,这样的事例很多,如天津滨海新区的逐步行政区划调整。

(二)探索减少社会治理层级

传统科层制的多层级管理面临着当代社会日趋复杂、知识与信息要素日显重要、城市规模与人口急骤攀升、社会治理问题突出等问题,逐渐显出效率较低、反应迟缓等弊端。而扁平化管理以其敏捷、灵活、快速、高效的特点,成为克服科层制弊端的一种有效模式。管理扁平化,主要就是减少管理层次,整合职能机构,精简管理人员,建立一种紧凑而富有弹性的新型组织模式和管理模式,使金字塔状的组织形式"压缩"成扁平状的组织形式。

国内很多地区就减少政府管理层级、加强基层社会治理能力的现代化进行了大量的创新实践。湖北黄石、安徽铜陵、甘肃嘉峪关、贵州贵阳、黑龙江大庆等市的做法值得借鉴。这其中既有一般的地级市,也有像省会城市这样的大城市。

这些城市在探索减少社会治理层级方面的经验如下。

一是探索撤销街道,减少政府管理层级,将城市管理由原来的"二级政府(市、区)、四级管理(市、区、街道、社区)"变成"二级政府(市、区)、三级管理(市、区、社区)"。

二是突出扁平化管理的理念。黄石市遵循"减少层级、重心下移、充实一线"的原则。嘉峪关市社区管理扁平化的改革思路是"精简管理层级,优化整合资源,实行区域化管理,加强党的基层组织"。大庆市则以"减少管理层级,突出公共服务,强化居民自治"的社会治理体制创新入选"全国社会治理 2014 年十佳经验城市"。

三是伴随着区、街、社权责的重新厘清,充实社区的公共服务平台,加强社区职能。如 2010 年铜陵市铜官山区 6 个街道被十几个社区公共服务中心替代,新的大社区的领导核心是社区党工委,隶属区委;此外还有社区居委会和社区公共服务中心,实行"三块牌子、一套人马"。适宜社区办理的 60 多项行政职能分解到社区公共服务大厅的就业、救济、治安、计生等 7 个服务窗口,"一厅式"审批和"一站式"集中办理,居委会则还原自治功能。街道原有的经济发展、城管执法等职责收归区级职能部门。社会管理、服务事务等职责部下放到社区。

2014 年年底,国家发展和改革委等发布《国家新型城镇化综合试点方案》,其中的"安徽省国家新型城镇化综合试点工作方案要点",在谈及"探索社区管理新体制"时说,"探索区直接管理与服务社区体制"。这是从国家层面对一些地方撤销街道、推行城市社会治理扁平化创新的肯定。

四是积极探索相关领域的创新,如区机构改革、公安体制改革等。这是改革的系统性、整体性所要求的。

黄石市在推行撤销街道的同时,进行区级机构改革,各区区直部门由原有的 37 个精简到 25 个。城区原有的 6 个公安分局、28 个派出所撤销,成立 7 个新的公安分局,社区民警由以前"挂名"的 108 名增至专职的 223 名,一线民警由 819 人增至 1357 人,占总警力的 85.7%。每个社区都有一个警务室、1~3 名社区民警,并将全市城区划分为 25 个网格化治安巡控区,24 小时囤警街头,边巡逻盘查、边接警出警。大庆市针对公安系统基层警力不足、效率不高、分工过细、忙闲不均、指挥环节过多、群众缺乏安全感等问题,于

2005 年实施"1+5"的公安体制改革。"1"即以扁平化和综合执法为特征的改革,包括纵向管理体制改革和横向机构改革,变市局、分局、派出所三层级为市局、分局两层级,原先的 70 个派出所全部撤销,合并成 20 个分局;变分局多部门、多警种、多派出所为"三警种、一部门",即社区警务、治安巡防、刑事侦查和法制综合室。"5"即在扁平化基础上推行警务指挥、社区管理、交通管理、消防管理、出入境管理等五项改革。河南则在全省进行了公安扁平化改革。

嘉峪关市推行撤销街道、实现社区管理扁平化的同时,也进行了城乡户籍一元化、社会细胞和谐化、社会服务集约化等其他相关方面的社会治理创新。

(三)调整市区街社权责关系,加强社区职能

1. 推行社区管理扁平化

目前,宁波市社区主要是"一委一居一中心"的服务管理体制,即以村(居)党组织为领导核心、村(居)委会为自治主体、便民服务中心承接事务的"三位一体"。

在推行社区管理扁平化方面,江苏的经验值得关注。如无锡市从 2000年开始逐步建成了 500 多个社区事务工作站和 600 多个农村社区服务中心,两者简称为社工站。2008 年,无锡市推行社区扁平化管理,把政府职能部门的服务项目"打包"分配下沉到社区,劳动保障、民政事务、老龄残联、计划生育、综合治理、法律咨询等 24 类 88 项行政事务统一交由社工站办理,设立专门的办事大厅,实现一站式服务,把政府社会管理和公共服务的触角直接延伸到居民家庭。这样的社区扁平化管理,在组织上解决了多层次等级制政府长期来无法解决的问题,让社会管理和公共服务在社区层面有了一个扁平化的组织和实体的平台,平台不仅纵向整合了市政府、区政府和街道的社区管理职能,横向整合了政府各个部门的社区管理工作,而且还进一步整合了党组织领导、居委会民主自治和政府社会管理和公共服务职能。

江苏"一委一居(村)一站一办"的社区扁平化管理新体制的经验值得借鉴。一委即党委,一居即居委会,一站即管理服务站,一办即综合治理办公室。加强社区党组织建设,健全社区党员代表议事制度,深化社区党组织公推直选工作,探索设立区域性社区党委。加强社区居(村)委会建设,优化社区布局规模。加强社区管理服务站建设,"居行自治、站司事务",积极承接公共服务和公益服务事项。加强社区综治办建设,牵头协调社区警务治安、

信访调解、帮教服务、流动人口管理与服务等事务。扁平化社区管理,即按照"一人多岗、一专多能,分片包干、责任到人,资源整合、信息共享"的原则,归并整合区直部门、街道下移到社区的机构或职能,在统一的平台上实现跨部门、跨区域的工作整合、资源共享;确保"权随责走、责随事转",切实使公共财政向社区倾斜、公共资源向社区聚集,减少中间层次、缩短管理过程、增大管理幅度、实现信息共享。江苏这一社区新体制创新,可以有助于理顺纵向上的社区与区直部门、街道的关系,理顺横向上的居委会与社区各类组织的关系;强化党在基层执政基础,强化公共服务向基层的延伸,强化基层的综合治理与平安建设;同时,在这一新型社区治理架构下,有助于居委会从原先承担的繁重行政事务中解脱出来,集中精力搞好社区自治。

另外,在调整街道职责方面,也要借鉴外地先进理念,更多地转移到公共服务和社会治理领域。2011年,四川省出台的《关于贯彻落实〈中共中央、国务院关于加强和创新社会管理的意见〉的实施意见》指出,加快建立社会管理重心下移新机制;通过把县(市、区)及相关部门的部分社会管理权限下放、公共服务事项委托办理等方式,将更多的人、财、物集中到乡镇(街道);逐渐调整乡镇(街道)机构设置,成立社会管理和公共服务机构,明确并强化乡镇(街道)基层党建、城乡管理、公共服务、社区建设、安全监督、应急管理、社会治安综合治理及社会稳定等职能,并建立以加强和创新社会管理服务为重点的乡镇(街道)目标考评体系;强化城乡社区自治功能,逐步建立行政管理与群众自治有效衔接和良性互动的基层自治机制,加快建立健全以社区党组织为核心、以群众自治组织为主体、以政府部门派驻社区力量为依托、以物业管理机构和社会组织为补充、驻社区单位和社区群团组织密切配合、社区居民广泛参与的新型社区管理体系。

2015年《中共宁波市委关于创新社会治理全面加强基层基础建设的决定》指出,街道主要履行加强党的建设、服务经济发展、组织公共服务、实施综合管理、指导基层自治、统筹社区建设、动员社会参与、维护社区平安的职能。把街道服务经济发展的重点转变为优化公共服务、为企业发展提供良好的公共环境上来。结合职能转变,推进分类管理,科学设置街道行政事业机构。

2.扎实推进社区减负

宁波市海曙区在社区减负方面有过积极的探索。

2012年6月,海曙区探索建立社区工作准入制实施细则,出台《海曙区

2012 年部门工作进社区指导目录》，在全市率先出台首份社区"减负"指导目录。原来，海曙区部门进社区的工作多达 97 项，考核台账多、创建活动多、普查调查多、信息平台多、挂牌多、盖章多这"六多"影响社区工作。这次减负为社区削减工作事项 56 项，削减率达 63％，其中创建活动由 41 项减到 5项，统计调查项目由 36 项减到 4 项，档案台账由 47 套合并为 6 套。规定未经准入的工作，一律不准延伸至社区，目的是为社区"减负扩能"，让社区工作人员从压力中释放出来，解决好社区职能归位和社工角色归位的问题。海曙区领导表示，今后该区各部门也将转变工作作风，进社区的部门会定期接受群众的"考核"；执行不力或屡受群众投诉的职能部门，将被督促整改。

　　到 2015 年 8 月，宁波市已取消社区 41 项盖章事项，砍掉 70 项代办事项，创建评比从 53 项减少到 3 项，纠正社区工作行政化倾向，社区"减负增效"取得了一定成效。宁波市应在已有成就的基础上，借鉴外地经验，进一步向前推进社区减负工作。编制公共服务进社区目录，严格落实工作"准入制"。凡依法应当由社区协助的事项，要为其提供必要的经费和工作条件；凡委托社区办理的有关服务事项，遵循"权随责走、费随事转"的原则。规范针对社区的各种会议、台账、材料、报表、考核、评比、创建，各部门要充分应用综合信息系统，改变工作、检查和考核方式，实行台账电子化，减轻社区负担。

　　3. 创新社区多主体共治模式

　　在这方面，宁波已有不少积极的探索。海曙区白云街道从 2013 年开始举行"开门听民声"活动，先后采取"党员代表议事会""居民代表议事会""开放空间""共识论坛"等协商民主方式，为社区居民参与基层社会治理搭建平台。2016 年，白云街道首次采用"参与式预算"的方式，让居民代表自己投票选出 2016 年十件民生实事工程，让居民决定新设的民生实事工程专用"基金池"内资金的使用方式。对 2015 年街道云服务平台收集的 12363 条居民诉求分门别类后，又通过手机短信的方式向社区居民广泛征集民生实事备选项目。江北区各个社区通过整合服务资源、管理主体和特色工作，构架起互联互通的"1＋N"微平台。"1"个社区微信公众号平台基本囊括了社区所有日常工作，包括"社区动态""政务公开""特色品牌""为您服务"板块，每日将社区的各项事务、变动情况及时予以公布。通过"周边商户、物业中心、业委会、咨询建议"等"N"个模块，成功架起多主体之间沟通的桥梁。各个社区通过微信公众号，将居民、物业、业委会、周边商铺、志愿组织、共建单位缔结为"微组织"。由物业、业主委员会、居民小组长在微信公众号上"值班坐诊",对社区居民的问题及时予以解答、反馈、解决、上报。

上述的深圳罗湖区社区的"活化赋权",清远市社区的"分类治理、三级自治、多元共治",贵阳市社区的"一核多元、五力共治",上海市徐汇区社区事务受理中心,以及长春市朝阳区的社区民主协商"4335"工作模式等,在创新社区多主体共治方面,都具有借鉴意义。

第六章　宁波"三社联动"促进社会治理创新研究

本章重点探讨如何通过社区、社会组织、社会工作者的三者联动,以社区为平台,以社工为核心,以社会组织为抓手,推动社区内各类组织之间、各个利益群体之间、各种社会力量之间良性互动,促进社会治理创新。

一、"三社联动"概述

(一)"三社联动"的含义

社会工作(social work)是一种专业活动,用以协助个人、群体、社区去强化或恢复能力,以发挥其社会功能,并创造有助于达成其目标的社会条件。

"三社联动",是指社区、社会组织、社会工作三者"联动",构建以社区为平台、以社会组织为载体、以社会工作专业人才为支撑的社区社会工作格局,推动社区治理多主体化、社区服务专业化,深化社会治理体制改革和社区治理创新。通过"三社联动",通过社区建设、社会组织培育和社会工作现代化,形成资源共享、优势互补、相互促进的良好局面,加快形成政府与社会之间互联、互动、互补的社会治理新格局。换言之,它是以政府购买服务为牵引,以社区为平台,以社会组织为载体,以社会工作者为骨干,以满足居民需求为导向,通过提供专业化、有针对性的服务,在社区实现多主体服务供给的一种新型社会治理模式、社会服务供给方式。

因此,推进"三社联动"需从三个方面着力:一是要强化社区自治功能;

二是要激发社会组织活力,建立健全社区社会组织承接基层政府公共服务机制;三是要壮大社会工作队伍,吸引优秀社会工作机构和人才参与社区治理。

(二)近年来社会工作发展概述

近年来我国专业社会工作发展迅速。一是社会工作制度框架基本确立。中央有关部门联合出台了《关于加强社会工作专业人才队伍建设的意见》和《社会工作专业人才队伍建设中长期发展规划(2011—2020年)》,绝大多数省(自治区、直辖市)出台了关于本地区加强社会工作专业人才队伍建设的实施意见或专项规划,初步完成了社会工作专业人才队伍建设顶层制度设计和以地方政策为支撑的专业社会工作制度框架体系。二是社会工作专业队伍迅速壮大。截至2014年年底,全国有310所高校招收社会工作专业本科学生,70余所高职高专学校招收社会工作专科学生,104所高校(研究机构)招收社会工作专业硕士研究生,每年社会工作专业毕业学生近3万人。全国持证的助理社会工作师和社会工作师达15.9万人,各方面社会工作专业人才数量突破40万人,比2010年增长一倍。三是社会工作服务平台不断拓宽。截至2014年年底,各地在相关事业单位、城乡社区、社会组织开发设置了11.39万个社会工作专业岗位,比2013年增长37.5%;扶持发展了3522家民办社会工作服务机构,比2013年增长43.6%;全国已成立24个省级、97个地市级和168个县级社会工作行业协会。四是社会工作服务成效日益显现。近年来,民政部联合财政部、司法部、共青团中央等部门和群团组织在社区建设、防灾减灾、社区矫正、青少年事务等领域探索使用社会工作专业人才,开展专业社会工作服务。实施社会工作服务标准化建设示范工程,确定了61个地区、103个社区和180家单位开展社会工作服务标准化建设示范活动。实施社会工作专业人才服务边远贫困地区、边疆民族地区和革命老区计划,每年向中西部艰苦贫困地区选派1000名社会工作专业人才开展专业服务。组织实施了特殊困难老年人社会工作服务示范项目和民政部李嘉诚基金会"大爱之行"社会工作服务示范创新项目。五是政府购买服务投入持续加大。2014年,国家层面社会工作投入1.239亿元;各地社会工作投入22.2639亿元,全年社会工作总投入超23.5亿元,比2013年增长40.7%。

具体到2014年,专业社会工作发展亮点纷呈。如共青团中央、民政部等有关部门联合推进青少年事务社会工作专业人才队伍建设;专业社会工作纳入国务院印发的《社会救助暂行办法》;民政部首次组织遴选全国专业社会工作领军人才,最终确定 42 位首批全国专业社会工作领军人才,其中来自民办社会工作服务机构的 27 人、事业单位的 9 人、社区的 4 人、其他社会组织的 2 人,涵盖老年社会工作、儿童青少年社会工作、妇女社会工作、流动人口社会工作、企业社会工作、社区社会工作、灾害社会工作、司法矫治社会工作、精神卫生社会工作,具有广泛的代表性;民政部出台《关于进一步加快推进民办社会工作服务机构发展的意见》;民政部首次从国家层面组织开展重大地震灾区社会工作支援服务活动;司法部、民政部等有关部门联合推进社区矫正社会工作;专业社会工作服务首次纳入政府购买服务指导目录范围;民政部首次发布《社会工作服务项目绩效评估指南》和《儿童社会工作服务指南》行业标准。2015 年社会工作的重点,则包括探索两项机制,即引导更多地区探索建立社区、社会组织、社会工作者"三社联动"和社会工作者、志愿者(又称义工)"两工互动"机制;出台《关于加强社会工作专业岗位开发与人才激励保障的意见》《关于加快推进社会救助领域社会工作发展的意见》,修订出台《社会工作者职业资格制度规定》;深化四项服务即深入开展城市流动人口、农村留守人员、老年群体、特殊困难人群等四方面专业社会工作服务。

二、外地"三社联动"促进社会治理创新的经验

(一)广东的经验

广东省围绕构建"党委领导、政府负责、社会协同、公众参与、法治保障"的社会治理格局要求,学习借鉴新加坡和我国香港、澳门地区的社区服务经验,以社区为平台,以社区居委会为枢纽,以社会组织为支撑,以专业社会工作服务为提升,通过政府购买服务、民间运营的方式,实现社区居委会、社会组织和社工人才有效联动、互相促进,走出了一条多主体共治、优势互补、专业服务的社区服务的新路子。2014 年,广东省广州市越秀区、荔湾区、经济技术开发区,东莞市,珠海市,中山市,江门市蓬江区被列为首批全国社会工作服务示范地区。广州市荔湾区金花街蟠虬社区、东莞市莞城街道东正社区、珠海市斗门区井岸镇新伟社区、江门市蓬江区环市街碧桂园社区、佛山市南海区大沥镇沥雄社区、佛山市南海区大沥镇嘉怡社区被列为首批全国

社会工作服务示范社区。此外,还有一批事业单位、社会组织等被列为首批全国社会工作服务示范单位。

1. 广东省的主要做法

一是加强统筹领导。

广东省委、省政府高度重视"三社"工作,着力做强社区居委会、做大社会组织、做精社工人才队伍,实现"三社"联动互补。广东以省委办、省府办名义出台《关于加强社会组织管理的实施意见》《关于加强社会人才队伍建设的实施意见》《关于加强城市社区居民委员会规范化建设的实施意见》和《广东省城乡社区服务体系建设"十二五"规划》等政策文件,各部门按照职责分工出台了一大批相关配套文件,为加强"三社"建设提供政策指导。广东省委将加强城乡社区建设和社区服务列入省委常委会工作要点进行督办,并将每万人拥有的城乡服务设施数、社会组织数、持证社工人数等纳入幸福广东评价指标体系,作为对各级党委政府考核的重要内容。

二是厘清政社权责关系。

完善基层社会治理结构,增强社区服务与自治功能。从2010年起,广东省全面铺开基层社会管理体制改革,着力厘清政府与社区权责关系,各归其位,各司其职。根据权责统一的原则,广东省对社区居委会"一揽子"承担的事务进行分流,按照社区居委会依法完成、社区居委会依法协助完成、职能部门和镇街依法完成、实行政府购买服务或委托管理四类进行归位,并由省社工委牵头制定社区行政事务准入制度,明确进入社区的行政性事务,须经区(市、县)社会工作委员会同意后实行"权随责走、费随事转",社区行政性事务大幅减少。广东省纪委牵头在全省集中开展社区组织牌子专项治理活动,社区门口只准悬挂社区党支部、社区居委会两块牌子,基层政府及其职能部门下设的机构一律清理出社区,社区牌子由过去的40多块减少至20块左右。同时,推动建立社区社会组织运行机制、社工介入机制、居民参与机制,为社会组织、社工人才参与社区建设提供了空间。

三是完善社区基础设施,为"三社联动"提供平台。

从2010年起,广东省启动"强居促和谐、强村促稳定"计划,每年从福利彩票公益金中划拨1870万元,带动各地加大投入,力争用五年时间把全省10%的城乡社区打造成为符合全国和谐社区建设标准的示范典型。根据广东省委省政府关于"到2015年底,有条件的城乡社区建有公共服务站、文体活动中心、健康计生服务中心、家庭服务中心、综治信访维稳工作站、小广场或公园"的要求,省民政厅联合省卫生厅、省住房建设厅等六部门下发了《关于加强广东省城乡社区基础设施"六个一"工程建设的通知》,提出了"六个一"建设标准和进度要求。省民政厅每年安排 1500 万元彩票公益金,专项资助欠发达地区家庭服务中心建设。

四是强化组织队伍建设。

大力加强社区居委会建设。在厘清职责、切实减轻社区居委会行政负担的同时,大力开展社区居委会规范化建设,社区居委会直选比例超过 1/3,并通过"选+聘"方式充实社区专职工作队伍,通过健全居委会下属专业委员会、居民小组长、楼栋长队伍延伸社区居委会触角。积极争取各级财政支持,切实解决好社区工作人员待遇问题,有些地方参照事业单位落实了工资和各类保险。

大力培育发展社会组织。下发《关于培育发展城乡基层群众生活类社会组织的指导意见》,对社区社会组织实行登记、备案双轨制,设立扶持资金,建立孵化基地,积极培育发展社区公益慈善类、社会事务类、社区服务类、文化体育类的社会组织。

大力开展社工专业人才队伍建设。加快建立社工人才培育和实训基地,与香港社工机构联手推动社工骨干人才培养和粤港两地社工资格互认,每年安排 1000 万元资助欠发达地区实施"社工人才队伍培养工程","十二五"期末实现每万人拥有 5 名持证社工的目标。到 2015 年 4 月,已建成城市社区公共服务站 4601 个、农村社区公共服务站 5234 个。各级民政部门重点抓好社工人才培养、民办社工机构培育、政府购买社工服务制度建设三个关键环节。广东省民办社会工作服务机构超过 780 家,占全国社工机构总数近三成。政府购买社工服务费用累计近 30 亿元,开发设置社工岗位 1.4 万个。2014 年,全省政府购买社会工作服务资金,包括政府财政及福彩公益金等达到 10.5 亿元,占全国购买社工服务资金总额近五成。各地以街道、社区为平台,按照"政府扶持、社会承接、专业支撑、项目运作"的思路,建设家庭综合服务中心,为社区家庭和老年人、青少年、外来务工人群等提供服务。已建有 1000 个左右的家庭(社区)服务中心,有效实现了社会组织、专业社工在城乡社区平台上的对接。

五是建立"三社联动"机制。

明确职责,分工联动,建立合作机制。厘清基层政府与社区权责工作,对社区服务工作进行合理细分,将依法协助政府开展的公共服务明确由社区居委会承担;将可以由社会承担的公共服务和组织群众参与社区活动、开展志愿互助服务的工作主要交由社会组织承担;将专业性强的精细化、个性化服务,如空巢老人精神慰藉、问题青少年教育、刑释解教人员帮教等,交由专业社工机构承担,相互衔接,相互配合。

通过社区居委会发挥枢纽作用联动,建立带动机制。充分发掘社区居委会优势,通过政策引领、信息导向、项目合作、孵化培育、资金支持、人才培养等,发挥社区居委会的枢纽功能,带动社会组织和社区社工为居民提供适销对路的服务项目。

通过政府购买服务联动,建立市场机制。广东省政府办公厅印发《政府向社会组织购买服务暂行办法》,省民政厅公布具有承接政府职能转移和购买服务资质的社会组织目录,省财政厅确定政府购买服务事项目录,将社区事务、养老助残、社工服务、公益服务、社区矫正、慈善救济、法律援助等近300项政府下放和转移的职能纳入购买服务范围。各市也出台相应的政策,积极引导社会组织和社工专业人才参与社区服务。

通过服务平台,建立互动机制。以家庭服务中心为主要平台,通过政府购买或项目委托方式由民办社工机构承接运营,建立以社会工作者为主体的跨专业合作团队,为区域内居民提供专业服务,并制定了中心设置运营标准,规范购买服务资金使用和拨付办法,实现全程跟踪评估。同时,广东省各地普遍以社区服务中心、星光老年之家为基本阵地,通过社区社会组织广泛动员社区居民参与,初步形成了政府出资购买、社区居委会引领带动、"三社"联动互补的社区服务供给新格局。

2.深圳市南山区:"1+3+N"的"陀螺效应"

物理学有"陀螺效应",即旋转的物体有保持其旋转方向(旋转轴的方向)的惯性。深圳市南山区夯实基层党组织建设,建立健全党组织与多主体的决策、联动、监督、评价机制,使社会治理各种元素有机归类、组合,让"一核多元"像"陀螺"一样有效运转,实现多主体共建、共享、共治,得出最大之"和",推进了城区基层治理体系和治理能力的提升。

社区治理普遍面临一些问题,如居委会被边缘化,社区工作站行政化倾向严重,政府提供的公共服务产品百姓不满意,社会组织缺少活力。深圳市于2005年建立600余个社区工作站,2006年实行"居站分设"。2014年,南山区出台实施《关于深化"一核多元"社区治理模式的实施方案》。"一核多元"社区治理结构模式,可表达为"1+3+N"。"1"是"核",以社区综合党委(联合党委、总支)为核心,通过理事会等运作机制,整合社区各种资源,统筹社区治理。"3"是"铁三角":居委会回归自我管理、自我服务、自我教育、自我监督;社区工作站是政府在社区的主要工作平台,协助政府及街道办在社区负责综合管理、计生、社保等具体业务;社区服务中心是提供社区服务的综合平台,主要负责政府资助或购买的社区助老、助残等基础公共服务。三者构成"自治、管理、服务"相互支持的关系。"N"是社区各种社会组织、驻辖区企事业单位和其他资源。社区各种社会组织和驻辖区企事业单位,如工青妇、科协、残联以及志愿者组织、农城化股份公司、物业管理公司、辖区企业等,都是社区治理不可或缺的重要力量。

"1+3+N"模式的核心理念,就是以社区党组织为核心、社区多主体为依托,多主体互动、共建共享,实现在社区里政府治理和社会自我调节、居民自治的良性互动。"一核多元"社区治理模式,着力构建"定位清晰、各司其职、功能互补、和谐共生、共治共享"的"一核多元"现代社区治理结构。

以前,社区工作站人员没有公务员、事业单位员工等这样的身份,积极性不高;社区"一格三员"管理因职责不明,往往是临聘的协管员充当"主角"。南山区出台《社区工作者管理体系改革方案》,明确社区工作站人员的身份为"社区工作者",按在职专职成员、退休专职成员、社区综合协管员和其他临聘人员等四个群体实行分类管理。"格长"是南山深化"一核多元"社区治理推出的一个新名词。南山深化"一格三员"网格化管理,实行"一格一长"制,将每个社区分为若干个"格",社区工作人员大部分下沉到网格任"格长",落实责任。鼓励"格长"在小区业委会、物业管理公司、工业园区、商业楼宇等驻点办公。"格长"除承担信息采集、隐患排查等职能外,还要与居民交友,协调邻里,统筹网格内的社会主题活动。2014 年南山区划分为 1372个网格,大部分社区工作人员下沉到网格,由"格长"统筹协调网格内的各方资源,强化网格管理责任,实现工作重心下移和精细化管理。社区工作人员分类改革,让南山 800 多人的社区工作队伍有了"身份证"和激情,"格长"制把治理触角延伸到社会木梢,达到社区处处有人管、事事有人负责的目标。

2014 年,南山区 8 个街道的社区服务中心均由专业社工机构进驻服务,有的街道的部分社区撤销工作站,实现居委会工作的实心化。南山区还降低登记备案门槛,赋予各街道培育和促进社会组织发展的自主权,依托社会组织服务中心培育、管理和服务社区社会组织。2014 年 3 月,南山成立社会组织总会,希望借此孵化出更多具有创新能力的社会组织。

对于"一核多元"社区治理模式的评价话语权,南山区赋予了社区居民。条件成熟的社区,可组成人数不少于 20 人的市民评议监督团,采取日常监督和年终评议的方式,由市民评议监督团就社区"党务、居务、政务、服务"情况进行监督、评议,评议过程、结果"双公开"。另外,南山区还选择有条件的街道和区职能部门,由市民评议监督团对其工作绩效进行评议、打分,按照30％的权重纳入年度绩效评估结果。

(二)江苏的经验

2013年,江苏省政府在太仓市召开了"推行政社互动,推动社会治理创新"工作会,进一步加快政府职能转变,有效激发社会主体创新活力,促进政府依法行政与社会协同治理有效衔接、良性互动。

1.江苏省的主要做法

一是夯实社区平台。2011年,江苏省委、省政府出台了《关于加强新形势下城乡社区建设的意见》,进一步加强县(市、区)、乡镇(街道)和社区(村)三级综合服务中心建设。南京、无锡、常州、苏州等市针对老城区场地资源紧张等实际问题,通过"腾、调、改、建、租"等多种措施,加强社区办公活动用房的扩容升级建设,为社会组织发展提供了基础阵地和搭建平台。2014年11月,江苏省委办公厅、省政府办公厅出台了《关于减轻城乡社区负担提升为民服务效能的意见》,对城乡社区负担过重等问题进行了专项治理,进一步为社区"松绑",有效提升社区为民服务效能。同时,大力推进城乡和谐社区示范创建,夯实社区平台基础。

二是政策引领助推"三社联动"发展。南京市雨花台区率先出台了《关于进一步加强社会组织建设的实施意见》,提出了打造中国"社会组织创新特区"的目标任务,并制定了10个配套文件。苏州市姑苏区出台了《关于大力发展社会组织的实施意见》《姑苏区社会组织发展扶持政策》等文件,建立资金补助、购买服务、公益创投和公益项目推介四大扶持政策体系,促进社会组织蓬勃发展。

三是提升社区自治能力。太仓市完善民主自治制度,充分开展多领域、多层次、多渠道的基层民主协商,完善民情恳谈、社区听证、社区论坛、社区评议、"政社互动面对面"等基层自治机制,大力培育基层自治类社会组织,促进了基层协商民主广泛多层和规范化发展,提升了社区治理水平。

四是勇于创新。江苏省鼓励社区工作者参加社会工作师资格考试,引导城乡社区与高等院校、专业社会组织建立专业社会工作教育基地等,有力地促进了三者之间资源共享,优势互补,融合发展。南京市雨花台区形成"开放设计、立体扶持、落地生根、全面承接、扶持发展"的"五位一体"工作模式;玄武区以社区、社会组织和社会工作人才之间的资源共享、优势互补、高效联动,推动"社会人向社区人转变、社区人向社团人转变",搭建社会治理创新基础平台。无锡市崇安区把社区自身资源自我管理、互助服务,把守望相助、团结互助精神融入社区服务中,通过居务公开制度、培育主人翁意识、乡愁文化凝聚等方式,有效促进了三者之间的融合。常州市天宁区围绕"构建三社联动机制、增强社区服务力"探索统筹城乡一体化、推进社区各类服务的方案,形成建立社区服务体系标准的思路;钟楼区建立"社工带义工,义工助社工"机制,探索出一套社区义工服务模式。太仓市以"3220工程"为抓手,即到2015年完成培养1000名社工人才、购买1000万元社会工作服务、开发1000个社工岗位、新建100个社工机构、开展100个公益创投项目、打造10个社工培训基地和建立十大枢纽型社会组织的目标,推动社区服务管理机制创新,形成了"三社"资源共享、优势互补、相互促进。

无锡市滨湖区则通过推行"政社互动",以社区建设、社会组织培育和社会工作者队伍建设为"三大着力点",逐步建立起以"四治联动"为核心的社区治理体制模式。一是推行责任法治。积极推行以"明责减负"为重点的法治实践,明确责任,减少工作台账,全区社区总体减负达超80%,其中,工作事项减负34%,台账减负80%,创建减负70%,工作机构减负90%。此外,建立新增工作事项准入机制,确保新增事项有法可依、程序合理、基层认可、费随事转。二是推行居民自治。在全区各社区大力推广建立居民议事会、楼道理事会等社区自治组织,通过居民议事,解决了村巷消防隐患、居家养老承包运营、自然村改造、社区活动中心管理等问题。民事民议极大地激发了居民参与社区事务的积极性。三是推行多主体共治,居民、社会组织、辖区单位共同纳入社区治理过程。坚持"引育并重、以育为主",加快引进专业社会组织,启动社区社会组织发展计划,试点在15个社区各自新增培育不少于10家社区社会组织。推动社区社会组织自助、互助、助他,使社会组织成为居民参与公共服务、融入社区生活的良好平台。中南社区推行"街道购买服务+专业社会组织承接+社区监督评估"多元共治模式,建立九色公益等专业社会组织运营活动中心。四是促进评价体系更加科学,治理能力更加有效。加强社工队伍建设,深化开展"品牌社工建设工程",对在社区工作一线的持证社工加大培训力度,"一人一档"建立档案,实行个性化考核,有效提升其实务能力。此外,优化升级对社区的考核方式,2015年年底委托第三方机构,对79个社区开展"社区服务居民满意度调查",实时掌握社区服务质量,并将调查结果作为社区考核的重要依据。

2.苏州市姑苏区的经验

苏州市姑苏区从 2013 年开始探索建立以社区党组织为主导,社区居委会具体运作为平台,社会组织承接为手段,项目服务为载体,社工人才介入为支撑,公众参与决策和管理监督,多方评估机制为依托的"三社联动"机制,不断创新社区治理机制。

姑苏区首先是通过厘清社区、社会组织、社工"三社"各自职责分工,深化"三社"之间横向合作机制。姑苏区将社区居民的社会服务需求按照功能划分为公共服务、特殊服务、个性化服务、优质服务、居民发展性服务等多个层次,"三社"先分后动:社区承担原有社区居委会与工作站的公共服务功能,社会组织承担社区内困难群体与特殊群体的特殊服务,社工在社区与社会组织中承担专业化服务的职能。此外,社区的个性化服务与优质服务通过"汇邻中心"或"十分钟便利圈"里的商业组织来实现,居民发展性服务通过社区的自治组织服务来解决。

姑苏区将深化"三社联动"与推进"政社互动"相结合,厘清政府与社区的职责边界,让社区回归自治本位,腾出更多的空间给社会组织。姑苏区出台了社区"依法履职事项"和"依法协助政府事项",使社区工作内容由梳理前的 486 小项减少到 189 小项,减轻了社区工作压力,同时,对社区的挂牌进行"减负",只对外统一悬挂社区党组织、社区居委会、社区工作站等标识牌。

姑苏区不断加强"三社联动"载体平台建设。充分整合社区资源,在社区用房建设中将一站式服务、社会组织公益坊、老年人日间照料中心等服务平台融为一体,建成察院场、鼎尚等十多个"三社联动"综合体,为社会组织、专业社工参与社区管理和服务提供了平台。建立社区综合信息管理平台,实现社区业务"一站受理、一网协同",提高社区服务管理效能和水平。姑苏区每年投入 3000 万元用于"三社联动"载体平台建设、社会组织培育、社会工作者培训等。2014 年,全区发放孵化基地建设运营补贴、社会组织等级评估奖励、社会组织专业人才薪酬补贴共计 98.5 万元。

姑苏区加大专业社工队伍建设。积极引进乐助社工事务所、和合社工师事务所等专业社工机构 22 家;连续 3 年开展"3U"计划、社区社会组织领袖计划、姑苏"群英工程"等人才培养项目,并在江苏省内率先出台了《姑苏区社会组织人才计划实施细则》,评选出 1 名领军人才(3 年内奖励 8 万元)、7 名重点人才(两年内每人奖励 2 万元)。专业社工走进社区,加深了与社区工作者的工作交流,成为提供专业化服务的重要力量。

公益创投是姑苏区拉动"三社联动"快速发展的另一举措。截至 2015 年,全区社会组织在省、市、区三级公益创投中共中标 252 个公益项目,获得扶持资金 2091 余万元。在三级公益创投活动的指引下,民间公益热情得到充分激发,形成了"一个创投项目扶持一个社会组织,一个社团领袖带动一个社会组织,一个社会组织协同一个社区,多个社会组织带动整个社会"的良好局面。2014 年,姑苏区启动了第三届微公益创投和首届社区社会组织品牌项目创投活动,扶持全区近 60 个草根社会组织发展。

为确保社区、社会组织、社工的有效衔接互动,姑苏区遴选全区条件成熟的 30 个社区进行"三社联动"实务试点,以社区项目化运作为载体,通过社区公共事务"民议民决民办"。在项目化流程的基础上,探索建立"五大工作机制":一是社区社会组织服务项目的决策机制,建立居民服务需求收集渠道并将居民服务需求转化为社会组织服务项目;二是社会组织服务效果的评估机制,引进评估组织并明确评估规则;三是社会组织参与社区自治的机制,吸纳社会组织负责人进入基层群众自治组织;四是社区工作经费项目化扶持社区社会组织发展的机制,制定社区工作、活动经费项目化管理规定;五是社会组织的服务项目与社区自治组织的协同机制,明确各类公益创投、政府购买、公益采购的服务项目与社区自治组织的协调关系以及社区自治组织对各类项目实施情况的监督及信息反馈规则。

(三)其他地方的经验

1.贵阳市:以"乘法"强化社会协同

贵阳市用社会力量的"大合唱"代替党委、政府的"独角戏",通过三道"乘法",最大限度激发社会活力。

一是构建"1×N"社会组织体系。针对社会组织力量分散、数量偏低的情况,2014 年,贵阳市根据中央关于改单社会组织管理制度促进社会组织健康有序发展的有关要求,着力构建"枢纽型"社会组织体系,以工会、共青团、妇联、科协、残联、文联、红十字会等人民团体为骨干,建立市、区(市、县)、乡(镇、社区)三级"枢纽型"社会组织工作网络,发挥"枢纽型"社会组织桥梁纽带、业务龙头、服务管理平台作用,统筹和指导同类别、同性质、同领域社会组织参与社会治理,形成了 1 家牵头、联系多家的"1×N"社会组织体系。到 2014 年 7 月,已认定 11 家"枢纽型"社会组织。同时,通过建设社会组织孵化基发,推动社会组织成倍数增长,全市登记备案社会组织从 1545 家增加到3101家。市级投入2000万元培育发展资金,重点支持社会组织参与社会救助服务、社会福利服务、乡(镇、社区)服务、专业社工服务等四大类项目,以每个机构投入5万元的标准投入社工服务机构开办经费。通过财政资金的引领作用,建立社区、社组织、社工"三社联动"的工作格局,汇聚更多的社会力量和社会资金参与进来,推动多元化的社会服务呈倍数增长趋势。

二是构建"1×N"志愿服务体系。贵阳市在总结近年来"绿丝带"志愿服务工作经验的基础上,积极组建市志愿者联合会以及区(市、县)、乡(镇、社区)、村(居)志愿者组织,搭建"四级"志愿服务工作网络,形成"文明委统一领导、文明办牵头协调、联合会自主运行、部门齐抓共管、社会共同参与"的"1×N"志愿服务体系。同时,通过品牌打造、组织发动、阵地建设、制度规范和服务大局等志愿服务创新举措,充分发挥志愿服务在文明城市、文明社区、文明小区、文明村寨创建中的骨干作用。南明区组建"青公益"服务园,已成功孵化、培育"水精灵志愿团队""花季护航支教团"等7个青年志愿组织。观山湖区世纪城社区建立了"爱心储蓄银行",志愿者将自己提供的志愿服务存入"爱心储蓄银行",当自己需要帮助时,可以消耗"爱心储值卡"(志愿服务卡)储蓄积分来"支取"别人的帮助,获取公益反哺。

三是构建"1×N"社会党建体系。贵阳市出台了《贵阳市经济组织履行社会责任暂行规定》,探索建立市委非公企业和社会组织工作委员会牵头、相关部门配合的工作机制,以社会领域党组织和党的工作全覆盖引领和推动社会服务管理全覆盖,形成了"1×N"社会党建体系。建立市委常委非公党建工作联系点制度,建全13个市、县两级非公和社会组织党建工作机构,选派5228名党建工作指导员,下拨150万元市级党建工作经费和1100余万元市、县两级财政资金,打造36个非公和社会组织党建工作示范点,开展"有话向党说""我是共产党员·我为企业献良策"等活动,统筹抓好园区、商圈、商会、街区、商务楼宇等非公和社会组织聚集区域的党建工作,实现"建组织、强队伍,建机制、强保障,建平台、强责任"的工作目标,促进了非公和社会组织党建工作迈上新台阶。

2.合肥市蜀山区:"两委两站"社区治理模式

蜀山区是合肥市四个中心城区之一。2013年,蜀山区社区治理模式入选全国第二届"加强和创新社会管理十佳典型案例"。蜀山区通过组织创新、平台搭建、人才培养及项目设计等系统施治,优化设置社区党委、社区居委会、社区工作站和社区社会工作服务站,形成"两委两站"社区治理模式,初步建立起既各司其职又协调配合的社区管理服务新格局,构建全民共建共享的社会治理格局。

一是理顺社区组织关系,形成"两委两站"社区治理格局。蜀山区在"两委一站"的基础上,增设"一站"即社区社会工作服务站,形成"两委两站"的社区治理格局,即社区党委、社区居委会、社区工作站和社区社会工作服务站。社区党委保证党的路线、方针、政策在社区的贯彻落实,统揽全局;社区居委会组织社区居民讨论、研究和审议社区事务,履行自治职能;社区工作站承接向社区延伸的行政事务,履行新的职能;社区社会工作服务站在社区党组织领导和社区居委会支持下开展工作,以购买服务的方式聘请专业社工负责其日常服务项目运行,并为各类社区社会组织开展活动提供服务。明确社区工作站站长由社区党委副书记兼任,社区居委会主任如是中共党员则同时任命为社区党委副书记,社区社会工作服务站站长由社区居委会主任兼任,从而形成以社区党委领导为核心、社区居委会民主自治、社区工作站依法行政、社区社会工作服务站开展服务的管理服务格局。

二是培养专业社工人才,推进专业的人干专业的事。一方面采取政府购买服务的方式,购买职业社工岗位,充实到社区社会工作服务站,指导开展社区服务;另一方面,依托辖区的西园街道,积极建立区级社工人才培训基地,立足自身培养社工人才。结合国家、安徽省有关社工专业人才队伍建设规划的要求,对社会工作专业人才培养及补贴做了明确规定。同时,有计划地推动符合条件的街居工作人员参加全国社会工作者职业水平考试,对获得职称的工作人员每月发放定额岗位补贴。

三是培育社区社会组织,建立"三社联动"服务运行机制。社区社会工作服务站作为一个服务平台,日常运行由社工、社区、社团共同完成,具体构成为"1+2+X"结构,即由1名职业社工岗位、2名社区居委会成员、若干社区社会组织有机参与,形成社工引领、社区居委会支撑、社会组织补充的"三社联动"的基层公共服务运行机制。社工由政府通过购买服务确定岗位,牵头用专业方法设计服务项目;社区居委会发挥组织协调优势,为服务项目落地创造环境;社团即社区社会组织,负责组织各类义工、志愿者,参与具体服务项目的实施。"三社联动"服务机制使社区、社会组织和专业社工之间能够资源共享、优势互补、相互促进。蜀山区于2013年成立了社会工作协会,引入专业机构和专业社工人才从专业指导、引导扶持、行业管理三个方面对社区社会组织进行规范管理,提供专业服务,积极培育孵化各类从事居民服务的社区社会组织。

四是培植社区服务品牌,实现社会服务项目化管理。按照"用需求定服务,用购买选服务,用项目管服务,用服务促自治"的原则,由专业社工设计服务项目,编制项目书,提出项目建议,社区居委会牵头项目实施,社会组织积极参与项目开展,引入第三方机构进行过程评估,采取社会服务项目化管理,开展符合居民需求的特色服务项目,同时根据评估结果,核拨项目经费,增减项目数量。2014年,区财政安排250万元,面向社会购买服务,全区共实施了39个服务项目,各类服务对象达2000余人。如"阳光四季"计生特扶家庭关怀服务项目的目的在于缓解计生特扶家庭心理伤痛,弥补家庭功能缺失,扩大特扶家庭社会支持网络,丰富日常生活,帮助他们走出生活阴霾。社区矫正和心理辅助服务项目则为全区社区矫正人员提供心理辅助。

3. 嘉兴模式

浙江省嘉兴市"加强'三社联动',助推基层社会治理创新"的经验,荣获"2014中国城市进步奖"和"中国社会治理创新范例50佳"称号。

2008年,嘉兴在全国地级市中率先成立了市委社会工作委员会;2009年,嘉兴成为全国唯一开展社会工作人才队伍建设综合试点的地级市,同年成立浙江省首家民办社工机构;2012年,嘉兴市社会组织培育发展中心揭牌;2014年,嘉兴入选"全国首批社会工作服务示范地区"。嘉兴的主要做法如下。

一是开展社区去机关化活动。2015年嘉兴市委办发出"1号文件",为基层群众自治性组织开出了权力清单,规定了基层群众自治性组织依法履行事项37项,并明确列出了40项协助政府工作事项。此外,这份权力清单还将市级层面涉及村(社区)的考核评比项目数量从36项减少到了6项,并确定了以实绩考核为主的考评办法。随着"去机关化"逐步走向深入,村(社区)获得了更好的治理环境和更大的发挥空间。

社区回归基层自治组织的本位职能。截至2015年年初,嘉兴市1156个城乡社区全部建立了"一站式"服务大厅,"城市10分钟社区生活服务圈"和"农村20分钟社区生活服务圈"初具规模。2014年,平湖市当湖街道北河溇社区组织起3个民间团队:德治评议团负责汇集民意,提出服务意见建议;法治服务团针对居民在法律方面的需要提供公益咨询服务;自治议政团则代表居民发声,全程参与社区大小事务的决策过程。

二是培育社会服务新主体。自2012年10月成立以来,嘉兴市社会组织培育发展中心采取"政府资金支持、专业团队管理、社会民众受益"的运营模式,秉承"助力社会创新,培育公益组织"的宗旨,为社会组织提供能力建设、信息交流、成果展示等系列化的服务。2014 年成功培育 8 家社会组织,2015 年市本级又有 10 家社会组织顺利"破壳而出"。在社区层面,众多土生土长的"身边组织"也开始成长。据统计,目前在嘉兴全市为居民提供最直接、最基本的公共服务的社区社会组织总数已超过 5000 家。

三是集结社会工作生力军。截至 2015 年年初,全市持证社工总数已达 3166 人,其中"全国证"919 人、"嘉兴证"2247 人。全市城乡社区专业社工室有 369 家,其中城乡社区持证社工 2694 人。嘉兴在浙江省地级市中率先出台"三社"建设文件,将社会工作人才纳入创业创新型人才范畴,率先制定了全市社会工作人才发展规划,建立涉及社工职称设置及薪酬、教育培训、财政支持等多个方面的制度体系。同时,采取"项目合作、督导引领、人才培养"等方式,与复旦大学、华东理工大学、浦东社工协会等省内外高校和专业机构建立了长期合作机制,共建社会工作"一中心多基地"和"社会工作专家库",借智借力,提升全市社会工作人才队伍水平。

嘉兴市阳光家庭社工事务所是浙江省第一家民办社工机构。成立 5 年间,阳光家庭社工事务所通过个案工作、小组工作、社区工作等方法,为妇女、儿童、老年人、青少年、困难家庭等不同群体提供了专业的社工服务,协助服务目标人群处理生活中遇到的困难及危机;事务所 127 名社工与志愿者共为有需要的个人或家庭提供法律帮助、心理辅导、情绪疏导、亲子教育等各种服务 13700 多人次,直接受益者 4800 多人次。2014 年,阳光家庭社工事务所代表嘉兴社工登上了全国慈展会的舞台。该事务所申报的"守望相助,绽放人生——单亲妈妈家庭专业社工服务项目"获得社会工作服务示范项目(C 类)立项,获 50 万元中央财政购买服务资金支持。这是浙江省唯一一个获得立项的专业社工机构项目。

四是搭起"三社"互联平台。2014 年年底,嘉兴市南湖区新兴街道文昌社区成立了首个社区层面的社会组织联合会,由社工机构、义工组织、辖区单位里的草根社团组织等组成;到 2015 年,成员单位包括该社区金晚霞社工工作室、残疾人康复站等 9 个社会组织。从 2014 年到 2015 年 6 月,嘉兴市级和各县(市、区)通过开展社区社会组织公益创投大赛,吸引了 300 多家社会组织、社区机构和社区备案社会组织对 210 多个项目展开角逐,共投入创投经费 544 万元。通过项目导向,以社区为舞台,以社工为主力,以社会组织为载体,嘉兴"三社"之间相互依存、互动频繁,形成了一个基层公益生态圈。

2015 年 4 月,嘉兴市代管的平湖市社会组织创益园办了一期分享沙龙,由创益园带领入驻机构进入乡镇社区,面向服务对象宣传 10 个公益课题,让萌芽型的社工机构、社区组织直接与社区需求相对接。"政府资金支持、专业团队管理、多方协同参与、社会民众受益"已经成为嘉兴市社会组织培育的基本路径。

从 2012 年年底社会组织培育发展中心启动至今,嘉兴市已实现县(市、区)社会组织培育机构全覆盖,吸纳公益创业者、优秀机构项目和公益品牌活动孵化。遍布嘉兴各地的公益孵化器正在实现从单纯的"孵化型"向"能力建设、项目供需对接、项目策划实施、项目绩效评估"的"枢纽型"转变。以此为依托,萌芽型社会组织以及专业社工机构与社区有了近距离接触的机会,社会组织与社区所需要的公益服务以及专业社工力量之间实现了无缝对接,促进政府、企业、社会组织、社区等资源融合共赢,有效激发了"三社"的聚合效应。

三、宁波"三社联动"促进社会治理创新的成就与问题分析

(一)宁波的成就

2014 年,浙江率先在全国出台了《关于加快推进"三社联动"完善基层社会治理的意见》,着力构建以社区为平台、社会组织为载体、专业社工为骨干的"三社联动"机制,通过引导孵化社会组织,培训发展专业社工队伍。到 2015 年 11 月,宁波市已有各类社会工作人才 3 万人左右,其中持有社会工作者职业水平证书或达到同等能力素质的社会工作专业人才 3263 人,包括 1094 名社会工作师和 2169 名助理社会工作师,每万人拥有专业社会工作人才接近 5 人,远高于全国平均水平,在浙江省排名第二,广泛分布在社会福利、社会救助、减灾救灾、慈善事业、残障康复、优抚安置、社区建设、婚姻家庭,以及公共卫生、学校教育、就业服务、司法矫正、禁毒戒毒、青少年事务等领域。

从 2013 年起,宁波市通过公益大赛每年都有近百个公益项目脱颖而出,并得到爱心企业、基金会和宁波市公益服务促进中心的资助,从项目策划、创投到运行、评估,社会工作者都发挥了专业支撑和引领作用。2015 年,宁波市民政局启动"宁波市社会工作督导服务示范项目",并获得了中央财

政支持,由宁波市公益服务促进中心具体组织实施。成立于 2014 年 3 月的海曙区之江社会工作发展服务中心是一家具有高校背景的专业机构,一成立就承接了浙江省民政厅"计划生育特殊家庭老年社会工作示范项目"。

(二)存在的问题分析

一是社区居委会的角色定位仍不够明确。主要体现在社区居委会依然带有较为强烈的行政色彩,服务意识较弱,社区居委会在实际工作中承担过多的职责和压力,社区缺乏长期的发展规划和工作思路,社区的民主管理、自治服务机制缺乏规范。

二是社会组织发育仍显不足。截至 2015 年年底,宁波全市共有注册登记的社会组织 6216 家和备案管理的社会组织 14134 家,平均每万人拥有法人社会组织 7.6 个。尽管宁波市的社会组织规模较大,每万人拥有量也远超全国、全省水平,但同深圳、上海等发达城市相比,仍有较大差距。截至 2015 年年底,深圳全市各类社会组织总数达到 10100 家,连续 3 年平均增长 20％以上;每万人拥有法人社会组织 10 个。上海市目前各类社会组织总数 3.8 万余个,每万人拥有社会组织数量近 16 个。在组织类别方面,总体发展还不平衡,公益性组织在社会组织中的比例还不高,力量大多比较弱小,分布较为分散。鼓励社会组织参与社区服务的相应制度不够健全,政策不能得到有效执行。对一些社会组织的扶持政策落实不到位,如社区养老、矫正、戒毒、扶贫、心理咨询等方面。不少社会组织造血、承接功能不足,管理人才与高质量的从业人员缺乏。

三是社工面临社会认同度低、社会地位低、工资待遇低以及高校培养社工模式偏差等问题。这使得社会工作者造血功能不足,高级社工人才和机构管理人才缺乏,经验丰富的社工留不住,社工流动性大。政府购买社工服务时,二者名义上为合作伙伴关系,但往往异化为"伙计关系""雇佣关系"等。

四、对宁波"三社联动"促进社会治理创新的思考

(一)提高认识,把握关键

2015 年,民政部在重庆召开全国社区社会工作暨"三社联动"推进会。会议指出,加快发展专业社会工作,深入推进"三社联动",是创新社会治理、

完善社会服务、延伸民政臂力、做好群众工作的有力抓手。国家推进"三社联动"的任务目标是,力争到 2020 年,全国绝大部分城市社区和多数农村社区都能形成及时回应居民需求的社区服务体系,每个城市社区至少有 10 个以上、农村社区至少有 5 个以上社区社会组织,有专、兼职专业社工或接纳民办社工机构从事社会服务活动,社区社会组织更加活跃,专业社工作用更加明显,城市社区更加富有活力。各地要加快健全政府购买社会服务制度,通过政府购买方式建立社会组织承接项目、社工团队执行项目、面向社区实施项目的机制,积极探索以购买服务为保障、项目化运作为纽带的"三社联动"新途径。同时,要运用移动互联、云计算、大数据等现代技术,推动建设智慧社区,建立"三社联动"信息媒介,为协同"三社联动"频率、降低"三社联动"成本、提升"三社联动"效能提供技术支撑。这次会议指明了今后一段时间"三社联动"工作的总体方向。

宁波市要在加强顶层设计上下功夫,加快建立政府主导、多主体协同的工作体制。政府发挥主导作用,就是政府要制度化地安排社区、社会组织、社会工作的互动机制,社会工作、社会组织的协同参与机制,以及明确社区、社会组织、社会工作的功能定位,并建立资源信息平台,形成供需对接机制,实现社区、社会组织、社会工作一体化联动发展。

(二)积极推进社区、社会组织和社会工作发展

1. 积极推进社区发展

党的十八大报告提出,健全基层党组织领导的充满活力的基层群众自治机制;提升社区居民自治机制建设水平,强化社区自治功能;公共资源下沉,巩固社区在社会治理中的基础地位;完善基层协商民主自治制度。2015年,中办、国办印发了《关于加强城乡社区协商的意见》,进一步明确了城乡社区协商的重要地位和作用,为稳步推进城乡社区协商指明了方向。

成都市青羊区在提升社区居民自治机制建设方面进行了有益的探索。他们从居民自治组织架构、自治制度体系、经费保障和考核评价机制等方面入手,进一步提升社区居民自治机制建设水平。首先是进一步完善居民自治组织架构,由居民会议(或居民代表会议)、居民议事会、民主监事会、居民委员会构成。在社区党组织领导下,建立社区议事决策与执行相分离的工作机制,落实社区自治组织民主选举、民主决策、民主管理、民主监督职能。社区居民会议(或居民代表会议)是社区依法民主自治的最高权力机构;居民议事会是居民会议(或居民代表会议)授权的社区自治事务的常设议事决策监督机构。而居民委员会是居民会议闭会期间的常设执行机构,执行居民会议的决议及居民议事会在授权范围内的决议,由居民会议、居民议事会负责对居民委员的工作状况进行监督。重点探索"小单元治理"式居民自治实践,提高社区居民自我管理、自我教育、自我服务、自我监督水平。减轻社区工作负担。进一步厘清政府与社区组织的职责边界,切实解决社区工作负担过重问题。社区居民委员会履行组织居民开展自治活动、协助政府开展工作、组织开展监督活动职责。

注重加强基于统筹化、信息化的社区公共服务综合平台的建设。2013年,民政部等六部委联合制发的《关于推进社区公共服务综合信息平台建设的指导意见》指出,社区公共服务综合信息平台是依托信息化手段和标准化建设,整合公共服务信息资源,采取窗口服务、电话服务和网络服务等形式,面向社区居民提供基本公共服务的平台。该平台有利于扩大政务信息共享,降低行政管理成本;有利于减轻社区组织的工作负担,改善社区组织的工作条件,优化社区自治环境,提升社区服务和管理能力;有利于保障基本公共服务均等供给,改进基本公共服务提供方式,拓展社区服务内容和领域,为建立多元化、多层次的社区服务体系打下良好基础。

各地在这一方面多有积极探索。如常州市在江苏省率先建成城乡社区综合管理和服务信息化平台,被评为江苏省重大信息化示范工程。平台以电子政务、云计算中心为支撑,平台功能服务半径横向到边——涵盖各业务条线,纵向到底——覆盖市、辖市区、镇(街道)、社区(村)和居民。2014年,平台网络覆盖率、应用率均达到100%。通过平台,社区党建、民政救助、人民调解、综治维稳等信息实现社区一次采集、多部门集成使用,申请、受理、办理、回复处理实现"一站式"。

2015年,全国社区社会工作暨"三社联动"推进会召开。会议指出,要运用移动互联、云计算、大数据等现代技术,推动建设智慧社区,建立"三社联动"信息媒介,为协同"三社联动"频率、降低"三社联动"成本、提升"三社联动"效能提供技术支撑。

2. 积极推进社会组织发展

优化社区社会组织发展环境。加快推动登记管理制度改革,降低准入门槛,简化登记手续。凡是社会组织能够有效提供的公共服务,原则上不再设立新的事业单位,不再增加新的事业编制,"倒逼"政府各部门转变职能,向社会购买服务。培育公益性社会组织。大力培育公益慈善类、城乡社区服务类社会组织。建立社区社会组织联合会体系,加强社区社会组织之间沟通协调。2014年,厦门市出台了《关于加强社区社会组织建设的意见》,降低社区社会组织门槛,放宽准入条件,简化审批程序,推行"双轨制"(登记、备案并行)和"五个放宽"(资金、会员数量、办公场所、业务主管单位、筹备程序)。厦门市同时出台了《关于社区社会组织登记和备案管理工作的实施意见》。截至2014年11月,厦门市全市登记或备案的社区社会组织有866个,其中登记的有125家,备案的有741家,以厦门市常住人口373万人测算,厦门市每万人拥有社区社会组织2.32个以上,平均每个社区拥有社区社会组织1.79个,社区社会组织的类型也进一步丰富。

成立社会组织发展基金会,支持引导社会组织参与公益事业。2013年,温州市龙湾区成立区社会组织基金会,支持引导社会组织参与社区建设、安老扶弱、助残养孤、扶危济困、弘扬社会正气等公益事业。成都市锦江区社会组织发展基金会由锦江区委、区政府主导,是全国第一家在区县一级建立的专门为社会组织发展提供支持的地方性公募基金会,资金主要来源于政府拨款、工商企业、社会企业以及个人捐赠。自成立以来,基金会充分发挥在整合社会资源过程中的轴心作用,积极开展各项工作,先后自主研发了四个品牌项目,即"金拇指"大学生公益项目创新大赛、"锦江区大学生社工成长营"、"We创益"团队孵化项目、"TSP"公益项目,形成了以公益机构培育和发展、公益资源整合为核心的发展路径,系统、全面地开展社工人才储备、公益NGO孵化、公益NGO培育和扶持、公益项目推进等工作。2012—2015年,基金会相继承担锦江区"88号青年空间""锦江区长者呼援中心""锦江区儿童之家""锦江青年创业城服务管理"等项目建设。

3.积极推进社会工作发展

推行培养计划,提升社区工作者专业化程度。苏州市工业园区2013年启动"基层社区干部三年培训计划",三年内完成社区工作者轮训。杭州市江干区推行"全科社工"和"全能社工"的培养计划。通过建立职业水平考试鼓励制度、登记管理制度、继续教育制度、薪酬保障及表彰奖励等制度,推动社区工作者向专业社会工作者转型。鼓励兴办各类民办社会工作机构。鼓励社会工作领域的专家学者,以及从事一线服务的社会工作者,兴办民办社会工作机构。加快推进专业人才培训和岗位开发。研究建立各类单位社会工作岗位的设置范围、数量结构、配备比例、职责任务和任职条件等,建立健全各类社会工作岗位开发与设置的政策措施和标准体系。打破行业、地域、身份、所有制界限,放宽视野,拓宽渠道,畅通社会工作人才流动机制。在城乡社区逐步加大社会工作人才配置力度,鼓励高校社会工作专业毕业生到城乡基层从事社会工作实践。推动社区志愿者服务队伍建设。

截至 2015 年 5 月,厦门市拥有专业资格证书的社工 2069 人,其中助理社会工作师 1497 人、社会工作师 572 人,总数占福建省的近 42%。厦门市湖里区是全国社会工作人才队伍建设示范区,该区充分利用社会工作和社会学专业高校多、社会工作职业资格考试通过人数多、注册社区工作机构多的"三多"优势,推进专业性社会工作与传统社区工作的结合。前埔南、康乐等条件成熟的社区还成立社会工作坊,以专业社会工作的理念和方法改进社区服务的品质。

苏州市姑苏区加大专业社工队伍建设,积极引进乐助社工事务所、和合社工事务所等专业社工机构 22 家;连续 3 年开展"3U"计划、社区社会组织领袖计划、姑苏"群英工程"等人才培养项目,并在江苏省内率先出台《姑苏区社会组织人才计划实施细则》。2013 年,温州市龙湾区以民政部和浙江省共建"温州民政综合改革试验区"为契机,发展社区专职人员队伍。社区专职工作人员按照每 400 户配备 1 人,职数为 5～9 人。对持有《社会工作者职业水平证书》的人员,各街道可在社区专职工作者职数指标内直接择优聘用为社区专职工作者;到 2015 年年底社区专职人员持证率要达到 100%。区财政每年列入专项经费补助,按照不低于当地上一年的职工平均工资水平确定社区专职工作人员的报酬,并参照企业标准落实社区专职人员"五险一金"待遇。2015 年,在龙湾区事业单位招聘中首次向持证社工招聘。龙湾区平均每个社区有专职人员 8.8 人,持证比例达 48.2%。

(三)构建"三社联动"平台,发挥集聚效应

上海市浦东新区塘桥街道在长期的"三社联动"实践探索中,形成了购买服务、项目运作、过程评估的委托机制,社会组织大党建的党建机制,多主体治理平台建设合作机制。这三个机制使社区、社会组织和社会工作者在基层党组织的领导支持下实现了内在的联动与整合。民政部负责人评价说,上海最早在推进社区社会工作中试点"三社联动",逐步建立了"以回应居民需求为目标、以社区为服务平台、以社会组织为服务载体、以专业社会工作为服务手段"的联动机制。

近年来,北京市也形成了特色鲜明的"三社联动"工作体制机制。北京市民政局在《首都民政事业改革发展纲要(2013—2015 年)》中明确提出探索

建立"三社联动"服务机制。朝阳区和试点街道出台了"三社联动"专业社会工作试点实施细则等近 10 项政策措施,推动整合了市、区、街三级资源。民政部领导评价说:"北京通过支持社工服务机构协助街道和社区强化能力建设、评估居民需求、设计服务项目、孵化社区社会组织,形成了具有首都特色的'三社联动'方式。"

北京市的"三社联动"服务机制包括服务供给机制、服务运作机制和服务反馈机制。服务供给机制即在街道层面引入专业社工机构,形成合作关系,设立联合办公室,对社区服务的行政部门、社会组织和人力资源进行梳理,将政府行政资源、专业资源和社会资源重新整合,协调分配服务资源。服务运行机制即在联合办公室的统筹协调下,各类服务项目遵循项目化管理和专业化服务的原则,对项目策划、申报、实施和评估进行综合协调管理。服务反馈机制即综合评估专业服务项目对社区发展、居民服务产生的影响,重新反思基层社会治理体制中的有关政策和制度,重新定义社区需求、能力建设,同时结合居民、社会组织对服务提出的新需求形成新的项目方案。

厘清政社职能定位是"三社联动"的关键环节。

北京市将市、区两级民政部门的职能定位为协调相关委办局工作,制定实施细则,确保试点有序开展,保障资金、人力、项目到位。此外,作为项目主管部门,对服务项目合同的订立、服务费用的拨付、服务项目的考核评估和验收等进行全方位、全过程的监督管理。

街道的职能是制定与出台本地区社会组织建设、政府购买服务、社工人才培养等政策和标准,协调配置社工服务资源和力量,监督、管理、评估社会工作服务质量和服务效果,引进和培养社会工作专业组织和人才。

社工机构主要是帮助街道建立一系列联动工作机制、制度,在专业服务方面起引领聚合作用,评估街道范围内的社区服务资源和需求,制定专业服务指导标准,规范项目运作,孵化社会组织,推动专业人才队伍和志愿者队伍建设。

社区社会组织在支持性社工机构和社区居委会的指导下,调查、整合、反映居民的服务需求,发掘整合社区资源,带动社区社会工作者、志愿者设计和执行服务项目,为社区提供直接服务。社会工作者在"三社联动"中发挥着专业引领作用,如整合社会资源,调研街道和社区发展需求,策划服务项目,评估项目成果,把握专业服务标准等。同时,社区社会组织为社区工作者和志愿者提供专业指导,面向社区居民提供个性化、多样化的服务。

社区工作者发挥实施主体的作用,承担居民的组织、服务的开展等实务工作,包括社区社会组织项目的申报、实施与开展,并且有效发挥社区公共服务平台的作用,整合社区资源,实施专业服务项目。同时,社区工作者通过不断接受培训和考取社工职业水平证书走向专业化。

　　志愿者发挥参与配合的作用。志愿者主要由社区居民、社区党员、驻区单位人员和社区爱心人士组成,通过社会工作者的带动、社会组织的调动和组织,有效发挥自身专长,参与社区自助互助服务和社区治理。

第七章　宁波农村社会治理创新研究

本章主要是论述农村社会治理的内涵,介绍外地创新经验,进而对宁波农村社会治理创新进行思考。

一、农村社会治理概述

(一)中华人民共和国成立后农村社会管理模式的演变

中华人民共和国成立后,农村高级社的建立和合作化运动的展开,颠覆了传统的乡村社区组织,自上而下的国家治权渗透到乡村社会的每个毛孔之中,乡村社会成为高度行政化、组织化和政治化的社会单元,形成了以政治运动为基础的集权式乡村动员体制。人民公社的建立,将国家行政权力体制与乡村社会的经济组织结合在一起,真正实现了政社合一。人民公社扮演着底层国家治权代理人的角色,乡村社会形成了以公社—生产大队—生产队为基础的农村治理格局,三者通过自上而下的纵向权力整合机制实现对乡村社会的治理与改造,中国农村社会形态呈现出组织规模扩大化、日常管理军事化、社会生活政治化、管理体制科层化等特征。

改革开放后,国家对农村基层组织进行了改革,将原来的公社重新改建成乡镇,将生产大队改建成以村民自治为核心的村民委员会。从此,国家权力收缩至乡镇一级,建立了以乡镇政府为基础的农村基层政权来行使国家治权,而在村庄实行村民自治,由村民自行选举村民委员会来管理乡村事务。

"乡政村治"在实践过程中出现了不少问题。村民本应充分行使民主选举、民主决策、民主管理、民主监督权力,但在村民自治实践中,由于村民缺乏自治的主体性,乡镇干部通过对村党组织和村民委员会选举的影响,使村两委受控于乡镇政府,村治融于乡政。21世纪初,为减轻农民负担,缓解日益突出的"三农"问题,解决乡村社会治理问题,中央先后采取了全面取消农业税费、国家政策与项目下乡、新农村社会建设等一系列惠农举措。农业税废止后,农村基层政权的性质由"汲取型"向与农民关系较为松散的"悬浮型"转化。在这一过程中,农村基层政权未转化为服务农村的主体,而且脱离了与农民旧有的联系,悬浮于乡村社会之上,陷入财政空壳化、社会管理职能单一化的状态。

总之,当前,在农民生活个体化、乡村社会组织碎片化、村落共同体空心化等背景下,以乡政村治为基础的乡村社会治理模式面临着挑战。而将农民群体的主体性权利置于乡村社会治理逻辑中,是乡村社会治理创新所必需的。

(二)农村基层社会治理创新的必要性

在国家治理体系中,农村社会治理是基础,基层社会治理状态直接关系到广大村民的切身利益,关系到党执政合法性的巩固,关系到村民自治能力的提升,关系到村民对政权的认同和社会团结。创新基层社会治理,积累基层治理创新经验,也会逐步推进整个国家治理体系的创新和治理能力的提升。

近年来,随着我国进一步深化农村经济、社会改革,特别是在新型城镇化政策推动下,农村基层政治、经济、社会、生态等发生了深刻的变化,给农村基层社会治理带来了新的问题和挑战。主要表现如下。

一是村民自治制度面临困境。

随着城镇化进程加快,外出务工农民数量激增,农业人口老龄化、农村空心化严重,特别是中青年群体在农村治理中的缺位,导致农村干部队伍建设后继乏人。在村委会换届选举时,外出务工农民为了眼前利益,回村参加投票率较低,影响了选举的权威性,选出的村干部认同度不高。同时,留守的村民因自身能力素质等原因,缺乏参与村庄公共事务和权力监督的动力。在监督缺失的情况下,滋生了村干部腐败。

二是村民利益诉求多样化带来社会局面复杂化。

随着市场经济的发展和社会结构转型,村民利益观念和主体意识增强,由此引发的矛盾纠纷和社会问题逐渐增多。这些矛盾和问题涉及农村社会生活的各个领域,比如家庭矛盾、邻里纠纷、土地纠纷、征地拆迁、农村公共服务供给(环境整治、污染治理等)、社会保障、医患纠纷等。利益博弈日益激烈,利益表达渠道不畅,矛盾解决途径相对单一,弱势群体利益得不到保障,由此造成村民对村庄的认同感下降、干群关系紧张、公权力信任缺失。

三是传统优秀民风流失。

在传统的乡村社会,宗族观念、乡村习俗、村规民约奠定了共同的文化基础,村民在一定程度上自我约束,彼此监督,乡村长期稳定有序。改革开放之后,受市场经济的影响,村民的家庭观念、婚姻观念和价值观念发生改变,乡村传统文化受到挑战,崇尚享乐、爱好攀比、赌博成瘾、离婚率骤增、家庭不和、弃养老人、纠纷不断等现象普遍。

四是苍蝇式腐败侵蚀治理根基。

侵吞民生资金、蚕食群众利益的现象频现,不仅降低了党和政府的公信力,损害了党和政府的形象,也侵蚀了乡村社会治理的合法根基。村民维权行为增多,但由于村民表达诉求渠道有限,加上没有自己的代言组织,矛盾纠纷无法在基层和源头上得以化解。一旦基层维权受阻,许多人放弃理性表达诉求和法律解决途径,转而寻求越级上访、进京上访、堵塞交通要道、围堵政府乃至制造其他群体性事件等极端方式。

五是农村社会治理机制有待健全。

农村社会治理应由多主体共同参与,从村一级来说,要建立农村基层党组织(村党支部或党委)、村民委员会、村民及其他社会组织等主体共同参与的社会治理格局。按照多主体互动的社会治理理论,要健全村民参与的载体,形成对话和交流机制,发挥村民主体性。而现有的农村社会治理格局中,存在决策不公开、不透明,村民参与村庄事务管理的积极性不高、水平不高,监督村两委会权力运行的机制不健全,村民利益诉求表达渠道不畅等诸多问题,治理主体的水平有待提高。

(三)农村基层社会治理的含义

党的十七届三中全会确定 2020 年农村改革发展的基本目标任务是,"农村基层组织建设进一步加强,村民自治制度更加完善,农民民主权利得到切实保障"。党的十八届三中全会指出,创新社会治理,必须"坚持系统治理,加强党委领导,发挥政府主导作用,鼓励和支持社会各方面参与,实现政府治理和社会自我调节、居民自主互动"。这为农村基层社会治理在治理主体、治理机制、治理方式等方面赋予了新的内涵。

农村基层社会治理,从村一级来说,就是村党组织(村党支部或党委)、村民委员会、农村各类经济社会组织、村民等主体通过协商的合作型伙伴关系,对农村公共事务和公共生活进行规范和协商的过程。广义而言,乡镇(乃至县)党委、政府也是农村社会治理的主体之一。

目前的农村基层社会治理具有这样一些特征。一是治理呈多主体化,相比之前治理主体单一,社会组织、农民个体长期缺位的情况,从村一级来说,现在除村党组织、村委会等法律规定的组织之外,还有经济组织、文化组织以及其他类型社会组织,农民的参与度也大大提升。二是治理机制民主化,在参与、协作、服务等治理理念影响下,农村基层社会治理更加注重各类村级组织之间的互动,更加保障村民个人的利益表达和参与,村庄公共事务的决策、执行和监督更加民主化。三是治理方式制度化,更加重视建立村两委权力运行机制、村庄事务决策机制、各治理主体共治的制度框架,更加重视提高农民组织化水平和参与的制度化水平。

从村一级来说,农村基层社会治理体制创新的关键在于治理主体彼此间的行为关系以及相应的制度安排,包括基层党组织领导机制、政府行政管理与村民自治的衔接和互动机制、民主议事决策机制、自治组织培育机制、民主监督机制和法治保障机制等。

一是创新农村基层党组织(村党支部、村党委)领导机制。村党支部(党委)在农村协同治理的格局中居于领导核心地位。要强调导向功能,理顺村级治理架构,明晰党组织、行政机构、自治组织和经济组织的关系,整合并组织各种治理主体有序参与村庄治理,强化服务群众的职能,改善对农村经济工作的领导职能。加强农村基层党组织自身建设,把党的政治优势、组织优势转化为管理优势和服务优势。在组织建设尤其是党员吸纳方面,拓宽发展党员的渠道,让更多的乡村精英加入到党组织中来。创新党组织设置方式,依托产业基地、行业协会等,把党的组织建到各种农村社会组织和基层民主组织中,形成全覆盖的基层党组织网络。改善领导方式与工作方法,在党组织与其他村级组织、党员、村民之间建立起以引导、协商、教育、示范等为主要手段的新型领导模式。

二是形成良好的自治组织培育机制,建立起政府行政管理与村民自治的衔接与互动机制。《中华人民共和国村民委员会组织法》于 1987 年颁布实施,乡镇政府同村委会之间是指导与被指导的关系,这是村民自治有效运作的重要保障,村委会也成为政府行政管理与村民自治之间衔接与互动的桥梁;村级事务的完成,是在村党支部(村党委)的领导与乡镇政府的指导下,由村委会负责具体运作。

三是完善民主议事决策与监督机制。为党员和村民的民主参与提供有效通道,保证平等协商对话,建立表达诉求、参与村务、化解矛盾的渠道和平台。完善村民自治民主监督的关键在于明晰监督主体,而建立常设的、独立于决策及执行机构之外的监督机构,显得十分必要。

四是完善法治保障机制。注重制度建设,形成农村社会事务制度化的参与渠道,整合农村各种社会利益,提供优良公共服务,实现农村社会的和谐发展。

因此,有的学者把农村社会治理体制表述为"党组织领导、村委会负责、村社会组织协同、村民参与、法治保障"[①],这是值得推敲的,这是对通常表述的社会治理体制的一种简单延展,是把村委会视为一级政府。农村社会治理体制,从县、乡镇一级来说,表述为"党委领导、政府负责、社会协同、公众参与、法治保障"是合适的;而从村一级来说,表述为"村级党组织(村党支部、村党委)领导下的多主体共治",或者"村级党组织(村党支部、村党委)为领导核心,村委会与社会组织、群众等多主体共治"等,则显得更为合适。

二、外地农村社会治理创新的经验

(一)议事会、理事会

2015 年,中共中央办公厅、国务院办公厅发布《关于深化农村改革综合性实施方案》,对"积极探索村民议事会、村民理事会等协商形式"等做了明确部署和要求。这是对各地积极探索村民议事会、村民理事会等协商实践的一个肯定。

1. 温岭的民主恳谈会

温岭民主恳谈的前身是 1999 年浙江省温岭市松门镇举办的"农业农村现代化教育论坛"。在这次论坛上,松门镇党委和政府开创性地邀请村民同镇领导座谈交流,村民畅所欲言、各抒己见,论坛取得显著成效。2001 年,根据中共温岭市委的要求,温岭各地开展的"民情恳谈""村民民主日""农民讲

① 李小妹.农村社会协同治理运行机制的整合创新与逻辑建构[J].河南师范大学学报(哲学社会科学版),2015,42(1):53-57.

台""民情直通车"等收集民意、践行民主的活动被统一命名为"民主恳谈",进而被引入城镇居民社区、基层事业单位、党政机关、群团组织、企业单位等社会政治经济诸领域。2005 年,温岭市把民主恳谈引入镇人大工作,在新河镇、泽国镇按照不同模式开展参与式公共预算改革,让民众和代表切实参与到政府预算的审核和监督过程中。这种参与式预算民主恳谈被评为"2007年十大地方公共决策实验"。2008 年,温岭市将预算民主恳谈推广至 6 个镇,2010 年又推广到全市各镇和街道,并且将参与式预算从镇升格到市级政府部门。温岭民主恳谈逐步发展为对话型恳谈、决策型恳谈、参与式预算民主恳谈、党内民主恳谈和行业工资集体协商五种类型。

民主恳谈制度在温岭运行多年,解决了经济社会发展中的许多重大事项和事关民生的具体问题,得到社会各界的广泛认同。温岭民主恳谈开辟了社会公众有序政治参与的新途径,通过逐步扩大社会公众有序参与,建立健全对话、沟通、讨论、协商机制,落实社会公众的知情权、参与权、表达权、监督权,协调各社会阶层和社会群体利益;改进和完善了地方党和政府的执政方式、社会治理方式,提高了当地群众对政府的信任感和认同度,营造了公开、透明、开放、民主的社会环境,增进了社会共识,增强了社会凝聚力。

2.南京市六合区赵坝的"农民议会"

2007 年,有着 34 户人家、160 多人口的南京市六合区赵坝自然村召开了由 34 户农户代表参加的选举会,对 13 名候选人进行投票,差额选举产生了 9 名"农民议会"议员,成立赵坝的自治组织——"赵坝农民议会",当地农民称之为"板凳议会"或"田头议会",并且成立由 4 人组成的农民"理财监督小组",在议员中选举产生 1 名议长。议员都是热心公益、关心集体、有一定文化和威信的村民,议会既有"准入"机制,也有"弹劾"程序。经村民小组1/5 以上户代表联名,可以要求罢免议员。如果议员 5 次不参加会议,则视为自动放弃议员资格。议会每两年改选一次。议会还设有理财小组,由 4名成员组成,负责监督和管理财务收支状况,账、钱分开,每半年公布一次收支情况,做到阳光透明。在"赵坝农民议会"成立后的一年里,先后开会 40次,做出 26 项决定,制定《赵坝农民公约》等 3 项制度。

农民议会成立后,通过民主议事,组织村民铺筑道路、清理河塘、绿化家园、发展生产、流转土地等,并形成了党支部、农民议会、水产养殖专业合作社和农民俱乐部四位一体的组织格局,有力推动了新农村建设。

赵坝农民议会构建了农村社区建设的新型组织载体,是真正的农民自治组织,有效整合了村庄内外的资源,解决了村的一些公共服务问题。农民议会协调利益矛盾,引导村民以理性的方式表达利益诉求,提升了村民对社区的归属感和认同感。

3.成都市的村民议事会

成都以建立村民议事会制度为突破,推行"三分离、两完善、一加强",即决策权与执行权分离,社会职能与经济职能分离,政府职能与自治职能分离,完善农村公共服务和社会管理体系,完善集体经济组织运行机制,加强和改进党组织的领导,取得较好效果。

2007年,成都市被国务院批准为全国统筹城乡综合配套改革试验区。2008年,成都在推进农村产权制度改革中遇阻,决定鼓励一些区县自行探索村级治理的新机制。由此,村民议事会在双流、邛崃、彭州等地的农村应运而生,2009年年初,成都市将村民议事会制度推广到占全市总数20%的建制村。在议事会的基础上,一些村还设立了民主监事会,并让集体经济组织与村两委"脱钩",运营负责人由村民选举产生,可以是村组织成员,也可以是外聘的行业"能人",实现了村级自治组织社会职能与经济职能的分离。2010年,在总结试点经验后,成都开全国之先河,向下辖的3343个村(社区)下达了4个配套文件,规范村民议事会的组织规则,明确议事会成员的权利和义务,对议事会产生后村民委员会的工作方式进行划定。

按照约定,各村新成立的村民议事会是村级自治事务的常设议事决策和监督机构,由村民们民主选举产生村民小组议事会,再从每个小组议事会中推选3~5人成立村民议事会,不定期商议村级自治事务。村民议事会对村民会议负责并报告工作,接受其监督。村两委成为村民议事会的执行机构,负责落实议事会的各项决定。这样构建起"以村民会议为村最高决策机构、村民(村民小组)议事会为常设议事决策机构、村民委员会为执行机构的村民自治机制"。村民大会授权村民议事会来实行村级事务的议事权、决策权、监督权,而村委会是执行机构,它对村民(村民代表)会议和村民议事会负责,实现村民自治。

文件规定,村民议事会会议每季度至少召开一次。村民议事会和村民小组议事会会议须有4/5以上成员到会方能举行。村民议事会和村民小组议事会召开会议时,会议召集人应保证其成员充分发表意见,不得随意干涉。村党组织、村民委员会、村民议事会成员或10名以上年满18周岁的村民联名,可以向村民议事会或村民小组议事会提出议题。村民小组议事会成员可以向村民小组议事会提出议题。其他村级组织也可向村民议事会或村民小组议事会提出议题。对意见分歧较大的议题,会议召集人应当提议搁置议题,经实到会半数以上人员同意,交由下次会议审议表决。村民议事会和村民小组议事会表决原则上应采用无记名投票方式进行。表决结果应公开计票、当场公布。

有的村(社区)党组织以"议题暂时不具备实施条件"等为由,将一些本该提到村民议事会议决的事情否定,这不利于发挥党员群众主体地位。所以,配套制度规定,村(社区)党组织仅对议题的合法性、真实性和是否属于村民自治范畴进行审查,同时规定"村党组织无故拖延议题审查或不按规定将议题提交议事会的,议题提出人可向上级党组织反映"。同时规定,以下议题不能提交村民议事会和村民小组议事会:违反法律法规的、不属于村民自治范围的、不是议题提出人或联名人真实意思表达的。而议题涉及事项暂不具备实施条件的,应向议题提出人做出说明。经其同意,可不提交议事会。对于群众普遍关心、关注的重要议题,村党组织在提交议事会议决前,应召开党员大会进行讨论。村党组织书记召集主持村民议事会时,应维持讨论秩序,保证村民议事会成员充分发表意见,保证利益相关人表达意见。村党组织应定期组织村民委员会成员、议事会成员、其他村级组织负责人和党员群众代表就本村重大事务进行民主恳谈。

成都的村级治理机制改革明确了党组织领导方式从包办型向核心型、从指令型向引导型转变的方向,建立了村(居)党组织领导方式转变的制度性约束。村党组织立足于定方向、定规则、定大事,着力于加强自身建设,既保证了村民自治的正确方向,又为村民自治让出制度空间。中国社科院陈红太研究员提供了一组相关数据:村民议事会制度在成都全面推广一年后(即2010年上半年),成都全市信访总量、集体访数量、越级到省和越级到市的上访数量比制度推广前同比分别下降了9.1%、16.4%、48.9%和32.1%。

到2014年,绝大多数省、自治区、直辖市已有村民议事会这一组织形式。但成都的模式却并没有在全国范围内被广泛复制,这是因为各地规范程度不一,村民和村两委的意识层面存在差距,村民议事会成熟度的参差不齐。中央党校王长江教授认为,村民议事会的出现,可以规避"村委会一言堂"的弊端;村民议事会与村代会二者确有功能重合,但在现有法律制度的框架下,村民议事会无法取代村民代表大会的选举功能。

4.南陵县的三会四自一平台

2012年,安徽南陵县作为全国唯一的农田水利建设投资和监管体制改革试点县、安徽省农村公共建管体制改革试点县,以农民急需的小型农田水利建设为突破口,通过"一年试点、两年推广、三年覆盖",探索出农村公共建设"三会四自一平台"治理模式。

"三会",即在村"两委"领导下,成立村民议事会、项目理事会和项目监事会,实行"两委三会制"。其中村民议事会议事,参与项目决策;项目理事会干事,负责项目执行;项目监事会查事,过程公开监督。从收集群众提议到村支两委商议,从议事会成员通过议事提出事项再到村民代表大会最终决议。"三会"试点成效初显。

"四自",即推行"四自"项目运作机制,项目采取自下而上的方式,实行"自选、自建、自管、自用",变政府替民做主为群众自己做主,实现供需精准对接,充分调动了群众的主体性、积极性、创造性,又形成倒逼机制,推动了基层党员干部转变工作作风,提升服务能力;同时促使理事会担好肩上责,用好手中权,灵活探索各种不同的"四自"实现方式。

"一平台",即合力共演好唱戏,依靠"平台"促升级。惠农项目越来越多,但各自为政,缺乏统筹,效果不佳。南陵县出台《整合涉农资金支持美好乡村建设实施意见》,建立起"县规划、镇统筹、村负责"的协同治理体系,打破各部门之间的权力、利益窠臼,结合各村实际需求,将所有涉农项目资金进行整合叠加,投放到群众自选的公共建设项目上。这样的"主体+多元"的资源整合平台,按照"统一规划、集中投入、渠道不乱、用途不变、各负其责、各记其功、优势互补、形成合力"的原则,全面整合资源,对农村公共建设集中投入,连片完善;同时,以政府投入为杠杆,积极吸纳各种社会资源,改变了平均用力的"撒胡椒面"的状况,提升了项目综合效益,达到了各要素资源的优化配置。

"三会四自一平台"治理模式实现了村级公共事务议、决、行、监的职能分离,达到"项目决策民主、建设管理规范、投资效益显著、运行管护可靠"的总目标,提升了基层治理水平、民主水平,探索出了农村基层善治的有效路径,形成了政府、社会、群众良性互动的生动格局。目前,改革成果已复制推广至美好乡村、农村道路、农业综合开发等各领域,取得了较好成效,并在全国产生了较大影响。

5.德清县的乡贤参事会

目前,农村普遍存在人才外流,村两委人员少,但事务多、压力重,村民小组力量相对单薄和分散等问题。如何在村两委班子和村民之间建立起一支专注协调的中坚力量,浙江德清县的"乡贤参事会"是一种创新探索。

自 2013 年起,浙江省德清县委、县政府积极引导农村社会组织参与基层社会治理,成功打造了乡贤参事会这一特色基层自治品牌,形成了以村党组织为核心、村民自治组织为基础、村级社会组织为补充、村民广泛参与的现代农村多元治理新格局。2014 年,德清县委组织部、县民政局联合出台了《培育发展乡贤参事会创新基层社会治理实施方案(试行)》,明确了乡贤参事会的功能定位是以参与农村经济社会建设,提供决策咨询、民情反馈、监督评议及开展帮扶互助服务为宗旨的公益性、服务性、联合性、地域性、非营利性的基层社会组织。乡贤参事会的会员包括:本村的老党员、老干部、复退军人、经济文化能人;出生地、成长地或姻亲关系在本村的"返乡走亲"机关干部、企业法人、道德模范、持证社会工作者、教育科研人员;在农村投资创业的外来生产经营管理人才等。会员人数在 30 人以上的,成立理事会,由会员大会选举产生理事成员,理事成员会议选举产生会长、副会长、秘书长,任期三年。

有了乡贤参事会,民意有了畅通渠道,民声有了发言空间,群众呼声要求能够得到及时回应。凡是村里发展项目的规划、实施,都需要乡贤参事会的参与和监督。村里的重大项目决策,也都会听取参事会的意见建议。如武康镇民进村确定每周三为"村务议事日",邀请乡贤理事、党员组长和村民代表共同召开村务议事会,把复垦房屋补助、安置房分配、建设资金管理等事关村民切身利益、影响集体发展的事项摆在桌面上商议,集中智慧,协商解决。

乡贤参事会还利用自身特殊影响力,广泛吸纳社会资源,协同参与公共事务管理,全力助推家乡建设,成为村庄建设领军人。以乡情乡愁为纽带,乡贤参事会吸引和凝聚各方面的成功人士,用其学识专长、创业经验反哺桑梓,建设美丽乡村。

乡贤参事会蓬勃发展,成为村民自治的有益补充,为乡村治理提供了新的力量。到 2015 年 4 月,德清县探索成立 17 个乡贤参事会示范点,不断增强农村民主管理与自治活力,着力构建城乡融合的法治、德治、自治"三治融合"的社会治理新模式。

6.秭归县的村落理事会

湖北秭归县将农村建设延伸到自然村落,按照"地域相近、产业趋同,利益共享、有利发展,群众自愿、便于组织,尊重习惯、规模适度"的原则,将全县 186 个行政村划分为 2055 个村落,共推选村落理事长和经济员、宣传员、帮扶员、调解员、维权员、管护员、环保员等"一长八员"共 10412 人,八员中有退休教师、中共党员、前任村干部、在当地小有名望的产业带头人等,他们被推选进"幸福村落"创建队伍,激发了村民兴办公益事业、发展产业的热情,深化了村民自治功能,推动了村务公开和民主管理,促进了农村的和谐稳定。

在"幸福村落"创建过程中,秭归县本着"理顺关系、依法规范、便捷高效"的原则,对农村村一级的治理组织架构进行重新设计,构建了村务管理和社会治理"双线"运行、相互支持的农村治理网络。村务管理,实行"村民委员会—村民小组—村落"三级架构;社会治理,实行"村'幸福村落'创建工作指导委员会(非常设机构)—社区理事会—村落理事会"三级架构,两条组织架构合理分工、相互配合。村落内不同性质、不同利益范围的公共事务,分别在建制村、社区(村民小组)、村落层面实现自我治理,彻底改变了过去无论何种性质、多大范围的公共事务全由村委会"包办"的简单做法,由过去单一层级的、平面式村民自治转向多层级的、立体式的村落治理。

7. 湄潭县的"群众会"

贵州湄潭县把"群众会"作为提升群众素质,传递政策,凝聚民心,群众表达利益诉求,干部问政、问计、问需于民的平台,不断丰富和拓展"群众会"的内容,探索形成了"群众会十"的农村社区治理"湄潭模式"。

以召开"村民集中诉求会"密切干群关系,解决村里事务,是湄潭潘家寨村社区治理的一块闪亮的"老牌子"。由此发端,湄潭在全县范围规范推广"湄潭县村民集中诉求会议制度",2010 年获得第五届"中国地方政府创新奖"提名奖。

"村民集中诉求会"重在搭建村民表达诉求的平台。湄潭以"群众会"为载体,不断整合农民夜校、道德讲堂、远程教育、党的群众路线教育等资源,形成了"群众会十宣传教育""群众会十村民诉求""群众会十新风培育""群众会十阳光村务""群众会十推动发展""群众会十制度建设"等"群众会十"的农村社区社会治理"湄潭模式"。

(二)复合主体与平台建设

1. 中山市的"2+8+N"模式

广东中山市基于外来人口已占到常住人口的 50% 以上的市情,顺应城镇化发展趋势,自 2008 年起启动农村社区建设工作,成为广东省第一个农村社区建设试点地级市。中山市逐步探索出以"2＋8＋N"模式为重点的农村社区治理体系,2013 年,该项目以广东省第一的成绩获评广东省社会创新试点项目,中山市晋升为省级社会创新实验基地。

"2＋8＋N"模式的内涵有一个不断发展、丰富的过程。在 2011 年,"2＋8＋N"模式中,"2"是指各社区组建一个农村社区建设协调委员会,搭建一个社区服务中心;"8"是指各社区服务中心内设"四站"和"四室",即社区公益事业服务站、环境卫生监督站、志愿者服务站、农技服务站、文体活动室、计生卫生室、治安警务室、法律服务室;"N"是指根据当地居民需要,增加若干服务项目。目前,"2＋8＋N"模式中,"2"指各村居组建社区服务中心和农村社区建设协调委员会;"8"指各社区服务中心承担民政残联、劳动社保等 8 项职能,提供普惠型公共服务;"N"指 NGO,即各村根据实际培育的社区社会组织,首次明确 NGO 构成社区治理的板块。

项目实施促进社区管理体制三个"机制创新":一是促进经济先发地区农村社区基本公共服务均等化的机制创新;二是促进异地务工人员参与基层民主的机制创新;三是促进农村社区外地人与本地人沟通融合的机制创新,激发各阶层民众参与社区事务的热情,加速了人的城镇化。具体内容如下。

一是推动农村社区服务中心规范化建设,将社区服务管理拓展到新老居民。中山市把解决村(居)委会"行政化"倾向与拓宽村级服务管理对象结合起来,在村级统一建设社区服务中心,打造承接政府下放职能、覆盖实有人口的扁平化服务平台。2008 年至今,全市按照"一村一社区"模式,全面覆盖各个行政村。

二是组建农村社区建设协调委员会,搭建新老居民参与社区建设的有效平台。社区建设协调委员会,是村级的"政协组织",主要有三方面职能:决策参谋职能,就社区建设的重大问题向村(居)委会和村民代表大会提出意见建议;民主协商职能,就群众关心的问题汇集民意;社会发动职能,动员辖区企事业单位和居民参与社区建设。委员会遵循协商民主机制,让社区企事业单位、异地务工人员代表等最大限度地参与社区决策、管理、监督、服务。

三是率先探索村(居)委会特别委员制度,拓展异地务工人员基层自治渠道。自 2012 年起,中山市在外来人口集中的地区,试点聘任优秀异地务工人员为村(居)委会特别委员,每村 2～3 名。特别委员由村(居)代表或辖区异地务工人员推荐,经村(居)民代表大会选举产生。候选对象必须在本村(居)住满三年,热心社区事务,在本职行业或社会公益事业中表现突出。中山市逐步探索出"驻、访、议、督"四位一体工作法。

四是培育发展社区社会组织,增进社区交往和社区信任。"2＋8＋N"模式注重发挥社会组织(即"N")的作用,以社会组织的多元化满足居民需求的多样化,并以此带动社区建设,发展社区公益,促进邻里和睦。完善社区社会组织培育成长机制,促进社区群众自治。引导社工与志愿者联动,广泛参与社区服务。把握镇镇建有社工中心的优势,以"一中心多站点"的模式,引导社工服务向村居延伸,为社区居民提供精细化服务。支持各村(居)建立志愿服务队伍,带动新老居民开展邻里互助服务。

"2＋8＋N"模式扩大了新老居民参与基层自治的渠道;推动了村级减负增效,农村服务管理逐步向实有人口延伸;提高了群众的社区认同和社区信任。行政服务、社区自治和公众参与三者有效衔接,良性互动,在农村基层形成了活力充沛的工作机制。

2. 上虞市的"四不出村"工作法

浙江上虞市在农村基层社会管理实践中创造了"四不出村"工作法,即群众办事不出村、矛盾调解不出村、信息咨询不出村、致富求助不出村。这一创新构建了服务取向的农村基层社会管理新模式,建立了需求导向的农村社区服务运行新机制,是村民自治背景下农村基层组织的职能回归和拓展。

上虞市构建全程代办平台,力求群众办事不出村。利用村级公共服务中心和党员服务中心平台优势,设立敞开式便民服务窗口,落实专职村班子成员办公,帮助村民无偿代办劳动保障、建房审批等服务。到 2013 年 4 月,全市建立村级便民服务室 388 个,每年为群众代办各类事项达 1.5 万件。市级组建由 156 名市直职能部门业务骨干组成的"便民服务团",各乡镇(街道)成立机关服务队,深入农村"摆摊设点",上门为群众提供业务代办、证照审批等服务。依托市"96345"社区服务中心平台,在 12 个乡镇延伸建立"96345"分中心,通过热线电话和网上平台,提供生活类、咨询类等服务。

各村设立综治工作站,建立由村治保员、镇联络员和行政村片警三方协作的大调解工作机制,让矛盾调解不出村。每半月集中开展"寻访、走访、解访、回访"活动,实现人民调解、行政调解、司法调解"三调"联动。建立村班子成员"分线联格"矛盾纠纷调解责任制,各村党组织书记牵头抓总,班子成员"分线联格",负责做好村域网格内的矛盾调解工作。将居住在本地、熟悉农村情况的老党员、老干部以及机关退休工作人员聘请为人民调解工作"老娘舅",按村域网格配置,通过事前排摸、上门调解,使矛盾纠纷一线发现率达98％以上,初期处置成功率达85％以上。

为了让群众咨询信息不出村,上虞市以网格为单位统一制作并发放镇、村、网格三级服务团成员联心卡,公布服务团队成员的姓名、联系方式以及社会保障、电信维修等常用号码,方便群众询问。在每个网格中确定一名村干部或党员骨干担任宣传员,宣传上级政策,收集答复村民意见。以乡镇为单位编印便民服务指南,详解社会事务、劳动就业、城乡建设等与群众生产生活密切相关事项的政策条件、办理程序等,赠送便民服务指南。定期开展镇、村、网格三级管理服务团队成员业务培训,提高镇村干部的政策业务水平。

上虞市搭建创业帮扶平台,让群众致富求助不出村。组织开展"双证制"培训和农村劳动力的转移培训,引导农村劳动力向非农产业转移。依托五金汽配、电子灯具等产业,扶持发展家庭工业,推进规模企业配套协作本地化,外加工产业链向家庭集聚。加强互助专业合作社建设,组建杨梅、青梅等各类专业合作社。主动对接金融部门,先后推出"青年创业信用卡""巾帼创业信用卡"等金融产品,扶持家庭工业集聚点(示范点)和农业基地建设,为农民创业提供资金支持。

3. 清远市的"四个重心下移"模式

自2012年以来,广东清远市委、市政府把"三农"工作的突破重点和抓手放到推进以完善农村基层治理模式为核心的农村综合改革上,制定出台《关于完善村级基层组织建设推进农村综合改革的意见(试行)》和《关于加强"三农"工作的意见》等系列政策,着力通过创新农村社会治理模式、农村生产经营模式、农村基层党建模式"三种模式",进一步加强村级基层组织建设,推动村民自治重心下移、农村公共服务和社会管理重心下移、党组织设置重心下移、发展农村集体经济重心下移"四个下移",构建以村级党组织为核心,基层自治组织、农村经济组织相结合的设置合理、功能完善、作用突出的村级基层组织体系。

一是村民自治重心下移。

自治重心下移,完善村民自治体系。确立改革创新的重点是在村民小组(自然村)一级推行村民自治。主要亮点是将现行的"乡镇—村—村民小组"调整为"乡镇—片区—村(原村民小组或自然村)";在乡镇下面根据面积、人口等因素划分若干片区建立党政公共服务站,在片区下以一个或若干村民小组(自然村)为单位设立村委会。厘清乡镇政府、片区党政公共服务站与村委会的工作职责。片区党政公共服务站作为乡镇派出机构,"兜底"承办上级交办的工作,开展公共服务和为群众提供党政事项代办服务。村民小组通过成立理事会等自治组织,集中精力做好村民自治工作。政府部门下沉到村的工作,原则上由片区党政公共服务站负责,确需由村委会承接的事项,实行行政事务准入村制度,按"权随责走、费随事转"的原则,采取购买服务的方式,委托村委会负责。

把建立和完善村民理事会作为重要抓手,规范理事会职责范围、议事规则和成员产生规则,引导全市各地农村在村民小组(自然村)一级广泛建立村民理事会,村民理事会成员由村民推选产生,由热心公益事业的农村党员、村民代表、已退休的干部和教师等公职人员、各房族代表、德高望重的乡贤、致富能人等担任。村民理事会以村民小组(自然村)所辖地域为范围,以参与农村公共服务、开展互帮互助服务为宗旨,在村级党组织领导下开展活动,作为村委会加强村民自治与服务的重要辅助力量。

二是农村公共服务和社会管理重心下移。

完善服务网络,构建便民利民的农村公共服务体系。将完善基层服务网络、促进城乡公共服务均等化作为农村基层组织改革创新的一项重要补充内容。主要做法是推进县、镇、村(片区)三级社会综合服务平台建设,免费为群众提供事务代办等服务,提升农村基本公共服务水平。

作为广东省示范点的阳山县于2012年年初以信息化管理为抓手,建立了覆盖县、镇、村的社会综合服务网络,不仅完善了政务服务体系,也丰富了基层组织建设内涵,增强基层组织服务群众的能力。畅通五大服务渠道,即中心窗口服务、人工代办服务、网上办事服务、热线电话服务和手机短信服务,构建高效、便捷的服务体系。提供四大服务内容,即行政审批服务、其层便民服务、农村三资管理和公共资源交易,为群众提供多层次、全方位的服务。建立三级服务平台,即通过县、镇、村三级社会综合服务中心(站),将审批的资料逐层上传或回传给办事群众,实现服务流程无缝对接。实行三项制度,即实行群众事务免费代办制度、镇村干部"包片、包组、包户"制度和"两代表一委员"制度,拓展综合服务的广度、深度。完善电子监察系统,即通过视频监控、电子监察、热线投诉和服务评议四种方式,强化对服务的监管,确保服务质量和服务效益。

通过完善县、镇、村三级社会综合服务平台,清远市在行政村(片区)全面建立社会综合服务站,整合各类服务资源,拓展服务功能,实施代办员制度,联网办理,搭建电商平台等,政府服务效率、生产和生活服务水平大大提高。农民群众只需到村级社会综合服务站甚至在家门口就可以办理各种业务,这切实解决了基层党员群众办事难、购销难的问题,提高了农村基本公共服务水平。

三是党组织设置重心下移。

构建以党组织为核心的村级基层组织运行机制,促进农村和谐稳定。在完善村级基层组织建设的过程中,通过片区建立党总支,片区下辖村(原村民小组或自然村)建立党支部,以及在具备条件的村办企业、农民专业合作社、专业协会等建立党支部的方式,扩大党组织覆盖面,逐步形成以党组织为核心、村民自治组织为基础、村级社会组织为补充、村民广泛参与的协同共治工作格局,使各种基层组织协调有序地发挥作用。注重从农村致富能手、农民专业合作组织负责人、复员退伍军人、外出务工经商返乡的党员中选拔村党组织书记,以便更好地发挥党组织核心作用。到 2013 年 7 月,清远市共成立片区党总支部 758 个,村民小组(自然村)党支部 8419 个。党组织重心下移,有效激活了党组织的"神经末梢",便于及时了解村民的难处,零距离听取党员群众的意见建议,有效推进基层决策的科学化。村民理事会在基层党组织的指导下,充分发挥广纳民意、消解矛盾纠纷等作用,实现了矛盾纠纷不出村,对促进农村和谐稳定发挥了很大作用。

四是发展农村集体经济重心下移。

创新农村生产经营模式,完善促民增收的农村经济组织体系。建立农村集体经济合作社及联社,或者股份经济合作社及联社等村级经济组织,履行提供生产服务、协调管理、兴办企业、资产保值增值、收益分配等职能。建立农产品流通专业合作社等农民专业合作组织,按照"民办、民管、民受益"的原则,完善运行机制,突出农民主休作用,提高农民在农产品流通等领域的组织化程度,让农民从中得到切实利益。推进农村股份合作制改革,探索以产权制度改革为核心的农村体制机制改革,多种形式发展集体经济,不断壮大集体经济,增加集体收入。

4.珠海市金湾区的"三平台"建设

广东珠海市金湾区下辖 2 个镇、21 个村(居),户籍人口约 7.8 万人,常住人口约 20 万人,地处珠海市城乡接合部,在由传统乡村社会加速向现代化城市社会转型进程中,面临建区时间短、居民社区认同度低、城乡二元结构明显、社区治理基础薄弱、社会分层明显、社会服务发展水平较低等问题。为此,金湾区提出了两个"3+1"的基层社会治理模式,即"政务服务中心、社会服务中心、综治信访维稳中心+社会管理综合执法队"的镇级治理机制,"村(居)党组织、村(居)委会、村(居)公共服务站+社会服务站"的村(居)级治理机制,坚持以"和"为核心理念,打造了虚实结合的"三平台"——社会服务的实体平台、经验交流的言论平台、社区多方主体的参与平台。

一是打造社会服务实体平台。

推进镇(村)社会服务中心(站)全覆盖。同时,结合村(居)文化活动中心、志愿服务站的统一建设,有效整合基层行政和社会资源,在21个村(居)推广社会服务站建设,逐步实现镇(村)社会服务中心(站)全覆盖。镇级社会服务中心发挥辐射统筹、指导培训、体验转介等作用,带动村(居)社会服务站建设,从而形成功能融合、优势互补的社会服务平台体系。

发挥实体平台功能,为群众提供专业社会服务。中心(站)以"和"为主题,为社区居民提供8大品牌31项专业、优质的社会服务。镇(村)社会服务中心(站)采用"1+X+N"模式,"1"指一个平台,即多方合作的"社区治理创新平台";"X"指X个政府部门和X个品牌项目,即多个政府相关部门将自己打造的社会服务品牌项目汇聚平台;"N"指NGO,也指N个社会组织、N种服务机制以及N种可能,引入社工机构专业化运营,通过政府购买服务和公益创投等方式,使村(居)民在家门口就可以享受专业、优质的"一站式"社会服务。

二是开辟讲坛,凝聚共识,打造经验交流言论平台。

金湾区整合各类宣讲资源,开辟"和谐讲坛",广开言论交流,促进思想碰撞,凝聚社会共识。

首先是整合资源,打造理论宣讲品牌阵地。金湾区将区委宣传部的"明德讲堂"、区总工会的"工友驿站"、团区委的"青年讲习堂"、区妇联的"花语汇"等各类宣讲资源,按照名称统一化、布置规范化、场地社区化的要求统筹整合,打造成服务基层群众、推动科学发展、促进社会和谐的务虚言论宣讲平台——和谐讲坛。讲坛以"关注民生、关注基层、关注需求"为基本原则,主要分为"内心和静""家庭和美""社区和睦""社会和谐"四个板块,形成"以人为本"的社会共识,推动"德法并举"的社会实践,构建"协同共治"格局。

其次是促进交流,凝聚和谐共治社会共识。"和谐讲坛"灵活运用讲座、沙龙、展示等多种形式,集政府、专家、社会共识,融培训、交流、研讨于一体,促进群众性的相互学习和相互交流,将科学理论内化为大众的群体意识。

讲坛走进各个社区、学校、企业，促进不同社会主体间的思想交流，不断提升广大社区群众的参与度和认同感，从而凝聚和谐共治的社会共识。

三是公益引领，对接资源，打造多方参与活动平台。

举办"公益大家乐"活动，实现各种社会力量参与民间公益事业，开展民生服务，对接社会资源，洽谈服务项目。

首先是项目带动，传递社区公益服务理念。金湾区统筹工青妇、工商联等十大人民团体这些枢纽型社会组织，以"公益促和谐"为目标，开创"公益大家乐"项目，培养大众社会责任感，鼓励大众积极参与社区公益服务。该项目蕴含三层寓意："助人为乐"，倡导"微公益"，引导公众从身边小事做起；"其乐融融"，传递"企业公民"理念，倡导多方主体参与、汇聚、融合社会公益力量；"快乐成长"，倡导公众通过公益来实现自身价值，让公益成为主流价值观和生活新风尚。

其次是资源对接，形成互促互进良性循环。"公益大家乐"采用政府搭台、民间运作、社会参与、各方协作形式，推动政府、企业、社会组织间的跨界合作，促进社区公益服务项目与第三方公益资源的有效对接，不断培育壮大社会组织。同时，"公益大家乐"结合"和谐讲坛"理论知识开展社会实践，为社会治理创新项目提供载体，形成"站点开展活动，理论指导活动，活动实践理论，活动培育组织，组织促进站点"的良性循环。

"三平台"集聚了基层社会资本，调动各方社会力量参与公益事业，开展民生服务，对接社会资源，洽谈服务项目，形成了多方参与社区治理、百姓共享安定和谐的良好局面。2014年，金湾区新登记社会组织27家，比2013年同比增长了3倍，其中，"玉兰香""金茶花巧姐美食合作社"等成为珠海市知名品牌。

"三平台"促进了基层社会和谐，为生活在金湾的各类社会主体提供了共同参与社区治理的平台和机会，使得不同文化背景、不同户籍、不同职业的居民，在共同享受无差别社会服务、共同交流社会治理观点、共同参与公益服务项目过程中，培育出共融、共济、共享的社会参与意识，形成互相包容、互相帮助、互相关爱的良好社会风气。

如金湾区妇联统筹协调，集聚社会资本，培育社会企业。2014年，金湾区妇联发挥枢纽作用，借助社会服务实体平台，培育出社会组织——"金茶花巧姐美食合作社"。该社汇集了20余名下岗妇女和农村妇女，纯手工制作三灶特色糍果、精美小食等具有独特本土风味的纯天然食品，采用"店铺＋农户"模式运营，链接当地企业提供经营场地和销售渠道，所得款项在帮助下岗妇女脱贫致富之余,资助贫困儿童,投入社会公益事业,进而成为社会企业,并成为市、区两级非遗文化传承基地。团区委精心打造"亲青家园"金湾志愿服务品牌,成为广东省首个直接在工业园区设立的异地务工青年综合服务机构;又以红旗社会服务中心为枢纽,在社区服务站和青少年聚集地建设"亲青汇"——青少年综合服务中心,针对务工青年和社区青少年的多样化需求,零距离为广大青少年排忧解难,常态化开展"面对面、心贴心、实打实"的服务,畅通异地务工青年表达诉求的渠道,促进异地务工群体和当地的融合。

5.平和县的"四会一体"模式

2013年,福建平和县针对新形势下农村工作任务繁重、人手不足,部分村级党组织社会动员整合能力弱化,群众参政议政缺乏相应平台,村级治理与经济社会发展不相适应等问题,创新推行村党支部领导下的村代表议事、老党员参事、理事会理事、监委会监事"四会一体"村民自治模式,采取"支部搭台、群众唱戏"的形式,在强化党组织的领导核心作用的基础上,充分发挥其他社会组织的积极功能,推动村级党组织转型升级,健全完善村民自治机制,有效提高农村群众自我管理、自我教育、自我服务的能力和水平,形成务实管用的农村社会管理、运行、服务体系。主要做法如下。

创设"四会"联动组织,变"官管"为"民管"。一是建机构。由村党组织牵头,平和县各村普遍成立了以党支部为核心、议事会为先导、理事会为纽带、参事会为扶助、监事会为制约的"四会联治"式组织网络,使民主自治更具群众性和代表性。到2014年7月,全县240个行政村均成立了村代表议事会、老党员参事会、村务监督委员会,并建立了986个新农村建设理事会。二是明职责。村代表议事会由各村民小组长组成,主要负责参政议政、参与决策;老党员参事会由55岁以上的老党员组成,主要负责乡贤交友拓展、协调党群关系;理事会主要由威望高、能力强、办事公道的党员骨干、致富能手组成,负责新农村建设项目的实施;村务监督委员会由村民直选产生,负责对项目建设、"三资"管理、村务公开等各项农村事务进行全程监督。三是抓联动。通过"四会"组织联动式运作,推动项目征迁、民生工程等村级重大事项顺利推进。如坂仔镇在推进林语堂文化博览园项目用地征迁工作中,改变以往的政府包办为"政府支持、理事会主导、市场参与、民众监督"运作模式,发挥"四会联治"功能,促使征迁工作顺利推进。

创新"六环"运作体系,变"人治"为"法治"。一是民意调查"提"事。由议事会通过召开座谈会、入户调查等形式,及时掌握群众所需所盼,对收集到的各项诉求、意见、建议进行筛选,形成提议,报请村党支部审议。二是征询意见"谋"事。由村党支部将议事会的"议案"提请老党员参事会研究讨论,征询意见建议后进行完善、补充,拟订重大事务决策的初步方案。三是公开透明"亮"事。村党支部、村委会将初步方案在村务公开栏和各村民小组醒目位置张榜公布,征求村民意见,对初步方案进一步修订、完善。四是回访调查"审"事。村党支部、村委会对公示后群众无异议的初步方案,交由议事会就修改方案的可行性和群众意愿等情况进行再次回访调查。五是村民表决"定"事。村党支部、村委会对回访调查再修改后的方案提交村民代表会议进行表决。表决通过后,将方案和表决结果在村务公开栏中公布,再次接受群众监督,公示无异议后交由理事会具体组织实施。六是全程监督"评"事。监委会对各项事务进度和质量进行全程监督、适时评议,对理事会账目有权随时财务审计,及时督促公开项目实施进度和财务开支情况。形成村党支部领导下的"四会"组织互联、互补、互动,首尾相衔,一体运作的运行体系,大大提高了村务决策、村务管理的科学化、规范化水平。

创建"三动"工作机制,变"盆景"为"风景"。他们坚持党群互动,提倡村级班子成员、党员按程序进入"四会",竞选会长,推动村"两委"与"四会"组织机构有机融合,形成村党支部统筹领导,群众组织积极参与,"两条主线"有机统一、互补互促的农村社会自治体系。另外就是坚持民主驱动,在"四会"组织人员选择、章程制定和程序规范等关键环节,广泛邀请群众参与,引导村民通过"四会"组织平台依法进行民主选举、民主决策、民主管理、民主监督。

(三)规范村级事务

浙江江山市推行村级事务准入制,是农村社会治理中规范村级事务的典型案例。

村级组织机构牌子多、考核评比多、创建达标多等"三多"问题,加重了村级组织的不合理负担。浙江省江山市以坚持完善村(社区)的自我管理、自我教育、自我服务和自我监督为目标,以进一步明确村(社区)职责、理顺村(社区)组织工作关系、规范各部门单位对村(社区)工作的指导为切入点,以"依法、必需、便民、配套、规范"为原则,对全市村级事务进行集中整治,并建立长效管理机制,切实减轻村(社区)工作负担。

2014年,浙江江山市大力开展村级事务准入制工作。2015年7月,全市各行政村机构牌仅保留 5 块,制度牌精简至 10 块,工作台账仅保留 1 套,村(社区)承担的工作任务由 295 项精简至 152 项,实现村级事务准入"全覆盖"。具体做法如下。

一是铁腕摘牌,精减村级机构牌子。遵循"必需"和"便民"原则,制定下发《村(社区)机构牌子清理整顿方案》,市级层面要求做到"一清理、三统一":村(社区)范围的室外广告宣传牌应规范设置,影响村容村貌的废旧广告宣传牌应及时清理;村(社区)主办公楼统一命名为"幸福江山连心服务工作站";办公楼正大门统一悬挂党组织、村(居)委会、村(居)监会、经济合作社(社区不挂)、民兵连等组织牌;便民服务中心(办事大厅)明示墙统一悬挂 7 张连心工作牌,以及"代办员职责、首问责任制、一次性告知制"制度牌、便民服务全程指南告知牌、办公场所分布指示图等 3 张牌,其他制度规定一律不准上墙,但可以统一录入电脑,在村"三务公开"信息平台上公开。确需以书面形式体现的,经审批后可用便民服务卡替代。同时,保留"书记室、主任室、财务室、档案室、活动室、会议室"等 6 块室牌。乡镇(街道)可视实际情况,对辖区内各村(社区)办公楼内需调整的标识牌统一设计制作,各村(社区)可在办公楼空白的地方悬挂特色党建、风俗人情、"一村一品"等照片资料。

二是依法减事,减轻村级工作任务。对江山市级部门和乡镇(街道)下派到村的各类事务进项梳理,突出村(社区)法定自治职能、公共服务职能和市委市政府中心任务等核心要素,将村(社区)承担的工作任务由 295 项精简为 152 项,精简率为 48.5%。全部任务以"清单"形式统一公布,"清单"外的其他临时性、阶段性的工作需进入村(社区)的,一律实行工作准入。创建评比达标方面,涉及江山本级以下的项目一律取消;江山以上的坚持以工作配合为主,符合申报条件的坚持村(社区)自主申报,不再全面下达任务。工作性台账方面,对各类网络平台、报表进行分类处理,终端不应设在村(社区)的网络终端平台及报表一律收回到乡镇(街道)。减少纸质台账,原则上要求村一级在确保台账要素能够反映工作情况的前提下,精简各类工作台账,只保留一套纸质台账,并充分运用信息化手段提高工作效率,做到符合上级各类考核达标要求,一套台账多用。精简后,工作台账由 163 本缩减整合为 1 套,村(社区)网络终端平台由 4 个减少为 2 个。考核方面,江山市级层面只保留中国幸福乡村创建考核一项,其他的考核归入幸福乡村创建或取消;乡镇(街道)只保留对辖区村(社区)的综合考核,不再实施单线考核。通过精简事务,取消不必要的评比考核,让村(社区)干部从繁杂事务中解脱出来,把更多的时间精力投入到推动社会管理和公共服务之中。

通过推行村级事务准入制,江山市有效构建起了村级事务的"防火墙",切实减轻了村(社区)工作负担,转变基层工作作风,有效规范了村(社区)的便民服务行为,提高了基层社会管理和公共服务水平。江山市明显强化了便民服务职能,精简了考核评比和工作任务,原来仅填报各类报表一项,就占用了村(社区)干部一个星期中 3 天左右的时间,现在只需 1 天,村(社区)干部有了更多时间走访群众,了解民情民意,打通服务群众"最后一公里"。同时,切实转变了部门工作作风。职能部门不能随便以挂牌、文件、考核等形式转嫁工作,不能只动嘴不动腿,许多原本下派给村(社区)的工作,现在由部门自身或委托社会专业机构去开展。

(四)舆情信息管理

陕西镇安县的"民情气象服务站"是重视舆情信息工作的典型案例。

镇安县地处秦岭土石山区,是国家扶贫开发工作重点县。山大沟深、地域辽阔、群众居住分散、群众诉求渠道不畅等现象,基层普遍存在的党委、政府掌握民情难,群众表达诉求难,干部化解纠纷难,基层组织解决群众需求难,特色产业发展难等问题,不同程度地疏远了党群干群关系,制约了经济社会发展。

2012 年 5 月,镇安县高峰镇在青山村试点的基础上,在全镇推行了"民情气象服务站"制度,将现代气象服务理论应用于群众工作,将群众的冷暖疾苦通过气象标识直观反映出来,为基层组织有效解决问题、科学施策提供依据。后来,镇安县委、县政府出台《关于全面推广建立民情气象服务站的实施意见》,由县委政法委牵头,组织、宣传等部门配合,出台了《镇安县民情气象服务站网络建设方案》,制定了民情气象服务站工作流程图,采用县、镇、村、组四级工作模式和图表组合分析方式,制作了全县民情气象站服务软件,依托民情气象总站网站,将全县所有农户的基本情况收录其中。

镇安县 19 个镇成立了民情气象服务分站,选择熟悉农村工作经验丰富的人员,增设了民情工作办公室,由镇党委书记总负责,相关涉农单位负责人和联村领导、驻村干部为主体,抽调干部担任民情监测联络员,固定干部日常办公。

村级则建立民情气象服务基站。在全县 202 个村 6 个社区设立了民情气象服务基站,在 1060 个村民小组设立了民情气象观测点,按照每个观测点至少配备 2 名人员的要求,共配备民情观测员 2200 多名,通过发放民情服务卡、上门走访、民情热线、民情信箱等方式，收集民情信息，研判社情民意，解决群众实际困难。

另外，建立网格化的党员干部服务队。党员干部服务队队员由村组干部、党员中心户、入党积极分子组成。根据服务对象和内容，划分若干服务小组，广泛收集村情民意，定期开展上门服务，处理村民事务。党员干部服务队主要承担民生救助、信访稳控、产业发展、基础设施、矛盾调处、特殊人群、联防巡查、红白理事等服务内容，由村民情气象服务基站统一指派，快速反应，在规定时间内满足群众诉求。

"民情气象服务站"的运行情况如下。

一是分类指导动态服务。全县各级民情气象服务站将收集到的民情民意信息分类整理，将所有农户分为安居乐业、生活困难、矛盾突出、特殊对待四种类型，用"晴、阴、雨、雪"气象符号动态反映。"晴"表示安居乐业的放心户，"阴"表示在生产、生活方面有困难需要帮助的关照户，"雨"表示有矛盾纠纷需要调处的关爱户，"雪"表示有特殊复杂情况需要综合解决的关注户。按照气象符号发布民情信息，在综合研判的基础上，选择最适合的方案和方法，在最短时间内解决群众所思、所想、所忧、所盼。

二是"三色"响应强化服务。民情气象服务站实行动态监测、及时预警。对收集到的群众需求诉求和信息，进行分类、分级整理，因需、因事、因人制定解决方案。针对放心户、关照户、关爱户、关注户四种类型的不同特点，将放心户纳入常规联系管理，其他三种类型的群众分别对应启动"蓝、橙、红"三色响应机制。关照户启动"蓝色"响应，关爱户启动"橙色"响应，关注户启动"红色"响应，并根据不同的需求采取不同的服务措施。

三是四级联动全程服务。坚持县、镇、村、组四级联动解民难。对村级民情气象服务站收集的信息，由党员干部服务队现场解决，报村两委会备案，不能现场解决的，报村两委班子研究后解决，还不能解决的向镇民情气象服务分站上报。镇民情气象服务分站根据村民情气象服务基站标识的对应响应机制颜色，并依据问题的轻重缓急，采取相应措施实行镇、村联动，拿出方案，快速解决。对群众反映的镇、村无法解决的问题，由镇向县民情气象服务总站上报，采取县、镇、村、组四级联动的办法解决。

四是重大问题包抓服务。对镇或部门单独无法解决的事关全局性、长远性的重大问题，建立领导干部牵头包抓责任制度，建立重大民情问题落实台账，填报重点任务推进表，明确解决问题的内容、时限、责任、措施和要求。定期召开联席会议，交流通报工作进展情况，协调解决落实中的具体困难，并及时将办理结果向基层和群众反馈。

镇安县民情气象服务站成为反映群众心声的"晴雨表"、改进干部作风的"直通车"、引导干部为民服务的"风向标"、推进发展的"助推器"。通过建立民情气象服务站,变干部被动驻村为主动服务,变群众上访为干部下访,变上级压下级解决问题为上下联动解民难,开通了民情"直通车",实现了服务群众"零距离"。

一是促进了科学决策。镇安县坚持把收集民意、广集民智、科学决策作为民情气象服务站工作的关键环节,对涉及全县经济社会发展的重大事项,深入调研,问政于民,问计于民,问需于民,把决策建立在广泛的民情民意基础之上,最大限度地确保决策的科学化、民主化和有效化。

二是维护了社会稳定。针对近年来医患矛盾日益突出,医疗纠纷引发的群体性"医闹"事件呈上升趋势的问题,镇安县认真倾听群众诉求,把医疗矛盾纠纷调解作为重要切入点,设立了医疗纠纷第三方调处机构。由政府牵头,建立了由司法、公安、信访、卫生等部门组成的医疗纠纷人民调解委员会,组建了由 35 名专家组成的医疗纠纷调处专家组,有效化解了医患矛盾纠纷的发生。借鉴这一思路和模式,镇安县整合资源,组建了县域行业性、专业性人民调解大厅,下设交通事故赔偿、劳动争议、征地补偿、环境污染等12 个行业性、专业性纠纷调解机构,构筑起维护社会稳定的"第一道防线"。

三是激发了干部工作活力。通过建立民情气象服务站的倒逼机制,既为干部施展才能搭建了平台,又夯实了干部工作责任,促使了政府职能由管理型向服务型转变,干部由被动服务向主动服务转变,压力变动力,动力变活力,实现了基层组织与千家万户群众的"无缝对接",密切了党群干群关系,提高了党委政府的公信力和号召力。

2014 年,陕西省精准扶贫现场会、信访大厅建设经验交流会、医疗纠纷人民调解工作现场推进会等先后在镇安县召开。

(五)西部乡镇直选(公选)的基层民主实践

现行的乡镇党委书记,多数是由上级党委提出候选人,乡镇党代会选举产生;乡镇长多数是由上级党委提出候选人,乡镇人大会选举产生。而不经上级党委推荐提名,主要采取由乡镇党代会甚至党员群体直接选举产生乡镇党委书记,由乡镇人代会甚至居民群体直接选举产生乡镇长这样的方式,则称为"乡镇(党委书记、乡镇长)直选(公选)"。有时又称为"公推直选"等。有时也扩大到乡镇党委、政府整个班子成员的产生。这也属于农村社会治理创新的内容。

1998 年 4 月,四川遂宁市市中区保石镇实行镇长公选,600 多名人大代表、村干部、村民代表投票产生正式候选人,再经乡镇人代会投票决定最终镇长人选,四川电视台的《共产党人》栏目赞誉其为四川省第一次乡镇公选试验。事实上,这在全国也是较早的改革。时任市中区委书记的张锦明说:"民主选举,在上层可能是一种复杂的制度设计,在地方是一个并不复杂的组织问题,而在广大的选民那里则是一个简单的操作技术。"1998 年年底,遂宁市安居区步云乡也产生了直选乡长候选人。同一时期,四川巴中市、南充市也推出了乡镇长的"量化淘汰"公选。

1998 年年底,四川青神县南城乡用公推直选方式产生乡党委书记,这是四川甚至全国率先探索公推直选乡党委书记的案例。

2001 年 9 月,四川省委组织部发文,要求除少数民族地区外,至少 1/3 的乡镇在当年换届选举中要采取"公选"的方式。这是较早的从省级高度统一部署开展乡镇公选工作的重要举措。到 2002 年,四川全省乡镇干部换届一半以上的职位实现公推公选,共计公选乡镇领导干部近 5500 名。

这一时期,全国也有一些地方进行这样的试点,如 2002 年湖北荆门杨集镇进行了"两推一选"乡镇党委书记。

2002 年 11 月,党的十六大召开,明确提出要进一步扩大县(市)党代会常任制试点。2002 年年底,四川雅安市雨城区进行了全国首次县级党代表的直选,拥有 11440 名党员的雨城区就有 1380 人报名,其中自荐 764 人,选举产生 159 名区党代表。2003 年,成都市新都区木兰镇党委书记实现直选。2004 年,四川省的成都、德阳、遂宁等 10 个市州的 30 个县(市、区)共计 45 个乡镇开展乡镇党委书记"公推直选";到 2005 年 3 月,成都市新都区 11 个建制镇全部实现乡镇书记直选产生。到 2008 年 12 月,成都市已实现新任乡镇党委书记全部实行"公推直选"。

2004 年 2 月,云南省红河哈尼族彝族自治州州部署石屏县 7 个乡镇直选乡镇长,同年 4 月选举完成。过程是:由 30 人以上的选民联名推荐或自我推荐,推举乡镇长初步候选人,即"直推";候选人在乡镇联席会上经过施政演说、辩论,以无记名投票方式,确定 2 名正式候选人;然后在候选人到各选区同选民见面、进行竞选演讲的基础上,由有选举权的选民正式参加选举产生,即"直选"。共有 10 万余名有选举权的选民参加了选举,参选率达到 97.1%。

2004 年,红河州泸西县试点公推直选乡镇党委班子。同年 8 月,泸西县

6700 余名中共党员先后在全县的 10 个乡镇直接选举产生乡镇党委班子。具体过程为双推直选：党内推荐和党外群众 30 人以上联名推荐，然后党群联席会上推选正式候选人，再由党员大会进行直选。这次直选，从 178 名正式候选人中选举产生了全县 10 个乡镇的党委书记、副书记、委员，纪委书记、纪委委员共 148 名。

2006 年年初，红河州在全州 2 市 10 县范围内进行了乡镇党委领导班子换届直选活动，这是在当时全国地市级中第一个全部实现乡镇党委领导班子换届直选的地区，是对党的十六大提出的建设社会主义政治文明、完善人民代表大会制度和扩大基层民主这一要求的一次积极尝试。

红河州直选试点工作遵循"五个坚持"：坚持党的领导与充分发动群众相结合的原则；坚持人民代表大会制度与依法行使民主权利相结合的原则；坚持公开、公平、公正、竞争的原则；坚持依法、按程序进行的原则；坚持以人为本、尊重选民权利的原则。

西部其他地区也有类似改革。如早在 2003 年，重庆市城口县坪坝镇进行党委书记直选；2005 年，陕西南郑县湘水镇党委书记进行直选。截至 2005 年 10 月，全国共有 13 个省的 217 个乡镇开展了"公推直选"的试点。如 2005 年，江苏沭阳县 13 个乡镇党委书记实现直选。

近年来，乡镇直选出现了一些反复。2008 年 1 月，时任中央编译局副局长的俞可平教授在第四届地方政府创新奖评选之后表示，作为基层民主重要创新的"公推公选"，在一些地方试行一段时间后便停了下来，至今在全国也只有近 300 个乡镇在时断时续地推行，还不到全国 4 万多个乡镇的 1%。如四川省步云乡开始的乡长直选，在经过十多年坎坷之路后，已经不见踪迹。红河州待到下次换届，便重回旧路。但是，这样的探索毕竟具有重大意义，它提示我们，在进一步完善制度设计，保护、继承、推广这样的改革成果方面，还要进行许多努力。

三、宁波农村社会治理的成就与问题分析

宁波市在农村社会治理领域进行了一系列的创新探索，逐步形成了具有宁波特色的农村基层社会治理体制，取得了显著成就，但也存在一些问题。

(一)宁波经验案例

1.象山县"和村惠民四步法"

象山县积极探索农村社会治理新路径,形成以和谐村庄、实惠居民为宗旨的"和村惠民四步法",契合扁平化管理、信息管理、绩效评估以及社会资本等先进的治理理论,体现了统筹与扁平化并重的原则,对于我们思考农村社会治理创新问题具有很好的启发意义。

从2009年开始,象山县针对新形势下农村基层社会治理中存在的村两委民主决策机制不健全、村民利益诉求渠道不畅、村民参与治理的程度不高、村庄基本公共服务缺失等问题,积极探索农村基层社会治理新模式,先后推出"村民说事""村务会商""民事村办""村事民评"等一系列制度。具体内容如下。

一是"村民说事"——建立群众利益诉求机制。

各村设立村民说事室,每月固定1～2个说事日,由村党支部(党委)主持召开说事会,组织村民理性地表达利益诉求。参加说事会的人员包括提出说事申请的村民、村"两委"成员、村监事会成员、村民代表、村老干部、老党员、联村干部等。说事范围既涉及农村经济社会改革发展、和谐稳定等方面的大事、难事,又包括事关群众切身利益的急事、杂事。说事规定了流程:"公示—申请—酝酿—说事"4个程序。先向全体村民公示召开说事会的时间,接着有意向的村民向村干部提出说事申请,再由申请参加说事的村民充分酝酿说事的内容,最后组织召开说事会,听取村民的意见、建议等,全程记录说事内容,确保事事有迹可循。

二是"村务会商"——健全民主协商机制。

每村设立村务固定"会商日",由村党支部(党委)书记定期主持召集村级班子召开村务联席会议或联席扩大会议,邀请村民代表和村民参加,讨论、解决和监督村内各项事务。根据事项的大小、轻重缓急分类处理:对村民的一般诉求,由村四套班子当场进行答复办理;不能当场解决的,立即商议解决方案,落实专人承办,并将处理结果递交下期会议。对一般性村级事务决策事项,由村党支部(党委)书记主持,村委会主任提出会办意见,经村四套班子集体讨论决策。对村级重大决策事项,先由村四套班子集体会商,再根据"五议两公开"程序会商决定。针对群众普遍关注的村级财务问题,在村务会商议事时,对本期资金使用、支出和下期资金使用情况进行通报,明确每一笔收支的日期、来源、用途等各项要素,由村四套班子进行联合审签,并进行公示。

三是"民事村办"——充实公共服务的内涵。

通过整合党员服务中心、社区便民服务中心等资源,建立"民事村办"服务室、专职民事代办员等制度,同时依托镇、县等服务平台,实行村、镇、县三级联动,分类、分级流转办理的模式。主要提供政策咨询、公益服务、证照审批等6类服务。对话费充值、养老保险、建房手续、纠纷调解等一般性民事诉求,由民事代办员全程代办,村民不出村就可享受到"证照村里办、补贴村里领、信息村里询、矛盾村里调"的一站式便捷服务。对自来水管道破损、溪坑被冲毁等重点民事诉求,由村干部根据责任分工领衔包办。对一些突发性事件、村民融资等重大民事诉求,由镇村干部组团联办,必要时由联片领导或县级有关部门协助办理,做到上下联动、高效回应。每月末将当月民事办理情况进行公示。将"民事村办"制度落实情况纳入农村基层党建工作和乡镇机关干部联村工作考核内容,实现全覆盖。

四是"村事民评"——建立以群众满意为导向的民主评价机制。

针对群众对村两委信任度下降、干群隔阂较深、村务透明度不高等问题,象山县采用上级党组织问、村干部述、群众评的评价方式,建立对村级事务客观科学的评价模式。评价主体来源广泛,主要有素质较高、正义感较强的村民代表、村民组长、普通民众等,固定每月召开1次"村事民评"会议,每年末召开总结会议。评价内容主要涉及干部工作作风、村务决策、民事办理、财务开支、项目建设、村庄发展等方面。凡是评价中反映的问题,要进一步整改落实,并作为下一次"村事民评"的重点评价内容。

象山县"和村惠民四步法"完善了各个主体良性互动的农村社会治理体制,充分体现了统筹与扁平化并重的原则。象山县通过整合党员服务中心、社区便民服务中心等资源,建立"民事村办"服务室,实行专职民事代办员等制度,将部分权限下放至镇级、村级。"民事村办"服务室成为一个承担社会治理和公共服务功能的平台,从纵向上整合了县、镇、村的社会治理职能,从横向上整合了政府各部门下放至村的职能,使村民不出村即可享受到方便、快捷和高质量的公共服务,提升了政府服务水平。而当村民遇到重大、突发事件时,又可直接向县有关部门反映,体现了沟通、回应等现代治理理念的精髓。

据统计,截至2014年9月上旬,"村民说事""村务会商""民事村办"制度已在象山县18个乡镇(街道)、490个行政村实现全覆盖,累计召开说事会8700余次,收到各类议题1.1万多项,解决率达到96.3%;累计召开村务会商会议 6000 余次,确定村级重点项目 987 项。全县专、兼职民事代办员达 4300 余人,累计办理为民服务事项 3.15 万项,办结率达 98.9%,办结时间平均提速 62.3%。而"村事民评"制度已覆盖全县 18 个乡镇(街道)、30%以上的行政村。

2. 宁海县村级权力清单

2014 年 2 月,宁海县纪委统筹协调县组织部、政法委、法制办、公安局、民政局、农林局等 20 多个涉农部门深入农村基层第一线,通过访谈上千名群众,召开上百次会议,广泛听取干部群众意见建议,收集和汇总了村级组织和村干部权力事项 60 余项,其中涉及村级集体管理 40 余项,便民服务 20 余项。在此基础上,本着简政放权、便民利民的原则,通过几上几下的反复酝酿和协商,梳理出村级事务权力清单,汇编出台了《宁海县村级权力清单三十六条》,固化了村干部在村级重大事项决策、项目招投标管理、资产资源处置等集体管理事务 19 条,村民宅基地审批、计划生育审核、困难补助申请、土地征用款分配以及村民使用村级印章等便民服务事项 17 条,基本实现村干部权力内容的全覆盖。同时,围绕 36 项需要重点规范的村级权力事项,按照工作步骤设置每项事务的操作环节,绘制下发具体权力行使的流程图 45 张,明确每项村级权力事项的名称、具体实施的责任主体、权力事项的来由依据、权力运行的操作流程、运行过程的公开公示、违反规定的责任追究等六个方面内容,确保村级权力运行"一切工作有程序,一切程序有控制,一切控制有规范,一切规范有依据"。

在绘制流程图设置工作环节时,尽可能地简化操作程序。尤其是涉及为民服务的权力事项,让村干部知道依法能做哪些、怎么做,同时要求做到一次性告知、限时答复、按时办结,群众清楚明白办事的程序、需要提供的资料、具体找什么人办、什么时候办好,防止村干部推诿扯皮,提高服务效率和群众满意度。

"宁海 36 条"将村级组织和村干部权力纳入流程化、规范化轨道,通过"五议决策法"(即村党组织提议、两委会商议、党员会议审议、村民代表会议决议、两委会实施决议),以及"村务公开"等方式,把村级决策权、执行权、监督权交到村民会议授权的村民代表手中,并就如何执行、监督制定了程序化、标准化、规范化制度,这在全国还是首次,为落实民主决策、民主管理、民主监督权利奠定了制度基础。

宁海县紧紧抓住权力行使过程可检查、责任可追溯的核心环节,构建上级监督、村监会监督、群众监督有机统一的三级监督体系。一是成立了以县委书记为组长的农村基层党风廉政建设领导小组,全面推进 36 条落实。制定出台《宁海县农村干部违反廉洁履行职责若干规定责任追究办法(试行)》,县纪委、民政、农林、审计等涉农相关部门根据职责,通过信访举报、"三务公开"检查、"村账镇代理"会计核算监督、农村财务审计等监督渠道,从严追究村干部违规违纪责任。各乡镇(街道)通过建立健全重大村务工作审核制、村干部目标管理责任制、述职述廉和民主评议制以及辞职承诺制等制度体系,不断加强村干部监督管理。二是明确村监会是村务监督专门组织,对照 36 条全面开展监督。三是扎实推进阳光村务工程。投资 200 余万元建成宁海"阳光村务网"和数字电视公开平台,让群众通过家里的电视或手机等就可查询到村务办理情况。

"宁海 36 条"的实践,通过对村级决策权、执行权、监督权科学合理分置,使农村干部用权更加规范,基层群众办事更加便捷,村监会监督履职更加有序,铲除了村干部滋生腐败的土壤,改变了农村基层政治生态。据统计,"宁海 36 条"实施一年,全县涉及农村干部廉洁自律方面的初信、初访它上一年同比下降 80% 以上。宁海将这一经验在全国党建工作会议上做了交流。宁波市委也在宁海召开了全市推进农村小微权力规范化工作现场会。

3. 镇海区村级"底线规则 40 条"

2015 年,宁波市镇海区以"内容深化、指标量化、台账简化、监管强化"为原则,在宁波市率先全面推行"底线规则 40 条",通过划清权力"底线"、明确服务清单、完善管人机制、创新执行载体等措施,规范农村基层组织运行。

"底线规则 40 条",就是运用底线思维,把原来农村多、杂、散的规章制度转化成具有可操作性的规则条款,解决当前农村普遍存在的制度执行失范、落实无力和党员干部作用发挥不明显等问题。

镇海区在优化村级事务决策权、规范农村"三资"监管权的同时,把召开会议作为听取党员群众意见、共同协商的有效载体,明确规定每周一次村两委会,至少每两月一次村党员大会,每季度一次村民代表会议,由此厘清权力运行"底线",确保村干部用权从"集中封闭"向"民主公开"转变,实现农村权力寻租"零空间"。在每月固定召开的"基层党组织生活日"上,村里除了要通报村里重点项目外,还要研究讨论近段时间群众反映的热点、难点问题。党员知道村里的各类大事,并及时告诉村民。诸如村庄建设开发、村规民约制定、集体资产处置等六大类涉及村集体和村民利益的重大事项,实行民主决策"六议两公开"。同时，从村民最关心的"三资"管理入手，详细规定集体资金审批、集体资产资源处置、合同管理、工程管理等管理制度，明确村监会职能作用，健全"三务"公开制度，做到逐笔逐项定期公开，有效监督村级组织和村干部管好财、当好家。镇海区蛟川街道清水浦村摸索出"168 阳光村务"工作法，规定在村监会全程监督下，对 6 项村级重大事务按照村党组织提议、村两委会商议等 8 步议事程序组织实施，推行村务民主管理、阳光决策。

加强服务是全部工作的"落脚点"。试点中，庄市、蛟川两个街道共 199 名村干部全部下沉到 102 个网格，覆盖 17000 余户农户，在实现"格不漏户、户不漏人"的基础上，村民原先需要到区、镇（街道）部门办理的事项，改为均由村干部全程代办，并健全首问负责、服务承诺、限时办结等制度，做到"群众动嘴、干部跑腿"。

40 条"底线规则"还重点针对发展党员要求、民生项目数量等内容，规定了 46 个"硬性指标"，确保规章制度从"雾里看花"向"一目了然"转变，实现"底线规则"执行"零差错"。同时，把"底线规则"对应设计成 28 张工作流程图，细化每个流程环节，做到了"工作一张图、五分钟看懂"。

（二）存在的问题与分析

当前，宁波农村社会治理体制建设中存在如下突出问题。

一是村级党组织、村委会建设水平有待提高。

虽然农村组织建设不断健全，但农村社会转型加快，农村社会治理面临的新情况、新问题和新挑战不断出现，这对村干部的能力提出更高的要求，对村级组织建设提出了新课题。村两委班子成员对村两委关系的界定和职责规定有时不太清晰，加上宗族等外界因素的影响，容易造成村两委班子成员不和、职责混乱等问题，从而影响了农村社会治理体系的运转和治理能力的提高。

二是农村社会组织建设与管理滞后。

随着农村经济社会发展水平不断提高，在农村，各种自发性社会组织日益增多，但囿于自身规模小、经费少、活动场地和专职管理人员缺乏等原因，难以有效开展高质量的活动，难以适应农村社会治理创新的需要。

三是部门协作尚需加强。

目前，宁波市乡镇（街道）都建立起社会服务管理中心，便民服务中心也覆盖了行政村 90 个以上。近年来，宁波市高度重视农村社会治理工作，从政策制度、基础设施、资金、人员等方面不断加大投入，然而，由于缺少统筹安排，县（市、区）、镇有关部门缺乏协同共治，浪费了公共资源，也影响了农村基层社会治理的实际效果。比如，围绕提升农村公共服务，既有民政部门设立的"社区服务中心"，有的地方也有纪委牵头设立的"民情会办中心"等，它们都要求村必须挂牌、有固定工作场所和工作人员。但这些公共管理与服务机构由于受权限、人员、资金等因素的限制，实际运行效果并不都十分理想。因此，要充分依托乡镇（街道）社会服务管理中心、村（社区）便民服务中心，整合县（市、区）、镇诸多资源，发挥其聚集效应。

四、对宁波农村社会治理创新的思考

（一）加强村两委建设

社会治理主体是公民个体、公民自治组织、社会组织与公权力等之间的良性互动结构。从村一级来说，在利益多元化格局中，农村基层党组织（村党支部或村党委）应该构建利益表达渠道，扮演利益协调、整合的角色，主动引导群众参与农村事务管理，达成利益共识和均衡，形成以农村基层党组织为领导核心，村委会与社会组织、群众等协同共治的农村基层社会治理体制。

目前，农村社会面临着深刻变革和转型，农村经济结构、人口结构、社会结构、组织结构，群众的民主观念和要求、反映利益诉求的渠道和方式，以及党员队伍组成都发生了深刻变化，农村基层党组织建设遇到了一些新情况、新问题。在治理过程中，怎样协调村基层党组织与村级决策组织（村民代表大会）、村级执行组织（村委会）、村级监督组织（村监会）等之间的关系，是实现治理的关键。另外，随着农村的发展，新成长起来的经济合作组织、社会文化组织等农村自组织已在农村基层公共管理中发挥了重要作用，农村基层党组织也要处理好与它们的关系，形成治理合力。

2015 年《中共宁波市委关于创新社会治理全面加强基层基础建设的决定》对农村社会治理提出了新的要求。它指出，强化基层党组织在基层的领导核心地位。突出基层党组织的政治责任和政治属性，切实强化政治引领功能，提升服务能力和水平，加强对基层各类组织的统一领导和对群众的教育引导；加强农村党组织建设，强化村党组织的战斗堡垒作用，加强村党组织对村级组织机构和村级事务的领导,支持和保证村级其他组织机构依法依规行使职权;健全村级治理架构;完善村党组织书记主持村务联席会议制度,加强对村级事务的统筹。提高村两委班子成员交叉兼职比例,引导、鼓励和支持村党组织班子成员通过依法选举当选村委会成员,提倡具备条件的村,特别是规模小、村委会主任无合适人选、村党组织书记驾驭全局能力较强的村,通过法定程序把村党组织书记选为村委会主任。提倡按照法定程序将村党组织书记推选为村(股份)经济合作社社长(董事长)。全面深化村务监督委员会建设,村务监督委员会要自觉接受村党组织领导,村务监督委员会主任参加或列席村两委会,坚持村务监督委员会每年向乡镇(街道)纪(工)委、村党组织和村民代表会议报告工作制度。推进村委会与集体经济组织功能分离和经费分账管理使用。重视和加强村民小组建设。

(二)积极培育服务农村的社会组织

2015 年中央一号文件强调指出,创新和完善乡村治理机制,要激发农村社会组织活力,重点培育和优先发展农村专业协会类、公益慈善类、社区服务类等社会组织。随着农村经济社会水平不断提高,各类社会组织数量不断增多,这些社会组织在农村社会治理过程中发挥着重要作用。为了有效整合社会资源,建立社会治理协同机制,各级党委政府以及村两委要大力扶持和培育各类服务农村的社会组织,引导其参与农村社会治理。

目前,基层党委政府与村两委虽不再处于垄断各种治理资源的地位,不能再像以前那样运用政治强力控制的方式来进行治理,但在有的地方它们有时依然是"一家独大"的主体。其他治理主体的力量还是相对比较薄弱,主要表现为乡村社会组织发育不足,农民群众的自治能力弱,参与公共事务的热情和动力不足,这是当前乡村社会治理出现诸多困境的深层次原因。因此,要大力发展农村社会组织,不但要重视共青团、妇联等枢纽型组织以及经济合作社等经济类组织的建设,还要关注人民调解、公共卫生、治安保卫等领域群众组织的建设,还要给予宗族组织、宗教组织、文化组织等合理的发展空间,还原农村社区组织的生态多样性。

(三)加强县镇部门协调,建立新型农村公共服务体系

为高效应对日益复杂的社会问题,有必要对传统的以等级制为主要特征的组织结构形式进行变革,推行扁平化管理。针对当前农村群众服务需求日益多样化、办事难等突出问题,要通过整合党员服务中心、社区便民服务中心等资源,将部分权限下放至镇级、村级,并依托镇、县等服务平台,从

纵向上整合县、镇、村的社会治理职能,从横向上整合政府各部门下放至村的职能,构建上下层级联动、部门联动、社会各方面广泛参与的新型公共服务体系。实现各项公共服务的全方位和全覆盖,使村民不出村即可享受到方便、快捷和高质量的公共服务。

(四)增强共同体意识,增益农村社会资本

德国著名社会学家斐迪南·滕尼斯(Ferdinand Tönnies)在其名著《共同体与社会:纯粹社会学的基本概念》中认为,"共同体是指那些有相同价值取向、人口同质性较强的社会共同体,体现的人际关系是一种亲密无间、守望相助、服从权威且具有共同信仰和共同风俗习惯的人际关系"。乡村本来就是社区共同体,农民群众生于斯、长于斯,在这里进行社会交往和建立各种社会关系。作为一种重要的社区类型,乡村本来有很多社区性的公共事务,比如纠纷调解、社会救助、防火防盗、安全保卫、捐资助教、修桥补路等。很多公共事务在传统社会都是通过社区内部成员协商自治来实施的,但目前不少都被纳入公权力的范畴。

村民自治制度是广大农民群众依法直接办理自己的事情,实行自我管理、自我教育、自我服务的一项基本政治制度,其实质是建构一个程序性、规范性的协商讨论和利益博弈平台。协商有利于引起人们对公共问题的关注,有效化解利益冲突,有利于达成一种相对均衡和稳定的合作秩序。这种合作秩序依托一种心灵归属和情感慰藉的共同体;在其中,人们之间的信任度高,认同感和归属感强。

所以,构建乡村社会共同体有利于拓展人们交往的公共空间,减少各主体间的交易成本,解决认同危机,化解矛盾冲突,提升乡村的社会资本存量,增益农村社会资本,实现乡村社会和谐。

参考文献

[1] 博克斯.公民治理:引领 21 世纪的美国社区[M].孙柏瑛,等译.北京:中国人民大学出版社,2014.

[2] 陈方勐.农村改革的战略问题[M].北京:中共中央党校出版社,2012.

[3] 陈广胜.走向善治——中国地方政府的模式创新[M].杭州:浙江大学出版社,2007.

[4] 陈家刚.协商民主与国家治理:中国深化改革的新路向新解读[M].北京:中央编译出版社,2014.

[5] 陈利权,赵全军,等.公平正义 激发活力:宁波政府管理体制改革三十年[M].杭州:浙江人民出版社,2008.

[6] 陈振明,等.社会管理——理论、实践与案例[M].北京:中国人民大学出版社,2012.

[7] 陈振明,桑克顿.地方治理中的公民参与:中国与加拿大比较研究视角[M].北京:中国人民大学出版社,2016.

[8] 邓伟志.创新社会管理体制[M].上海:上海社会科学院出版社,2008.

[9] 丁开杰.社会排斥与体面劳动问题研究[M].北京:中国社会出版社,2012.

[10] 冯仕政.当代中国的社会治理与政治秩序[M].北京:中国人民大学出版社,2013.

[11] 戈丹.何谓治理[M].钟震宇,译.北京:社会科学文献出版社,2012.

[12] 何增科.社会管理与社会体制[M].北京:中国社会出版社,2008.

[13] 何增科.中国社会管理体制改革研究[M].北京:法律出版社,2013.

[14] 黄晶,贾新锋.重塑街道:中心城区街道边缘的碎片化整合[M].北京:

中国建筑工业出版社,2014.

[15] 黄晓勇.中国民间组织报告:2011—2012[M].北京:社会科学文献出版社,2012.

[16] 郎友兴,陈剩勇,等.非政府部门的发展与地方治理[M].杭州:浙江大学出版社,2008.

[17] 李培林.社会改革与社会治理[M].北京:社会科学文献出版社,2014.

[18] 李强,等.城市化进程中的重大社会问题及其对策研究[M].北京:经济科学出版社,2009.

[19] 连玉明,朱颖慧.社会管理蓝皮书:中国社会管理创新报告 No.2——社会改革与城市创新[M].北京:社会科学文献出版社,2013.

[20] 刘祖云,等.珠三角地区社会事业发展和社会管理体制创新研究[M].广州:广东人民出版社,2013.

[21] 卢汉龙,等.新中国社会管理体制研究[M].上海:上海人民出版社,2015.

[22] 毛丹,等.村庄大转型:浙江乡村社会的发育[M].杭州:浙江大学出版社,2011.

[23] 孙柏瑛,等.社会管理新机制[M].北京:国家行政学院出版社,2014.

[24] 孙柏瑛.当代地方治理:面向 21 世纪的挑战[M].北京:中国人民大学出版社,2004.

[25] 孙琼欢.派系政治:村庄治理的隐秘机制[M].北京:中国社会科学出版社,2012.

[26] 唐铁汉,袁曙宏.中欧政府管理高层论坛——社会治理创新[M].北京:国家行政学院出版社,2007.

[27] 汪大海.社会管理[M].北京:中国人民大学出版社,2013.

[28] 江锦军.走向合作治理:政府与非营利组织合作的条件、模式和路径[M].杭州:浙江大学出版社,2012.

[29] 王邦佐,等.居委会与社区治理:城市社区居民委员会组织研究[M].上海:上海人民出版社,2003.

[30] 王名,等.社会组织与社会治理[M].北京:社会科学文献出版社,2014.

[31] 王浦劬,萨拉蒙,等.政府向社会组织购买公共服务研究:中国与全球经验分析[M].北京:北京大学出版社,2010.

[32] 王诗宗.治理理论及其中国适用性[M].杭州:浙江大学出版社,2009.

[33] 王振海,等.城市化与市民公共利益保护[M].青岛:青岛海洋大学出版

社,2005.

[34] 魏礼群.创新社会治理体制[M].北京:北京师范大学出版社,2014.

[35] 伍彬,陈国权.创新型政府:杭州的探索与实践[M].杭州:浙江大学出版社,2014.

[36] 夏建中.中国城市社区治理结构研究[M].北京:中国人民大学出版社,2012.

[37] 谢永康,林崇建,等.科学发展共建和谐:宁波改革开放三十年[M].杭州:浙江人民出版社,2008.

[38] 徐湘林.渐进政治改革中的政党、政府与社会[M].北京:中信出版社,2004.

[39] 许海清.国家治理体系和治理能力现代化[M].北京:中共中央党校出版社,2013.

[40] 许耀桐.中国基本政治制度[M].北京:国家行政学院出版社,2013.

[41] 杨雪冬,陈雪莲.政府创新与政治发展[M].北京:社会科学文献出版社,2011.

[42] 杨雪冬,赖海榕.地方的复兴:地方治理改革 30 年[M].北京:社会科学文献出版社,2009.

[43] 尹冬华.从管理到治理:中国地方治理现状[M].北京:中央编译出版社,2006.

[44] 俞可平.论国家治理现代化[M].北京:社会科学文献出版社,2014.

[45] 俞可平.治理与善治[M].北京:社会科学文献出版社,2000.

[46] 俞可平.中国公民社会的兴起与治理的变迁[M].北京:社会科学文献出版社,2002.

[47] 俞可平.中国治理评论[M].北京:中央编译出版社,2012.

[48] 郁建兴,陈奕君,彭朱刚,等.让社会运转起来:宁波市海曙区社会建设研究[M].北京:中国人民大学出版社,2012.

[49] 郁建兴,徐越倩.服务型政府[M].北京:中国人民大学出版社,2012.

[50] 袁浩,刘绪海.社会组织治理的公共政策分析[M].西宁:广西师范大学出版社,2013.

[51] 张晓冰.农村乡镇发展的体制性困境与出路[M].武汉:华中师范大学出版社,2006.

[52] 赵光勇.政府改革:制度创新与参与式治理——地方政府治道变革的杭州经验研究[M].杭州:浙江大学出版社,2013.

[53] 周红云.中国社会管理创新典型案例集萃[M].北京:中国人事出版社,2013.

[54] 周亚越,等.社会管理创新:宁波的探索与实践研究[M].杭州:浙江大学出版社,2013.

[55] LIEBERTHAL K G,LAMPTON D M. Bureaucracy,Politics,and Decision Making in Post-Mao China[M]. Berkeley:University of California Press,1992.

[56] NAUGHTON B J,YANG D L. Holding China Together:Diversity and National Integration in the Post-Deng Era[M]. Cambridge:Cambridge University Press,2004.

[57] O'BRIEN K J,LI L J. Selective Policy Implementation in Rural China [J]. Comparative Politics,1999,31 (2):167-186.

附　　录

《中共宁波市委关于创新社会治理全面加强基层基础建设的决定》

(2015 年 7 月 4 日中共宁波市委十二届九次全体(扩大)会议表决通过)

中共宁波市委十二届九次全会,深入学习贯彻党的十八大、十八届三中、四中全会及习近平总书记系列重要讲话精神,全面贯彻习近平总书记考察浙江时的重要讲话精神和全国农村基层党建工作座谈会精神,按照中共浙江省委十三届七次全会部署,围绕推动"四个全面"战略布局在宁波的实践,推进治理体系和治理能力现代化,研究创新社会治理,全面加强乡镇(街道)、村(社区)党组织(以下称基层党组织)和基层政权建设的问题,作出如下决定。

一、创新社会治理全面加强基层基础建设的总体要求

1.重大意义。党的工作最坚实的力量支撑在基层,经济社会发展和民生最突出的矛盾和问题也在基层。创新社会治理,加强基层党组织和基层政权建设,事关党的长期执政和国家长治久安,事关"四个全面"战略布局在宁波的实践。历届市委高度重视基层基础工作,始终坚持强化基层党的领导核心地位,筑牢基层堡垒;始终坚持法治德治自治相统一,创新基层社会治理;始终坚持践行党的群众路线,着力打通服务群众"最后一公里";始终坚持落实各级党委主体责任,推动形成一级带一级、层层抓落实的良好格局,为宁波改革发展稳定提供了有力保证。但必须清醒看到,基层基础工作

还存在不少薄弱环节和突出问题。主要是：一些基层党组织政治功能和领导核心作用发挥不够，乡镇（街道）职能与权力不对称，基层工作资源整合不够，村（社区）治理体系不够完善，基层干部队伍素质有待提高，基层基础保障有待加强。对于这些问题，必须引起高度重视。全市各级党组织和广大党员干部要切实增强政治意识、政权意识、阵地意识，把抓基层打基础作为长远之计和固本之策，丝毫不能放松，以高度的政治责任感和历史使命感，着力推进社会治理创新，全面加强基层基础建设。

2. 指导思想。高举中国特色社会主义伟大旗帜，以邓小平理论、"三个代表"重要思想、科学发展观为指导，认真学习贯彻习近平总书记系列重要讲话精神，特别是在浙江考察时的重要讲话精神，肩负起"干在实处永无止境、走在前列要谋新篇"新使命，紧紧围绕中心、服务大局，着力强化党的政治引领、思想引领、制度引领和作风引领，牢牢把握社会治理的核心是人、重心在城乡社区、关键是体制创新的要求，推进基层治理体系和治理能力现代化，全面提升基层党组织和基层政权建设水平，进一步巩固党的执政基础，为实现"两个基本"目标、建设"四好示范区"提供坚强保障。

3. 主要目标。推动我市基层社会治理体系进一步完善，基层社会治理能力进一步提高，基层党组织建设全面过硬，基层政权全面稳固，着力健全完善基层规范化组织体系、清单化权责体系、法治化城乡社区治理体系、网格化工作体系、信息化支撑体系、社会化服务体系、多元化矛盾调解体系、制度化保障体系，确保我市基层社会治理创新，基层党组织和基层政权建设各项工作，走在全国全省前列。

二、加强基层党组织建设，充分发挥领导核心作用

4. 强化基层党组织在基层的领导核心地位。突出基层党组织的政治责任和政治属性，切实强化政治引领功能，提升服务能力和水平，加强对基层各类组织的统一领导和对群众的教育引导，引领推动"四个全面"战略布局在基层落实。加强乡镇（街道）党（工）委建设，完善议事规则和决策程序，增强统筹协调能力。加强农村党组织建设，强化村党组织的战斗堡垒作用，加强村党组织对村级组织机构和村级事务的领导，支持和保证村级其他组织机构依法依规行使职权。加强社区党组织建设，强化社区党组织对居委会、业委会的领导。

5. 深入推进区域化党建。顺应城乡一体化发展趋势和产业布局、行业分工、党员流向的新变化，依托区域化党建，构筑纵向到底、横向到边的党组

织网络。优化调整村党组织设置,对村党员人数较多、下设党组织较多的,可改设为党总支或党委,探索建立特色党小组,推行"党建＋"工作方式,组建"龙头企业、专业合作社、协会＋支部"的跨区域产业型党组织,开展组建农村区域化党建联合体试点。推行社区"大党委制",吸纳区域内党政机关、企事业单位和"两新"组织党组织负责人进社区党委班子,统一调配、集约利用区域内党建资源和公共服务资源。在产业园区、大型商贸区、商务楼宇及外来流动人口相对集中地,推行组建区域性党建联合体。加强城中村、城乡结合部、"空心村"以及村改居、新建社区等党建工作。加强乡镇(街道)党(工)委对"两新"组织党组织的领导,充分发挥"两新"组织党组织在职工群众中的政治核心作用和在改革发展中的政治引领作用。

6. 加强基层服务型党组织建设。坚持以"幸福党建"为载体,深化全领域基层服务型党组织建设。建立基层党组织公共服务清单,创新服务群众工作方法。完善基层党组织星级评定指标体系,每年按5％左右比例倒排一批软弱落后基层党组织,滚动开展整顿转化,形成常态化整顿机制。深化在职党员"一员双岗"制度,完善"微心愿"认领公益平台。创新远教惠民服务方式方法,全面推行全员服务、组团服务和品牌服务。深化完善"两新"组织"公益集市"运行机制,提升"公益集市"影响力,增强社会自我服务能力。

7. 加强基层党风廉政建设。乡镇(街道)党(工)委要全面履行辖区内党风廉政建设的主体责任,全面落实主要负责人"第一责任人"职责和班子成员"一岗双责"。制定乡镇(街道)纪(工)委履职清单,乡镇(街道)纪(工)委要切实履行监督责任,加强政治纪律、政治规矩宣传教育。村(社区)党组织书记要对村(社区)党风廉政建设负总责。建立健全农村小微权力清单制度,实施村(社区)干部底线管理,规范村级组织权力运行。加强农村集体经济审计监督,充分发挥村务监督委员会作用,加强对村务决策、村务公开、村级集体"三资"管理、工程项目建设、惠农政策措施落实、耕地和资源保护、土地流转以及村干部廉洁履职等情况的监督。全面推行农村基层作风巡查制度,严肃查处发生在群众身边的"四风"问题、腐败问题和损害群众利益的案件。

8. 巩固基层思想文化阵地。强化基层党组织对基层意识形态工作的领导责任,建立健全基层社会舆情动态分析处置机制。贯彻落实《宁波市宣传思想文化阵地管理办法(试行)》,切实加强对基层各类宣传文化阵地的管理。加强和改进面向基层的宣传教育,深入推进中国特色社会主义和中国梦的宣传教育,广泛开展以"文明有礼、整洁有序"为主题的基层精神文明创建,推进社会主义核心价值观走进基层、走进群众。加快推进基层公共文化服务标准化、均等化,完善基层文化场馆建管用机制。加强基层党组织在互联网管理中的作用,让网络空间更清朗。分类开展宗教场所规范化管理,支持基层依法管理宗教事务,保护合法、制止非法、遏制极端、抵御渗透、打击犯罪,积极引导宗教与社会主义社会相适应,坚决防止利用宗教势力干扰基层事务、影响基层稳定。

三、完善乡镇(街道)工作体制,巩固基层政权

9.完善乡镇管理体制。完善乡镇党代会和人代会运行机制,全面深化乡镇党代会年会制和党代表任期制。加强和改进乡镇人大工作,推进基层协商民主。从实际出发优化调整乡镇规模和职能定位,在促进经济发展的同时,强化社会管理、公共服务、环境保护等职能。选择部分卫星城,探索在镇域范围内行使县级法定行政管理权。根据职能重心调整,优化乡镇行政事业机构设置。加强乡镇分类管理,建立科学化、差别化绩效评估体系。

10.明确街道职能定位。街道党工委要充分发挥领导核心作用,街道办事处要依法行使相应的政府服务管理职能,加强和改进街道人大工作。街道主要履行加强党的建设、服务经济发展、组织公共服务、实施综合管理、指导基层自治、统筹社区建设、动员社会参与、维护社区平安的职能。把街道服务经济发展的重点转变为优化公共服务、为企业发展提供良好的公共环境上来。结合职能转变,推进分类管理,科学设置街道行政事业机构。

11.理顺条块关系。按照责权利相统一、人财事相配套的要求,推动"四张清单一张网"向基层延伸,理顺乡镇(街道)与县(市)区部门关系,依法赋予乡镇(街道)履行职责必要的职权,实现乡镇(街道)权力清单和责任清单全面覆盖。对直接面向基层、量大面广、由乡镇(街道)管理更方便有效的各类事项,依法下放到乡镇(街道),做到权随责走、费随事转。理顺县(市)区与乡镇(街道)的财政分配关系,实行财力向下倾斜。加强乡镇(街道)财政管理,努力实现财政收支平衡,防止债务风险。强化乡镇(街道)对部门派驻机构的有效管理,市、县(市)区部门派驻乡镇(街道)机构的干部,纳入乡镇(街道)日常管理和考核,机构负责人的任免未经乡镇(街道)党(工)委同意,不得任免。

12.加强平台建设。进一步推进乡镇(街道)社会服务管理中心建设,充分发挥统筹协调作用,强化指导协调"网格化管理、组团式服务"、分析研判社会治理信息、督查考核服务管理工作的功能。健全完善乡镇(街道)综合

治理、市场监管、综合执法、便民服务、党群服务等工作职能。理顺乡镇(街道)社会服务管理中心与行政事业机构及有关职能单位的关系,形成资源整合、联动支撑、协调运作的运行体系。

四、完善村(社区)治理体系,激发基层社会活力

13. 健全村级治理架构。建立健全以村党组织为领导核心,村委会为主导,村民为主体,村务监督委员会、村(股份)经济合作社、驻村单位、群众团体、社会组织等共同参与的村级治理架构。完善村党组织书记主持村务联席会议制度,加强对村级事务的统筹。提高村"两委"班子成员交叉兼职比例,引导、鼓励和支持村党组织班子成员通过依法选举当选村委会成员,提倡具备条件的村,特别是规模小、村委会主任无合适人选、村党组织书记驾驭全局能力较强的村,通过法定程序把村党组织书记选为村委会主任。提倡按照法定程序将村党组织书记推选为村(股份)经济合作社社长(董事长)。全面深化村务监督委员会建设,村务监督委员会要自觉接受村党组织领导,村务监督委员会主任参加或列席村"两委"会,坚持村务监督委员会每年向乡镇(街道)纪(工)委、村党组织和村民代表会议报告工作制度。推进村委会与集体经济组织功能分离和经费分账管理使用。重视和加强村民小组建设。认真贯彻中央有关农村社区建设试点工作指导意见,扎实推进农村社区建设。

14. 完善社区治理架构。建立健全以社区党组织为领导核心,居委会为主导,社区便民服务中心为依托,居民为主体,社区居务监督委员会、业委会、物业公司、驻区单位、群众团体、社会组织等共同参与的社区治理架构。健全社区议事协商制度,推行社区党组织兼职委员制度,增强社区党组织统筹社区资源能力,切实保障居委会、业委会依法履行职责。加强居委会对业委会的指导、支持和监督,探索符合条件的居委会成员通过合法程序兼任业委会成员。加强行政管理部门对业委会和物业公司指导监督。

15. 完善村(社区)依法自治。规范民主选举,完善推广村委会"自荐直选"制度,全面实行居委会直选制度,广泛组织动员村(居)民参与村(居)委会选举。健全以议事协商为基础的民主决策机制,凡涉及群众切身利益的事项必须协商于民,建立健全自下而上的自治议题和自治项目形成机制,认真落实民主恳谈会、民主听证会、民主议事会等制度。推进民主管理,健全自治章程,强化村(居)民自我管理、自我服务、自我教育、自我监督。完善村(居)务公开制度,推进村(居)务事项从结果公开向全过程公开转变。完善

考核制度,健全以村(居)民知晓度、参与度、满意度为重点的村(居)工作评价体系。

16.推进村(社区)减负增能。全面落实村(社区)事务准入制度,制定村(社区)组织依法依规履行和协助党委、政府工作事项清单。巩固机构牌子多、考核评比多、创建达标多、报刊杂志征订多、便民服务中心多头管理等"五多"问题清理成果,精简村(社区)各类台账和材料报表,县(市)区应每年进行检查。加强村(社区)便民服务中心规范化和制度化建设,探索实行"全能社工"和"一门受理、后台协同办理"的运行模式。建立健全服务承诺制、首问责任制、AB岗工作制等制度,方便群众办事。

五、深化网格化管理,增强基层综合服务管理效能

17.建立全市"一张网"的网格体系。网格是在行政村、城市社区及其他特定空间区划内划分的基层社会治理基本单元。按照有利于精细化管理、有利于资源整合、有利于管理职能落实的原则,科学合理划分网格,构建全市统一的基层社会治理网格体系,实现资源整合、多方协作、多网合一、一网联动。明确网格管理事项与标准,切实发挥网格在信息收集上报、宣传教育、矛盾化解、安全防范、隐患排查、专业监管、协助执法、民主监督、公共服务和志愿服务等方面的功能。

18.健全网格化管理运行机制。积极探索建立源头防控和治理机制,健全多渠道、多领域的发现机制,建立分层指挥、分类处置机制,完善监督考核机制,形成"发现、上报、分流、处置、评价和考核"各环节的闭合系统和运行体系。实行网格事务准入制度,明确各部门具体职责和业务流程,增强网格化管理工作合力。整合落实基层网格化管理工作经费,由乡镇(街道)统筹安排使用。

19.整合配强网格管理力量。统筹基层各类服务管理人员,因地制宜组建网格管理队伍,确保每个网格落实一名网格长。建立乡镇(街道)机关干部联系服务网格制度,推进服务管理力量下沉。整合村(社区)干部、村(居)民小组长、村(居)民代表、专(兼)职队伍、驻区单位和社会组织等各方力量,配齐配强专职、兼职网格员。整合各类协辅人员,并建立工资动态调整机制,由乡镇(街道)统筹使用和考核管理,实现多员合一、一员多能。整合各类服务团体,开展自助式服务、互助式服务和专业特色服务,提高组团式服务水平。统筹抓好网格服务管理人员业务培训,不断提升工作能力。

六、推进信息化建设，提升基层治理信息支撑水平

20. 推进信息资源整合共享。按照资源节约、协同共享、安全可控的原则，以基础和专题信息数据交换共享为重点，依托市政务云计算中心，建立全市统一的社会服务管理综合信息系统，大力推进人口、法人、地理空间、信用等各类数据在乡镇（街道）的贯通共享，逐步提高信息系统向社会开放的广度和深度。集成基层数据采集终端，减轻基层对信息数据的采集登记负担。

21. 加强信息系统运用。强化对网格化管理的信息支撑，建立健全县（市）区、乡镇（街道）两级事件处理网上网下联动体系，规范形成集事件受理、分析研判、分流处理、调度指挥、督办反馈于一体的运行机制。强化对政务服务的信息支撑，探索建立"一站式"政务服务应用体系，推行"多点受理、综合接件、后台审批、电子监察、全城通办"的服务模式。构建社会化信息服务应用体系，大力培育面向基层群众需求、由市场主体开发的互联网应用服务平台，为市民提供个性化服务。推进社会服务管理综合信息系统在村（社区）的应用，充分运用移动互联、新媒体等手段，及时收集和反映民意，推进村（社区）服务便利化、管理智能化、生活现代化。

22. 加强信息数据管理。建立管理责任体系，明确数据采集、存储、管理、共享、使用等环节的责任和权限。编制基层数据采集目录，落实数据采集责任制，强化对信息的比对核实，确保数据采集的真实性、完整性和及时性。规范数据交换流程，实施分级授权使用，建立数据应用追溯机制，确保数据管理有章可循、有规可依。建立健全信息数据的开放目录和公开审核制度，加强对敏感数据信息和个人隐私信息的依法保护。

七、培育发展社会组织，动员社会力量参与基层社会治理

23. 积极培育发展社会组织。扩大社会组织直接登记范围，降低登记门槛，重点扶持发展城乡社区服务类、公益慈善类、行业协会商会类和科技类社会组织。加强社会组织服务平台建设，探索设立乡镇（街道）层面的社会组织孵化平台。加大对社会组织发展的财政扶持力度，落实社会组织税收优惠政策。健全社会组织人才培养政策，将社会组织带头人的培养和引导纳入党管人才工作。

24. 完善政府购买服务机制。加大政府购买服务力度，使之成为乡镇（街道）提供公共服务的重要方式。结合政府职能转变，制定政府购买服务指导目录和具备承接政府职能转移资质的社会组织指导目录。建立政府购

买服务公共平台,完善购买服务机制、流程和绩效评估办法,鼓励和引导社会组织跨区域承接政府购买服务项目。完善公益创投机制,支持初创期社会组织发展。

25.加强对社会组织引导与管理。切实加强社会组织党建工作,确保正确的发展方向。发挥工会、共青团、妇联等人民团体的枢纽作用,加强对职工服务类、青年类、妇女类等社会组织的联系、服务和引领。加强社会组织分类管理指导,健全社会组织评估机制,建立健全政府监管、社会监管与社会组织自律相结合的综合监管体系。引导社会组织健全以章程为核心的内部治理机制,发挥社会组织对成员的行为引导、规则约束和权益维护作用。完善社会组织行政约谈、预警监察等机制,健全社会组织退出机制。

八、坚持依法治理,提升基层治理法治化水平

26.完善法规规章。坚持科学立法、民主立法,将促进创新社会治理、完善公共服务、加强环境保护、解决城市管理顽症等作为地方立法的重要目标和内容,切实解决基层社会治理中法律依据不足和现有部分法规规章操作性不强等问题。适时修订完善《宁波市住宅小区物业管理条例》等法规规章。

27.推进民主法治示范村(社区)建设。运用群众喜闻乐见的形式宣传普及宪法法律,增强群众尊法、守法意识。加快推进公共法律服务窗口建设,提高便民化法律服务水平。完善法律援助制度,扩大援助范围。积极开展"立家训、树家风"活动,充分发挥市民公约、村规民约的积极作用。积极推进社区民警专职化,实施"一村(社区)一法律顾问"制度,发展基层法律服务工作者、人民调解员队伍。鼓励律师和法律工作者积极提供志愿服务。

28.加强社会诚信建设。逐步完善信用制度,依法建立国家机关、行业组织、市场主体和公民个人共同参与的社会信用体系。强化社会公众诚信教育,健全信用记录,完善守法诚信褒奖和违法失信行为惩戒机制,营造诚信光荣、失信可耻的社会氛围。建立社会信用评估体系,构建全市统一的失信"黑名单"发布制度。

29.依法维护基层社会安定有序。完善科学决策和社会稳定风险评估机制,从源头上预防和减少矛盾纠纷。健全群众利益诉求表达机制,引导群众依法理性表达利益诉求,依法处置非访行为。健全基层"大调解"工作体系,开展常态化矛盾纠纷排查化解,把问题解决在基层、解决在萌芽状态,实现"一般矛盾不出村(社区),疑难矛盾不出乡镇(街道),矛盾不上交"的"三

不"工作目标。全面落实基层公共安全、社会治安、生态保护责任制,提高基层应对处置突发事件的能力。

九、加强干部选拔培养,着力建设过得硬的基层执政骨干队伍

30. 扎实推进乡镇(街道)干部队伍建设。突出竞标亮绩,优先选拔"狮子型"干部担任乡镇(街道)党(工)委书记。重视从具有乡镇(街道)主要领导经历的干部中选拔市级机关部门领导和县(市)区党政领导,逐步实现县级党政领导班子中,具有乡镇(街道)党(工)委书记经历的达到50%以上。创新实施"优苗选育工程",开展竞争性选拔乡镇(街道)后备干部。优化乡镇(街道)干部队伍结构,加强基层党建和社会治理工作力量,注重补充城建规划、生态环保、农业技术、电子商务等急需专业人才,注重多渠道培养和选拔本土干部,注重发挥"老乡镇"作用,加大培养选拔乡镇(街道)优秀年轻干部工作力度。加强乡镇(街道)干部教育培训、挂职锻炼。严格执行乡镇(街道)干部任期调整、最低服务年限、工作借调等相关规定。关心爱护乡镇(街道)干部,认真落实县以下机关公务员职务与职级并行、乡镇干部经济待遇一般高于县级机关同职级干部20%以上、乡镇(街道)公务员年度考核优秀等次比例提高到20%的政策,事业单位工作人员优秀比例视情适当提高,改善乡镇(街道)干部工作和生活条件。

31. 加强以村党组织书记为重点的村干部队伍建设。按照干事创业有思路、村务管理有规矩、服务群众有感情、带领队伍有办法、廉洁公道有口碑的要求,选好、用好、管好村党组织书记。深化实施"领头雁"工程,探索以"竞标选才"方式选任村党组织书记,鼓励党政机关和企事业单位领导干部退休或退出现职后回村任职,从机关、企事业单位选派优秀干部到村任"第一书记",积极探索优秀村党组织书记跨村、联村任职。探索建立村党组织书记备案管理制度。加大从优秀村党组织书记中选拔乡镇领导干部、从优秀村主职干部中定向考录乡镇公务员和事业编制人员力度,乡镇换届时每个县(市)区有1名以上优秀村(社区)党组织书记进入乡镇(街道)领导班子。明确村级组织换届选举候选人(自荐人)资格条件,从源头上把好村干部素质关。实施村级后备干部培养储备"春苗计划",加强村委会成员、村民小组长等队伍建设,有序推进选聘高校毕业生、复员退伍军人等到村任职。按照不低于上年度所在乡镇农民人均纯收入2倍的标准,落实村党组织书记和村委会主任的基本报酬,并建立正常的增长机制。逐步解决其他村干部报酬和养老保障、正常离任村干部的生活补助问题。加强对村干部日常

管理和监督考核,抓好村干部竞职承诺、创业承诺、辞职承诺等兑现,建立健全不合格村干部退出机制。

32.加强以社区党组织书记为重点的社区专职工作者队伍建设。通过拓宽来源渠道、提高薪酬待遇、畅通发展空间,把素质好、能力强、善于做群众工作的人选,经规定程序担任社区党组织书记,形成以就业年龄段为主、老中青梯次配备合理的队伍结构。加大从优秀社区党组织书记中选拔街道领导干部、从优秀社区主职干部中定向考录街道公务员和事业编制人员力度。依法选优配强居委会主任及其成员,加强居民小组长、楼道长等队伍建设。完善社区专职工作者招录方式,注重选用有基层工作经验的人员,每个社区应有1名社区专职工作者为本社区居民。探索建立职业化体系,社区专职工作者由街道归口管理和统筹使用,职能部门加强业务指导。全面落实社区专职工作者薪酬保障,社区党组织书记和居委会主任年平均收入不低于当地上年度在岗职工平均工资的 1.5 倍,其他社区专职工作者年平均收入不低于当地上年度在岗职工平均工资水平,并建立正常的增长机制。探索实行社区专职工作者分类管理,规范社会保险缴费。

33.加强基层党员队伍建设。全面推动发展党员"控量提质",建立入党积极分子培训考核和动态管理制度,优化新党员的行业分布和结构比例,重视在 80 后、90 后青年农民、工人中发展党员。依托基层党校和农村文化礼堂,乡镇(街道)党(工)委每年全员轮训村(社区)党员。全面实行《宁波市处置不合格党员实施操作办法(试行)》,结合"党性体检、民主评议",稳妥处置不合格党员。全面运行"锋领指数考评"系统,从严管理党员,全面推行基层党组织生活日制度,严格落实"三会一课",探索开展有吸引力、感召力和仪式感强的基层组织生活。县(市)区委、乡镇(街道)党(工)委要加强对基层组织生活的指导,党委书记要带头到基层上党课。加强流动党员管理。建立党内关爱基金,关爱生活困难党员群众。深化农村党员远程教育工作。

十、加强组织保障,形成大抓基层基础的工作合力

34.强化组织领导。各级党委、政府要加强对社会治理和基层基础建设的统一领导,建立健全协调和推进机制,及时协调解决基层突出问题。市委、市政府建立创新社会治理全面加强基层基础建设领导小组,履行统筹协调、督促指导等职能。市人大常委会要抓紧做好有关法规的立改废释,提高法规质量,监督法规实施。市政协要围绕社会治理和基层基础建设,积极建言献策,加强民主监督。市委、市政府各部门要主动参与、支持社会治理和

基层基础建设工作。市总工会、团市委、市妇联等人民团体要在社会治理和基层基础建设中积极发挥作用。各县(市)区委要切实履行社会治理和基层基础建设的主体责任,发挥"一线指挥部"作用,建立健全专题分析研判制度,确保中央、省委、市委有关社会治理和基层基础建设决策部署落到实处,为基层工作开展提供有力保障、创造良好环境。

35.强化财政保障。市、县(市)区两级财政要为下沉到乡镇(街道)等基层组织的编制、执法力量提供财力保障。梳理整合各类专项转移支付资金,增加一般转移支付规模,增强资金使用效率。加大对偏远地区、四明山生态保护区域、经济相对欠发达地区等财政困难地区的财政转移支付力度。深入实施结对帮扶制度,各级机关事业单位和有条件的企业至少结对帮扶 1 个村或社区。加强村级集体股份管理,集体经济收益要首先保障村级公共开支。完善村级组织运转经费正常增长机制,力争从 2015 年起,人口规模1500 人以上村每年不少于 30 万元、其他村每年不少于 20 万元,逐步解决村级组织服务群众专项经费问题。全面落实社区党组织服务群众专项经费,确保从 2015 年起,每个社区每年不少于 20 万元。

36.强化服务保障。深入开展"带着感情经常走、带着问题及时走"为主要内容的"双带双走"走亲连心活动,分层分级完善"走村不漏户、户户见干部、群众考干部"机制。各级领导干部要带头践行党的群众路线,届期内县(市)区委书记走遍所有村,乡镇(街道)党(工)委书记走遍所有自然村(社区)和困难户。乡镇(街道)干部每年对辖区内农户至少走访一遍,真正做到急事难事见干部、政策宣传见干部、化解矛盾见干部、项目推进见干部。实行农村党员干部普遍联系农户制度,做到有不满情绪必到、有突发事件必到、有矛盾纠纷必到、有喜事丧事必到;困难家庭必访、危重病人家庭必访、空巢老人及留守儿童家庭必访、信访户必访。基层工会、共青团、妇联等组织也要按照"四必到、四必访"要求,主动走入群众、组织群众、凝聚群众。完善"两代表一委员"联系制度,推动党代表、人大代表、政协委员进社区、进企业、进乡村、进网格。健全从市、县(市)区两级机关和企事业单位、大专院校中选派优秀干部到乡镇(街道)挂职制度,严格落实农村工作指导员和科技特派员工作制度。推进城乡公共服务均等化,促进生产要素、公共资源、公共服务逐步向基层倾斜。加快建立政府主导、社会参与、公办民办并举的公共服务供给模式。建好用好联系服务群众阵地,建立完善社区服务设施,加强村级服务场所规范化建设,以县(市)区为主全面改造提升村级组织活动场所,提高联系服务群众水平。

37.强化考核考评。坚持开展县(市)区、乡镇(街道)党(工)委书记抓基层党建工作述职评议考核,优化考核评价机制,把基层社会治理、基层党组织和基层政权建设作为各级领导班子和领导干部考核的重要内容,加大在实绩考核、年度考核、任职考核中的权重。归并精简考核项目,县(市)区统筹每年一次对乡镇(街道)进行综合考核,严格限定一票否决事项。树立群众评价、群众满意的工作导向,推进基层干部考核以上级考评为主向上级考评、群众评价并重转变。对敢于担当、守土有责的干部要大力褒奖、优先使用,对轻视疏忽、守土失责的干部要严肃问责。大力宣传报道社会治理和基层基础建设中先进典型、创新经验,形成大抓基层基础建设的良好氛围。

市委办公厅、市政府办公厅要对落实本《决定》明确任务分工和责任单位,加强督促检查。各县(市)区和市级各有关部门要结合实际,抓紧制定配套文件和工作方案,确保把市委决策部署落到实处。

附录二

《中共武汉市委武汉市人民政府关于进一步创新社会治理加强基层建设的意见》

（武发〔2015〕12 号）

为深入贯彻落实党的十八大、十八届三中、四中、五中全会和习近平总书记系列重要讲话精神，推进武汉市社会治理体系和治理能力现代化，现就进一步创新社会治理加强基层建设，提出如下意见。

一、指导思想、基本原则和总体目标

（一）指导思想。坚持以邓小平理论、"三个代表"重要思想和科学发展观为指导，深入贯彻落实党的十八大、十八届三中、四中、五中全会和习近平总书记系列重要讲话精神，坚持社会治理的核心是以人为本、重心在城乡社区（村）、关键在体制创新，坚持系统治理、依法治理、综合治理、源头治理，着力解决当前基层社会治理中的突出矛盾和问题，努力走出一条符合武汉实际、具有武汉特色的现代城市基层社会治理新路。

（二）基本原则。创新社会治理加强基层建设应遵循以下基本原则：

坚持党的领导。充分发挥各级党组织的领导核心作用，确保基层社会治理始终坚持正确方向。

坚持多元共治。充分发挥各级政府在创新社会治理中的主导作用，鼓励、支持和引导社会力量积极参与基层社会治理。

坚持以人为本。牢固树立群众观点，把人民群众根本利益作为根本坐标，最大限度地满足人民群众多样化的服务需求。

坚持依法治理。用法治精神引领社会治理、用法治思维谋划社会治理、用法治方式破解社会治理难题，形成依法治理的工作格局。

坚持改革创新。以改革的办法破除不合时宜的体制机制障碍，大胆探索社会治理新路径，不断增强社会治理活力。

坚持重心下移。进一步发挥街道（乡镇）、社区（村）的基础性作用，理顺条块关系，推动资源、管理、服务向基层倾斜。

（三）总体目标。经过 3 年的努力，着力提高基层统筹协调、改革创新、服务群众、依法治理以及信息化运用等方面能力，努力构建党委领导、政府主导、社会协同、公众参与、法治保障的基层社会治理新格局，使基层社会既

充满活力又和谐有序,为推进全面创新改革试验营造良好社会环境,为建设国家中心城市、复兴大武汉奠定坚实基础。

二、深化街道(乡镇)体制改革

(四)推进中心城区街道行政管理体制改革。明确街道职能定位,街道主要履行开展基层党建、加强公共管理、提供公共服务和维护公共安全等方面职责。取消街道招商引资职能及经济考核指标,街道经费支出由区财政全额保障,把街道服务经济发展的重点转变为优化公共服务、为企业提供良好的发展环境。街道内设机构按"4+2"模式设置,即统一设置党建办公室、公共管理办公室、公共服务办公室、公共安全办公室,同时,各区还可根据实际情况设置 2 个街道内设机构。盘活用好现有编制存量,推动编制资源向街道下沉,建立街道之间编制动态调整机制。按照规模适度、有利管理的原则,合并规模小、面积小的街道。按照"区属、街管、街用"的思路,建立街道综合行政执法机制,推动区级行政执法力量向街道下沉。建立健全面向基层、功能齐全、形式多样的街道公共服务平台;将分散在街道内设机构、区直部门派出(驻)机构的各类公共服务项目和服务资源向街道政务服务中心集中,明确街道政务服务中心与社区党员群众服务中心在服务功能和服务事项上的分工,进一步完善街道政务服务平台功能。

(五)完善新城区街道(乡镇)治理体制。适应新型城镇化改革发展的新要求,推动新城区街道(乡镇)职能逐步向统筹城乡发展、加强社会治理、提供公共服务、营造良好发展环境方面转变。落实街道(乡镇)在基层社会治理中的主体责任,整合辖区内各方面管理资源和力量,着力解决违法建设、违法种养、无序设摊、环境污染等群众反映强烈的重点难点问题。加强对农村集体"三资"监管和"空壳村"、"空心村"等综合治理。推动公共服务平台向社区(村)延伸。继续推进新城区经济发达街行政管理体制改革试点工作。

(六)理顺条块关系。坚持条块结合、以块为主的原则,科学界定条块职责,切实增强街道(乡镇)统筹协调能力。赋予街道(乡镇)党(工)委对区职能部门派出(驻)机构负责人的人事任免和考核建议权。赋予街道(乡镇)对区域内事关群众利益的重大决策和重大项目的建议权。赋予街道(乡镇)规划参与权,在制定涉及街道(乡镇)的建设规划和公共服务设施布局时应当征求街道(乡镇)意见。赋予街道(乡镇)综合管理权,对部门职责交叉、需多个部门协同解决的管理难点问题,由街道(乡镇)对区相关职能部门及其派出(驻)机构进行统筹协调、监督考核。调整完善基层考核评价方式,将自下而上与自上而下的考核相结合,强化对考评结果的运用。实行街道(乡镇)行政权力清单、程序清单、责任清单制和职责下沉街道(乡镇)准入制。建立与街道(乡镇)职能相适应的财政保障制度。

三、完善社区治理体系

(七)建立健全社区治理运行机制。加强社区党组织对社区各种组织的统一领导。建立完善社区党组织领导下的社区居委会、业委会、物业服务企业、驻社区单位联席议事机制,以及区政府、街道(乡镇)、社区党组织、社区居委会、社区居务监督委员会、居民小组、驻社区单位、社区社会组织、业委会、物业服务企业、社区户籍居民代表、社区非户籍居民代表和其他利益相关方参加的社区协商议事机制,定期研究社区治理的重大事项,共同协商解决社区管理服务问题。积极探索将业委会纳入社区管理,推进符合条件的社区"两委"成员通过合法程序兼任业委会成员,把社区党组织书记推选为本社区小区业委会主任,社区党组织书记不是本社区小区业主的,把社区"两委"成员推选为本社区小区业委会主任;吸纳业委会成员、物业服务企业负责人中的党员担任社区"大党委"成员。建立街道(乡镇)评议社区工作与居民群众评议部门、街道(乡镇)、社区工作相结合的社区工作评价体系,以居民知晓度、参与度、满意度为考核重点,提升部门、街道(乡镇)和社区服务居民的效率和水平。

(八)深化社区减负增能。深入推进社区减负工作,全面落实"社区减负九项规定"。执法、拆迁拆违、环境整治、城市管理等事项,社区不作为责任主体。建立社区工作综合考核指标体系,各职能部门不再单独组织考核活动。实行社区居委会协助政府公共服务事项目录管理,凡确需社区居委会协助政府的工作事项,市级层面由市社区建设领导小组集体研究决定,区级层面由区社区建设领导小组确认下达。加强社区经费保障,优化资金使用办法,提升综合效益。大力引入专业社会组织,倡导和运用专业化方式方法,切实提高社区居委会动员社区力量、协调社区资源、组织居民自治、服务居民群众的能力和水平。

(九)推进居民自治深化发展。拓宽协商范围和渠道,深入开展以居民会议、议事协商、民主听证为主要形式的民主决策实践,推动居民对社区的重要事项进行"民事民提、民事民议、民事民决、民事民评"。深入开展民主管理实践,健全自治章程,组织居民成立居民议事、环境管理、停车管理、宠物管理等各种公益类、慈善类、互助类志愿服务组织,探索社区自治"微公约"制度,引导居民全程参与社区建设和自治事务。深入开展以居务公开、民主评议为主要内容的民主监督实践,建立健全社区居务监督委员会,对社区重大事务、惠民项目资金使用、重点项目实施和社区工作者履职尽责情况等进行监督。

四、加强村级治理

(十)健全村级治理机制。加强村党组织、村委会、村务监督委员会和村民小组建设。加强农村社区协商,促进农村基层民主发展。逐步推进村委会与村集体经济组织功能分离、经费分账管理和使用。加强村集体"三资"监管,促进村集体经济发展壮大,增强村集体经济组织支持农村社区建设能力。把村集体"三资"管理等作为公开内容,推进村务事项从结果公开向全程公开转变。规范村务监督委员会监督内容和程序。建立以村民评议意见为重要权重的村委会工作考核机制。建立健全村委会依法协助行政事项清单和事项准入、退出机制。落实对村干部和村集体经济组织负责人的任期和离任经济责任审计。

(十一)加强农村社区建设。制定农村社区发展规划,加快推进农村社区建设。加强农村社区公共服务,整合利用现有场地、设施和资源,推进农村社区综合性公共服务设施建设。健全村民自我服务与政府公共服务、社会公益服务有效衔接的农村基层综合服务管理平台。发展农村社区文化。促进流动人口有效参与社区服务管理。建立健全区、街道(乡镇)机关党员干部到农村社区挂职任职、驻点包户制度。拓宽外出发展人员和退休回乡人员参与农村社区建设渠道。鼓励驻村单位、群众团体、社会组织支持和参与农村社区建设。开展社区(村)志愿互助活动。巩固和完善民警驻村制度。围绕人口、土地、房屋建设使用、环境卫生、生态保护、安全生产等重点,加强农村社区综合治理。推进"城管革命"进农村,改善农村社区人居环境,建设"美丽乡村"。

五、强化区域化党建和精神文明建设

(十二)建立健全区域化党建组织体系。强化党组织在区域化党建工作中的领导核心地位。构建街道党工委统一领导下的"社区党组织—网格党支部—楼栋党小组—党员中心户"组织架构,以居民群众为中心,畅通上下联系渠道,形成区域内发现问题、反映问题、解决问题和反馈评价的完整工作链条。街道"大工委"与有关职能部门签订服务居民事项清单,社区"大党委"与驻社区单位党组织签订共驻共建协议,推动职能部门和驻社区单位服务资源进社区。按照条块结合、以块为主、区域共享的原则,建立以社区党组织为核心,以居委会为主导,业委会、物业服务企业、驻社区单位、群众团体、社会组织共同参与的社区共治平台,实现社会治理资源共建共享共用。加强村党组织对村各类组织的统一领导,统筹党建资源共建共享共用。

(十三)建立健全区域化党建运行机制。深化"双认领"工作机制,组织机关、企事业单位在职党员采取集体报到和个人报到的方式,到居住地、工作地或联系地社区认领服务岗位、认领"微心愿"。在职党员服务社区、服务群众情况,作为对其民主评议的重要参考。落实"三方联动"服务机制,推动居委会、业委会和物业服务企业在街道和社区党组织领导下,共同做好服务群众工作。健全区域化党建责任约束和考核评价机制,街道和社区党组织对职能部门和驻社区单位服务居民群众情况进行评议,评议结果作为党建责任制考核、文明创建的重要内容。强化党建联建机制,在街道和社区党组织领导下,充分发挥人民团体和社会组织、群众活动团队在社区治理中的作用。

(十四)深化基层精神文明建设。强化街道(乡镇)、社区(村)在精神文明建设中的属地管理责任,推动文明城市建设科学化、规范化、制度化。街道(乡镇)、社区(村)要进一步强化理论武装,深化公民思想道德建设,动员辖区群众和社会力量积极参与精神文明建设,广泛开展群众性精神文明创建活动。创新基层文化活动内容和形式,不断丰富群众精神文化生活。大力弘扬志愿服务精神,加快完善基层志愿服务体系。推进智慧社区、智慧小区建设,努力为群众提供更加丰富、高效的文化服务。将街道(乡镇)、社区(村)精神文明建设工作作为衡量街道(乡镇)领导班子和领导干部工作业绩的重要依据。建立健全问责机制,通过考核问责督促履职尽责。

六、动员社会力量参与社区治理

(十五)加强党对社会力量的领导。推动党的组织和工作在各类社会力量中有效覆盖,通过加强政治引领、团结凝聚群众、推动事业发展、建设先进文化、服务人才成长等方式,发挥党组织政治核心作用,确保社会力量参与社区治理的正确方向,激发社会组织活力。地方社会组织党建工作,由市、区社会组织党建工作机构统一领导和管理。社区社会组织党建工作,由街道和社区党组织实行区域兜底管理。有业务主管单位的社会组织党建工作,实行谁主管、谁负责。

　　(十六)培育社区治理多元主体。广泛发动驻社区单位、机关企事业单位参与基层治理,促进社区共建、资源共享。培育社会组织承接政府购买服务,重点扶持发展生活服务类、公益慈善类、文体活动类等专业社会组织,支持民办非企业机构开展社区服务。充分发挥"两代表一委员"倾听民意、参政议政作用,协调解决社区治理难题。推进街道、社区在社区服务等领域合理配置社工人才,建立社会组织承接项目、社工团队执行项目、面向社区实施项目的"三社联动"机制,积极探索以购买服务为保障、项目化运作为纽带的新途径。

　　(十七)推动社区服务转型升级。将适合采取市场化方式提供、社会力量能够承担的公共服务和管理事项,加大向社会力量购买。制定政府购买服务指导目录和社会组织承接社区服务指导目录。不属于政府职能的事项,不列入向社会力量购买服务范围;应由政府直接提供、不适合社会力量承担的服务事项,不得向社会力量购买。完善购买服务机制、流程和实效评估办法,鼓励和引导社会组织跨区域承接政府购买服务项目。建立社会组织服务平台,为社会组织提供资金、办公场所、人才培训等方面的支持。扶持优质的社会公益服务项目,推进社会组织广泛开展社区服务和社会治理活动。支持、引导企业和社会组织搭建社区服务信息化平台,建设便捷、高效的社区服务网络,满足居民生活需要。

七、深化网格化服务管理

　　(十八)明确网格化服务管理职能。网格化服务管理主要承担社会治安、城市管理、市场监督等领域的人、地、物、事、组织等部件和事件的巡查发现、派单、处置、监督、考核,协调处置需要多个部门协同解决的顽症问题。网格化信息平台以市社会服务与管理信息系统为基础,充分融合治安防控网、应急处置网、群防群治网、城市管理网等,实现各类网格无缝衔接,确保各类信息资源"一网打尽"。

　　(十九)健全网格化服务管理机制。健全完善网格化服务管理组织架构,构建市社会服务与管理网格化指挥中心—区社会服务与管理网格化指挥中心—街道(乡镇)网格化综合管理中心—社区(村)网格化管理工作站四级管理工作体系。按照"统一受理、分级管理、分类处置、闭合运转"的原则,推进资源整合、综合研判、指挥调度、综合执法、联勤联动、考核督办、系统运维等工作机制高效运转。重点推进网格化服务管理与街道(乡镇)综合执法融合,强化社会化发现监督,增强对基层城市管理、市场监督、社会治安、公共服务等问题的快速发现和处置能力。

（二十）提升网格化服务管理信息系统水平。依托现有社会服务与管理信息系统，破除部门间信息壁垒，统一标准，确保安全，完善社会服务与管理基础信息资源池建设，实现职能部门信息数据互通共享。充分运用"互联网＋"思维和移动互联技术，打通社区（村）服务群众"最后一公里"。

八、加强基层工作队伍建设

（二十一）建强基层治理骨干队伍。打造一支以社区（村）党组织书记为核心、以党员干部为主体、以群众骨干为基础的基层社会治理骨干队伍。拓宽选任渠道，选优配强社区（村）党组织书记和"两委"班子成员；加大选聘村党组织"第一书记"或发展顾问力度；加强"一定双评"管理，推动社区（村）"两委"成员履职尽责、干事创业。加强社区工作者职业化、专业化建设和基层队伍规范化管理。建立完善分级分类培训制度，鼓励社区工作者参加全国社会工作师职业水平考试，不断提高综合素质和专业水平。加强对流动人口协管员和社区安保、保洁、保绿等公益性岗位人员的管理。发掘和引导社区（村）有服务能力、有奉献意愿、有专业特长的能人，成立各类志愿服务队伍和群众活动团队，发挥群众骨干的引领作用。

（二十二）建立完善社区（村）干部激励保障机制。加大面向社区（村）党组织书记等优秀基层干部定向招录（招聘）行政、事业编制人员的力度，拓展上升空间。将社区工作者的报酬待遇与岗位、工作年限、专业职称等挂钩。实行社区（村）干部"基本报酬＋绩效报酬＋奖励报酬"结构化报酬制，建立与绩效考核相衔接的报酬体系，并根据全市社会平均工资增长情况进行动态调整。社区主职年收入不低于上年度全市社会平均工资水平，其它社区工作者报酬待遇参照报酬体系进行相应调整。按照国家和本市有关规定，为社区工作者缴纳社会保险及住房公积金。村主职干部工作报酬底线标准由各区比照当地乡镇（科级）副职工资水平确定，村副职干部工作报酬一般按当地村主职干部工作报酬的 60％左右确定，具体比例由各区根据实际确定。

九、完善基层治理法治保障

（二十三）完善立法和行政决策。健全基层治理行政决策机制，落实重大决策听证制度、风险评估制度和立法协商机制，对有关基层治理的重大决策事项和法规、规章，要严格履行公众参与、专家论证、风险评估、合法性审查、集体讨论决定的法定程序,确保决策制度科学、程序正当、过程公开、责任明确。

（二十四）提高基层执法能力。按照属地管理为主和精简、统一、效能的原则,推动城市管理、公安、食药监、工商、卫生计生等部门的行政管理和行政执法重心下移,减少执法层次,探索跨部门、跨行业的综合行政执法,逐步实现街道（乡镇）综合行政执法全覆盖。推进依法行政,完善行政执法责任制,严格实行行政执法人员持证上岗和资格管理制度,切实做到严格、规范、公正、文明执法。健全行政执法与刑事司法衔接机制,加强与法院、检察院和公安机关的协调配合。

（二十五）推进法治社区建设。将流动人口服务管理、社会矛盾排查化解、非公有制经济组织和社会组织服务管理、社会治安防控体系建设等重点工作列入法治社区建设的主要内容,积极运用法治思维和法治方式化解社会矛盾、调解社会利益、协调社会关系、规范社区居民行为。进一步加大宪法、法律和地方性法规、规章的宣传教育力度,培育居（村）民遵守法律、依法办事的意识和习惯。统筹城乡法律服务资源,发展基层法律服务工作者、人民调解员队伍,依托街道（乡镇）司法所,进一步强化基层公共法律服务建设,加大推进"律师进社区"制度。

十、加强创新社会治理综合保障

（二十六）加强组织领导。市委、市政府要加强对社会治理和基层建设的统一领导,建立健全协调推进机制,及时解决基层突出问题。各区要切实履行社会治理和基层建设的主体责任,确保各项工作部署落到实处。市直各部门和单位要明确责任目标,抓好工作落实。各群团组织要充分发挥桥梁和纽带作用,团结带领群众积极参与创新社会治理工作。深入挖掘一批基层社会治理中涌现出的先进人物、典型事迹和创新经验,激发社会各界和普通群众参与社会治理的主动性和积极性。定期研究编制、梳理、调整街道（乡镇）行政权力清单、程序清单、责任清单和社区公共服务事项清单,并向社会公开。

（二十七）提供财力支持。市、区要进一步加大对基层社会治理的财政倾斜力度。各区要切实履行基层建设财政保障方面的主体责任,积极为下沉到街道（乡镇）等基层组织的编制、执法力量提供财力保障。进一步理顺区、街道（乡镇）在基层建设方面的事权关系,加快构建事权与支出责任相适应、财力与事权相匹配的财政管理体制。加大对财力困难地区,特别是偏远地区、老区街道（乡镇）的财政转移支付力度，保障基本运转经费。

（二十八）强化督查考核。市委办公厅、市政府办公厅要对本《意见》落实情况进行跟踪督办，确保相关决策部署落实到位。市人大常委会要抓紧做好《武汉市街道办事处工作条例》、《武汉市物业管理条例》等有关法规的修订，并监督法规实施。市政协要紧紧围绕创新社会治理开展各类视察、调研活动，积极建言献策。建立健全基层社会治理创新考核指标体系，把创新社会治理成效作为考核各级领导班子和领导干部的重要内容，对工作落实不力的，按照有关规定严肃问责。

主送：各区委、区人民政府，警备区党委，市委各部委，市级国家机关各委办局及大型企业、事业单位，各人民团体。

中共武汉市委办公厅 2015 年 11 月 26 日印发

附录三

《东莞市创新基层社会治理综合改革实施方案》

(2014 年 11 月东莞市委全面深化改革领导小组第五次会议审议并原则通过)

为深入贯彻落实党的十八大和十八届三中、四中全会精神,推进我市基层治理体系和治理能力的现代化,实现创建全省创新社会管理引领区、争当全省社会建设排头兵目标,根据有关法律法规和政策规定,结合我市实际,现就创新基层社会治理综合改革制定如下实施方案。

一、改革目标

紧紧围绕"加快转型升级,建设幸福东莞,实现高水平崛起"的核心任务和"国际制造名城、现代生态都市"的城市发展新定位,以保障和改善民生为优先方向,将解决当前基层社会治理中的突出问题与系统治理、依法治理、综合治理、源头治理有机结合起来,深入推进综合改革,着力构筑社会环境城乡同治、多元主体协同共治、公共服务政社联治、矛盾冲突依法综治的基层善治格局。力争到 2017 年底,基本完成本方案提出的各项改革任务,充分展示"六个一"(城乡治理一张网、运转协调一核心、综合服务一站式、社区事务一同干、集体经济一盘棋、维权维稳一体化)的莞版改革特色,基层治理水平显著提升、经济社会活力显著增强,切实形成城乡居民安居乐业、基层社会安定有序的良好局面。

二、工作原则

(一)坚持以人为本。把群众"满意不满意、高兴不高兴、答应不答应、参与不参与"作为衡量改革成败的重要标准,推动基层治理向覆盖全部人口及各类组织转变,着力解决群众最关心最直接最现实的利益问题,确保群众在改革中真正得到实惠。加强基层治理民主化建设,健全民主选举、民主协商、民主决策、民主管理和民主监督制度机制,促进群众在基层社会治理中依法自我管理、自我服务、自我教育、自我监督。

(二)坚持问题导向。立足地理位置、行政架构、经济结构、人口结构"四个特殊"的市情,针对传统农村、"村改居"社区、"城中村"、城市社区等不同类型村(社区)并存的现状,认真查摆我市基层公共资源配置不均衡,人户分离,城乡管理服务水平参差不齐,集体经济对土地依附程度高,新居民总体文化素质偏低,新居民经济、政治、文化、心理等全面融入进程滞后等突出问题,深入分析问题根源,认真落实中央和省委提出的各项要求,有针对性地推进改革工作。

(三)坚持系统推进。牢牢把握"党委领导、政府负责、社会协同、公众参与、法治保障"总要求,坚持在全面深化改革整体布局中统筹推进,在党政群、社会、市场的互动格局中系统谋划,综合运用法制规定、行政管理、经济调节、社会协同、信息技术等手段,在整合存量、激活增量、引导变量中统筹改革所涉及的各类组织、各种资源、各方力量,确保创新基层社会治理各项改革协同推进并取得实效。

(四)坚持依法治理。坚持把法治理念贯穿于改革全过程,运用法治思维和法治方式推进改革。深入推进法治政府、法治社会、法治文化建设,引导基层干部依法管理基层事务,引导居民群众依法反映诉求、依法维护自身权益。遵循"先规划后改革、先探索后实施、先试点后推广"步骤,建立健全重大改革事项请示报告、沟通反馈制度,不断完善改革风险评估和动态纠错机制,确保在法治轨道上积极稳妥地推进改革。

三、重点任务

紧扣我市创新基层社会治理综合改革的行动目标和工作原则,认真抓好六个方面重点改革任务的落实。

(一)创新和完善基层党建体制机制

根据"区域化党建、组团式服务"要求,基层党建与基层治理同步部署并实施,总结推广村(社区)党工委设置模式,进一步发挥基层党组织战斗堡垒和党员先锋模范作用。

1.巩固村(社区)党工委的领导核心地位。充分发挥村(社区)党工委在基层社会治理中总揽全局、协调各方的领导核心作用,团结领导各类基层组织和广大干部群众协力推进基层社会治理综合改革。完善村(社区)党工委对村(居)民自治组织、集体经济组织、公共服务组织班子成员以及"两新"组织中党组织负责人的推荐提名制度,探索村(社区)党工委班子成员与其它基层组织负责人交叉任职的适当比例。优化以村(社区)党工委为核心的基层重大事项协调运转机制,将党工委决策组织权和党员干部监督权与村民(股东)大会或村民(股东)代表大会决策表决权、村(居)委会决策实施权、村(居)务监督委员会决策监督权有机结合起来,确保村(社区)党工委在重大

事务协调运转中充分发挥主导作用。(责任部门:市委组织部、市民政局)

2.全面实行镇街领导干部驻点普遍联系群众机制。以镇街领导组团下基层为重点,健全"面对面、全覆盖、常态化、制度化"的直接联系服务群众机制,分类完善群众工作预案。镇街领导每周二或每周五率领相对固定团队,采取定点接待、上门走访、重点约谈、座谈听证等各种方式,宣传政策法规,掌握社情民意,听取群众意见,解决实际问题。(责任部门:市委组织部)

3.构建共驻共建区域化党建新格局。创新党员管理工作,在基层党员特别是"两新"组织党员中深入开展"三融入"(融入组织、融入群众、融入社区)主题实践活动,严格党员组织生活、思想汇报、联系服务群众等制度。有效整合驻地单位等党建资源和社会力量,推动镇(街道)党委、村(社区)党工委、基层支部深化"三级联创"活动,加快推进本地村(社区)党组织与"两新"党组织、本地居民与外来务工人员的融合发展。(责任部门:市委组织部)

4.完善基层党建带群建机制。探索建立政府委托工青妇组织向社会力量购买服务制度,按照规范化程序将更多直接联系服务群众项目交由具备条件、信誉良好的社会组织、机构和企业等承担,推动各级工青妇组织更好发挥人民团体桥梁和纽带作用。村(社区)党工委通过联席会议、项目交办、听取汇报等方式,统筹工青妇组织参与基层社会治理工作。(责任部门:市委组织部、市总工会、团市委、市妇联)

5.实施社会治理人才万人计划。研究提出基层社会治理人才队伍建设专项规划,明确人才梯次培养目标和认定标准。健全在职培训、薪酬福利、绩效考核、有序流动等制度机制,以村(社区)"五强"书记、"两委"班子成员及其后备队伍建设为重点,分类培养入党积极分子、集体经济管理人员、群团组织骨干、志愿者、社工人才、基层文化人才等,切实提高基层社会治理水平。(责任部门:市委组织部、市委宣传部、市社工委、市民政局、市人力资源局)

(二)创新和完善基层集体经济和农业产业发展体制机制

以保障农民合法财产权益和实现农民持续增收为目标,完善农村集体建设用地统筹开发和利益平衡机制,深化农村集体产权制度改革,强化集体资产监管,加快农村集体经济转型升级。

6.推进农村土地承包经营权确权登记颁证工作。以二轮延包、农村股份制改革和集体土地所有权确权登记成果为依托,在尊重农民意愿的基础上,积极探索适合我市的农村土地承包经营权确权登记颁证工作的路径和方法,进一步明晰集体经济组织股权与农村土地承包权、经营权的关系,建

立土地承包权、经营权与股权信息联动机制,切实保护广大农民的合法权益。(责任部门:市农业局)

7.优化集体土地统筹开发与利益平衡机制。坚持依法依规、自愿有偿的原则,引导村(社区)跨区域配置资源,在镇域、市域范围内参与土地和项目统筹开发。在集体土地征转过程中,兼顾处理好农民利益的近期增值和长远保障的关系,促进土地"连片改造、连片发展",着力提高土地资源产出效益,保持农村社会的和谐稳定。结合土地统筹开发和"三旧"改造,推进农民住房管理制度改革,根据实际,采取建设拆迁安置房、农民公寓、农民安居房等不同模式和途径,促进农民分类实现住房需求。在坚持和完善最严格的耕地保护制度前提下,明晰集体经营性建设用地流转的范围、方式、主体和条件,推进集体经营性建设用地依法、自愿、有偿、有序流转,实现与国有土地同等入市、同权同价。(责任部门:市国土资源局、市城乡规划局、市住房和城乡建设局、市农业局、市房管局)

8.积极推进集体经济股权制度改革。在巩固农村股份制改革成果的基础上,按照"大稳定、小调整"的原则,进一步规范集体经济组织股权的继承、转让、赠与等流转原则和程序,积极探索有偿购股、项目入股等有序流转方式,拓宽入股渠道,因地制宜化解疏导新增人员集体股权诉求。(责任部门:市农业局)

9.深化集体经济管理制度改革。稳步推进集体经济统筹管理改革,灵活采取直接合并、设置分社、组财村管三种方式,推动集体经济从两级管理向一级管理过渡、从分散发展向统筹发展转变,理顺规范后续管理。以保护群众长远利益为前提推进经联社改革,明晰股民权利,规范分红机制。完善经联社属下集体经济组织内部治理结构,鼓励有条件的村组探索聘请职业经理人、专业运营团队负责集体资产经营以及集体经济组织公司化改造,积极完善法人治理结构,探索建立现代企业制度。完善农村集体资产交易平台和"三资"监管平台建设与运作,强化两个平台的监督职能,深入推进增资减债,切实提高集体经济经营管理水平。(责任部门:市农业局)

10.创新完善农业产业体制。落实新型农业经营主体扶持政策,围绕支柱产业和特色产业培育一批农业企业、农民专业合作社、家庭农场和种养大户,加快发展各形式适度规模经营。扶持发展农业产业化龙头企业,加强与农户及农民专业合作社的利益联结关系。坚持主体多元化、服务专业化、运行市场化方向,加强农业公益性服务机构建设,扶持发展农业经营性服务组织,健全农业社会化服务体系,提升农业公共服务能力和水平。支持金融机构创新农村金融产品和业务,多渠道满足"三农"金融需求,破解农业经营主体融资难问题。推进政策性农业保险试点,不断提高农业保险保障水平。探索涉农贷款抵质抵押方式,鼓励在确权登记颁证基础上,把农村土地承包经营权、农村集体建设用地使用权、林权、农民住房财产权等纳入抵押品登记范围。(责任部门:市农业局、市国土资源局、市金融工作局)

(三)创新和完善基层民主治理体制机制

夯实基层基础,创新村(社区)自治的组织体系、行动载体和保障机制,在法治化框架下将政府管理与群众自治有机结合起来,充分发挥民主的作用,落实好民主选举、民主协商、民主决策、民主管理、民主监督等一系列制度,推动基层群众依法实现自我管理、自我服务、自我教育、自我监督。

11.推进村(居)委会规范化建设。规范职能任务,认真落实村(居)民组织法赋予的依法协助政府工作、依法组织村(居)民自治、依法组织监督活动等基本职责和相应任务,扎实推进政社互动工作。完善规章制度,做到基本制度健全、程序流程清晰、公开形式多样。规范队伍建设,做到村(居)委会依法产生、群众服务岗位科学设置、办公场所符合标准。明确经费保障,在完善市级"三统筹"的同时,建立村级公共开支年度预算制度,对村级公共开支和集体经济的收支情况实行分账核算。(责任部门:市民政局、市财政局、市农业局)

12.健全村(社区)民主协商机制。发挥村(社区)党工委的统筹协调和村(居)委会在居民自治中的主导作用,紧扣涉及居民利益和意愿的重大事项,鼓励和支持社会组织、驻区单位、"两代表一委员"等各方力量,通过民情恳谈、听证、论坛、评议、巡视等方式,健全村(居)重大事项提事、议事、定事、做事、督事、评事机制,推进社区民主协商的制度化、规范化和程序化。(责任部门:市委组织部、市民政局)

13.创新村(居)民参与社区治理机制。结合网格化管理服务体系,推动协同共治向生活小区、街巷、楼宇延伸。加强楼盘小区、农村院落、工厂宿舍区等生活区的自我整治、自我管理工作。进驻村(社区)的物业服务企业应当协助村(社区)组织居民开展社区服务活动。条件具备的物业管理型居住小区均要依法成立业主委员会,条件不具备的要着重发挥好村(居)民小组的自治作用。理顺基层党组织、村(居)委会(小组)、业委会、物业服务企业以及各种志愿、互助组织之间的关系,在协同善治中实现"党建有力、民主自治、管理有序、服务完善、治安良好、文明祥和"目标。充分利用村(居)民小组长贴近群众、了解群众的特点和优势,充分发挥其在政策宣传、纠纷调解、经营致富等方面的积极作用。合理划分街巷、楼栋,分别设立巷长、楼长、中心户长并充分发挥其在收集群众意见、排查出租屋隐患、采集流动人口信息等方面的重要作用,促进街巷、楼栋、单元居民之间的沟通交流和邻里互助,推动解决居民关心的热点难点问题。(责任部门:市委宣传部、市委组织部、市民政局、市房管局)

鼓励有条件的村(社区)成立公益事业基金,采取多种方式筹集资金,建立健全管理制度,充分发挥其在扶危济困、互帮互助、奖学育贤等方面的重要作用。(责任部门:市金融工作局、市民政局、市农业局)

扩大村级公益事业"一事一议"财政奖补资金规模,围绕村(居)民需求最迫切、反映最强烈的村(社区)公益事业建设项目,通过"民办公助"方式给予奖补,引导和鼓励村(居)民通过议事方式有序表达诉求,共商社区民生项目。(责任部门:市财政局、市农业局、市民政局)

14.探索"四社"协同发展机制。探索"四社"(即社区、社会组织、社工、社会力量)联动新模式,充分调动社会组织和其它社会力量参与基层社会治理。完善社会组织综合管理体制,加快社会组织孵化基地建设,管好用活社会组织发展扶持专项资金,重点培育一批纠纷调解类、文体活动类、居民互助类社区社会组织,加大社区社会组织登记备案力度。吸纳引进一批专业社工和服务能力优、辐射带动能力强的公益服务类社会组织,鼓励支持企业、机构等社会力量参与社区服务。引导各类社会组织以村(社区)综合服务管理中心为依托,以群众需求为导向,反映基层群众的意见和愿望,参与社区民主管理,大力开展特色化服务活动,满足不同类型居民的现实需求。(责任部门:市民政局)

15.构建以村(居)务监督委员会为枢纽的监督评价机制。村(居)务监督委员会成员由村(居)民会议或村(居)民代表会议民主选举产生,接受村(社区)党组织领导,以村级重大事项决策程序和落实情况、党务政务居务财务公开情况、自治章程和村规民约(居民公约)执行情况、"两委"干部履职及廉洁自律情况为重点,通过事先把关、事中审查、事后问责等监督程序,保障基层群众对基层管理服务事务的知情权、参与权和监督权。村(居)务监督委员会成立后,原村(居)务公开监督小组、村(居)民民主理财小组自动撤销,村级集体经济组织监事会依法依章运作,人员可与村(居)务监督委员会成员交叉任职。(责任部门:市民政局、市纪委、市农业局)

16.推进农业人口市民化。完善城乡一体的基本公共服务体系,推动公共服务设施和项目由城市社区向农村社区、"村改居"社区覆盖。依法保障农民各项合法权益,实施更加积极的就业创业政策,降低农民对土地的依赖,推动农民带着权益进城。按照社会主义核心价值观的基本要求,健全乡规民约,探索文明行为积分制的激励约束机制,使积分与入党考察、干部培养、文明户评选、乡贤推举等挂钩,强化村(居)民自我约束意识。鼓励村(社区)建立村史记录和公布机制,定期评选、记录和公布本村(社区)的好人好事,以成立村(居)民理事会等方式来充分发挥杰出乡贤、退休干部、草根人才、公益骨干等村(社区)精英在居民自治中的积极作用。发挥家庭在居民自治中的基础性作用,利用家庭服务中心、妇女之家等工作平台,创新开展宣传教育和帮扶工作,引领和服务家庭成员,以家庭文明和谐促进社会和谐。着力通过改革让农民享有更高生活水平、更有保障的社会福利和更加文明的生活风尚,加速推动传统农村、"村改居"社区、"城中村"居民生产形式、生活方式和思维意识的市民化。(责任部门:市委宣传部、市民政局、市妇联、市司法局、市教育局、市人力资源局)

（四）创新和完善基层依法治理体制机制

扎实推进法治政府建设,坚持依法行政,推进公正司法,防止政府部门和基层干部不作为、乱作为,引导基层干部依法管理基层事务。深入开展法治宣传教育,增强全民法治观念,畅通群众利益协调、权益保障法律渠道,引导群众依法反映诉求、依法维护自身权益。

17.推进公共法律服务体系建设。全面落实"一村(社区)一法律顾问"制度,提升公共法律服务能力,满足基层群众基本公共法律服务需求。健全巡回审判工作机制,完善"社区法官工作室"制度,完善法律援助制度,开展模拟法庭、道德法庭、以身说法等宣传引导活动。(责任部门:市司法局、市中级人民法院)。

18.构建大调解联动格局。根据"小事不出村居、大事不出镇街"的目标要求,落实"日排查、周研判、月分析"制度,发挥劳动争议仲裁委员会、医疗争议专业调解委员会、交通事故调解中心等的积极作用,完善人民调解、行政调解、司法调解衔接配合的联调联动机制,积极利用包括"阳光调解"在内的多种手段化解矛盾纠纷,最大限度实现减纷息诉。(责任部门:市委政法委、市司法局、市信访局、市人力资源局、市卫生计生局、市公安局)

19.健全重大社会矛盾预防处置机制。对与群众利益密切相关的重大决策、改革方案、建设规划、重大项目、大型活动等,完善民意调查、社会公示、公众听证、专家论证、协商谈判、社会稳定风险评估等制度,充分听取民意,广泛吸收民智,切实保障群众的切身利益。依托"平安建设促进会",调动群众广泛参与平安社区创建活动。切实抓好基层信访积案化解,有效解决群众反映强烈的历史遗留问题。(责任部门:市委政法委、市信访局)

推广劳资关系风险预警系统建设经验,在其它社会矛盾多发领域尽快搭建预警平台,对农村农业、劳动社保、涉法涉诉、国土资源、环境保护等领域的重大隐患做到早发现、快应对。(责任部门:市委政法委、市人力资源局、市农业局、市社保局、市中级人民法院、市信访局、市国土资源局、市环保局)

健全群体性冲突处置机制,围绕决策指挥、现场稳控、应急保障等环节,完善各类群体性、突发性事件的应急处置预案,协调做好法制宣传教育、群众情绪疏导、矛盾纠纷化解、善后问题处理等工作。(责任部门:市委政法委、市应急办、市司法局)

20.加快推进社会融合。完善入户政策,公布"同城共享"批次清单,建立健全与居住年限等条件相挂钩的基本公共服务供给机制。稳步提高最低工资标准,健全创业就业服务机制。以异地务工人员聚集地为重点开展社会融合示范区建设,通过精细化管理、人性化服务和全方位宣传引导,大力强化东莞公民意识,不断增强新居民对东莞的认同感和所在社区的归属感,有效促进全社会和睦相处、和谐共进。整合政府部门、人民团体、社会组织资源,优化提升异地务工人员服务组织。加快推进工友自助互助组织、爱心互助协会、青年联谊组织等异地务工人员自治组织建设,将更多的异地务工人员吸纳到相应的组织之中。加大选拔优秀异地务工人员进入村(社区)"两委"班子力度,适当增加异地务工人员中党代表、人大代表和政协委员的名额。创新出租屋信息采集机制,推行"部门联合、业务联勤、执法联动"管理模式,加强房屋租赁行业协会类社会组织建设,对不同类别的出租屋实施差别化管理服务措施。(责任部门:市人力资源局、市委组织部、市财政局、市民政局、市公安局、市社工委)

(五)创新和完善基层综合服务管理体制机制

按照"法无授权不可为、法定职责必须为、法无禁止皆可为"的法治政府建设要求,明晰市镇两级政府管理服务职责,深化服务供给方式改革,完善基层阵地体系,努力为基层群众提供更为公平、优质、高效的服务。

21.优化两级政府权责体系。进一步明晰市镇两级政府治理权责,完善财权与事权相匹配的服务支出分担机制。推动各镇街有效承接市下放事权,积极主动履行好管理服务职责。(责任部门:市编办、市法制局、市财政局、市社工委)

22.完善公共服务供给方式。以实现发展成果更多更公平惠及全体人民为目标,以提高群众满意度为核心,以增加总量、优化布局、改善结构为重点,加快完善政府主导基本公共服务供给,村(居)委会和集体经济组织、社会组织和企业协同参与,居民通过互助服务、志愿服务等发挥主体作用的多元供给模式。规范集体经济组织承担公共服务支出的方式,降低社会力量进入基层社会事业和治理领域的准入门槛,探索通过设施特许经营、委托经营和民办公助等模式,扩大社会组织和企业提供公共服务的范围内容,在宽进严管中稳步提高公共服务供给水平和质量,更好地满足群众日益增长的公共服务需求。(责任部门:市财政局、市农业局、市民政局、市社工委)

23.实施村(社区)协助政府工作清单制。进一步理清政府管理与村(居)民自治、政府服务与村(居)民自我服务的关系,合理划定边界,制定村(居)委会依法履职和依法协助基层党委政府开展工作的两份清单。对依法协助的事项,通过"整体打包、全面购买、量力而为、逐步到位"的方式委托村(居)委会承担。对两份清单以外职能部门要求承接或协助的工作,按照"权随责走、费随事转"的原则执行。(责任部门:市民政局、市财政局、市社工委)

24.组建村(社区)综合服务管理中心。围绕"党政工作有效落地、群众诉求统一受理、服务管理统筹推进"目标,遵循"一门对外、方便群众,后台整合、集约资源"原则,对村(社区)现有党务政务服务中心、综合服务中心、综治信访维稳工作站、流动人员和出租屋管理服务站、劳动管理服务站、人力资源服务站等平台载体进行优化整合,打造统一的村(社区)综合服务管理平台。村(社区)综合服务管理中心不是镇(街道)党委政府的派出机构,而是村(社区)"两委"联系服务群众的主平台和协助党委政府开展综合服务管理的基础平台。对综合服务管理中心所承担的职责任务进行梳理分类,不以部门设岗,将部门工作全面分解到若干综合岗位上,实行一人多能、一岗多责、AB角配合的工作制度。进一步优化工作流程,建立接受办事咨询、登记办事事项、指导填报材料、实施当场办理、辅导网上办理、分送其它岗位、反馈办事结果的流程管理体系。有条件的村(社区),创新推动综合服务管理平台与社会、市场服务机构和服务设施的整合,为居民提供一揽子的服务。(责任部门:市民政局、市委组织部、市委政法委、市人力资源局、市农业局、市社工委)

25.推进网上办事大厅向基层延伸。依托村(社区)综合服务管理平台建设服务点,为群众提供个人申报申办事项的网上办理、网上查询和网上咨询服务,实现全市所有村(社区)网上办事大厅全覆盖。大力开发推广手机APP等自助服务终端,为群众提供不受时间地点限制、全方位、多内容的政

务、社务和商务服务。网上办事项目成熟一项,综合服务管理平台提供的服务就相应减少一项。(责任部门:市网建办)

(六)创新和完善基层统筹治理体制机制

根据"规划发展一盘棋、管理服务一张网、社会协同一体化"理念,优化顶层设计,加强规划整合、政策整合、平台整合、力量整合。

26.健全规划引领机制。结合国民经济和社会发展规划的编制、城市总体规划的修编、土地利用规划的中期评估,围绕基层设施提升、环境治理和生态修复、产业转型升级、不同类型基层社会治理创新、文明新风培育等重点内容,突出基本单元开发与功能区建设相结合,编制并落实好《东莞市美丽幸福村居建设专项规划》。(责任部门:市住房和城乡建设局、市农业局、市城乡规划局、市国土资源局、市发展和改革局、市社工委)

27.实行基层社会治理"一张网"机制。在梳理公共安全、城市管理、市场和社会组织管理、信访综治维稳、自治管理服务等现有职能部门基层网络与资源配置方式的基础上,遵循管理服务精细化、整体效能最大化的原则,规范基层治理基本单元,科学划分村(社区)网格,加大线上线下衔接、条块融合力度,尽快形成全覆盖、无缝隙、规范统一的基层治理网。明确各职能部门进网的具体要求,加大职能任务、资源力量整合力度,在"一张网"中努力实现治理任务分工协作、工作力量有效下沉。在政府主导下,有效整合基层自治力量,明确网格管理员的工作职责、人员配备和财政核拨标准,健全网格管理制度,有效落实基础设施、城市管理、环境保护、社会治安、消防安全、矛盾纠纷调处、特殊人群管理、群众自助互助服务、计生服务、重点保障对象服务等基础事项。(责任部门:市公安局、市社工委)

28.完善基层治理信息共享机制。按照纵向贯通、横向集成、共建共享、安全高效的要求,规范技术标准,完善数据端口,梳理数据通道,明确数据推送,与现有相关信息系统兼容互通,整合形成统一的基层信息管理工作平台。推动相关职能部门、村(社区)和网格管理员利用一个系统、一组数据库,进行数据动态交换和集成分析,提高基层管理效能和服务水平。(责任部门:市电子政务办、市网建办、市公安局、市公安消防局、市安监局、市工商局、市人力资源局、市民政局、市卫生计生局、市食品药品监督管理局、市城市综合管理局)

29.健全分级分类指导机制。分类确定一批社会治理市级模范村(社区),继续在整顿问题突出的村(社区)党组织中确定一批市领导联系点。建立基层社会治理重要指标月报表制度,健全完善分类处理、分级预警、挂牌

督办、定期通报、结案销号等制度,有效指导督导基层治理事务。(责任部门:市委政法委、市社工委、市委组织部)

30.创新绩效评价机制。逐步健全基层治理绩效综合评价体系,将村(社区)治理水平纳入镇(街道)领导班子落实科学发展观年度工作考评范围。建立基层党员群众年度民主评议镇(街道)、村(社区)"两委"领导班子的制度。完善公共服务政策、项目第三方评价机制,针对社会力量承接公共服务项目的履约情况,强化检查监督。(责任部门:市委组织部、市社工委、市考评办、市民政局)

四、保障措施

(一)工作组织。创新基层社会治理综合改革是一项长期性、艰巨性、复杂性的工作任务,各职能部门要在市委全面深化改革领导小组统领下,编制实施改革的年度计划和专项计划,明确任务分工、工作要求,强化督查考评,建立部门和镇街工作协调机制,形成工作合力。各镇街要结合自身实际,加强统筹协调,细化工作举措,确保改革顺利开展。

(二)政策保障。各职能部门要坚持求真务实的工作作风,对涉及创新基层社会治理综合改革的相关问题进行研究论证,进一步完善相关配套政策和操作办法,制定具体的实施细则和方案,提供清晰、明确的政策指引,科学测算、多方筹集与合理安排所需资金,确保改革取得实效。

(三)典型示范。积极开展创新基层社会治理综合改革试点工作,分类型、分区域选择若干镇街和村(居)开展试点,探索可复制、可推广的改革经验,努力为全省、全国基层治理改革作出典型示范。

(四)强化宣传。坚持正确的舆论导向,综合运用多种方式加强宣传,做好改革政策措施的宣传解读,积极宣传报道改革的典型经验和进展成效,合理引导社会预期,切实争取广大群众支持、参与和配合,营造共同推进改革的良好氛围。

附录四

《关于改革社会组织管理制度促进社会组织健康有序发展的意见》

(2016 年 8 月中共中央办公厅、国务院办公厅印发)

为深入贯彻党的十八大和十八届二中、三中、四中、五中全会精神,进一步加强社会组织建设,激发社会组织活力,现就改革社会组织管理制度、促进社会组织健康有序发展提出以下意见。

一、重要性和紧迫性

以社会团体、基金会和社会服务机构为主体组成的社会组织,是我国社会主义现代化建设的重要力量。党中央、国务院历来高度重视社会组织工作,改革开放以来,在各级党委和政府的重视和支持下,我国社会组织不断发展,在促进经济发展、繁荣社会事业、创新社会治理、扩大对外交往等方面发挥了积极作用。同时也要看到,目前社会组织工作中还存在法规制度建设滞后、管理体制不健全、支持引导力度不够、社会组织自身建设不足等问题,从总体上看社会组织发挥作用还不够充分,一些社会组织违法违规现象时有发生。当前,我国正处于全面建成小康社会决胜阶段,改革社会组织管理制度、促进社会组织健康有序发展,有利于厘清政府、市场、社会关系,完善社会主义市场经济体制;有利于改进公共服务供给方式,加强和创新社会治理;有利于激发社会活力,巩固和扩大党的执政基础。各地区各部门要站在战略和全局高度,充分认识做好这项工作的重要性和紧迫性,将其作为一项重要基础性工作来抓,主动适应新形势新任务要求,全面落实相关政策措施,扎扎实实做好各项工作。

二、指导思想、基本原则和总体目标

(一)指导思想。以邓小平理论、"三个代表"重要思想、科学发展观为指导,深入贯彻习近平总书记系列重要讲话精神,按照"四个全面"战略布局要求,贯彻落实创新、协调、绿色、开放、共享发展理念,一手抓积极引导发展,一手抓严格依法管理,充分发挥社会组织服务国家、服务社会、服务群众、服务行业的作用,努力走出一条具有中国特色的社会组织发展之路。

（二）基本原则

——坚持党的领导。按照党中央明确的党组织在社会组织中的功能定位,发挥党组织的政治核心作用,加强社会组织党的建设,注重加强对社会组织的政治引领和示范带动,支持群团组织充分发挥作用,增强联系服务群众的合力,确保社会组织发展的正确政治方向。

——坚持改革创新。改革社会组织管理制度,正确处理政府、市场、社会三者关系,改革制约社会组织发展的体制机制,激发社会组织内在活力和发展动力,促进社会组织真正成为提供服务、反映诉求、规范行为、促进和谐的重要力量。

——坚持放管并重。处理好"放"和"管"的关系,既要简政放权,优化服务,积极培育扶持,又要加强事中事后监管,促进社会组织健康有序发展。

——坚持积极稳妥推进。统筹兼顾,分类指导,抓好试点,确保改革工作平稳过渡、有序推进。

（三）总体目标。到2020年,统一登记、各司其职、协调配合、分级负责、依法监管的中国特色社会组织管理体制建立健全,社会组织法规政策更加完善,综合监管更加有效,党组织作用发挥更加明显,发展环境更加优化;政社分开、权责明确、依法自治的社会组织制度基本建立,结构合理、功能完善、竞争有序、诚信自律、充满活力的社会组织发展格局基本形成。

三、大力培育发展社区社会组织

（一）降低准入门槛。对在城乡社区开展为民服务、养老照护、公益慈善、促进和谐、文体娱乐和农村生产技术服务等活动的社区社会组织,采取降低准入门槛的办法,支持鼓励发展。对符合登记条件的社区社会组织,优化服务,加快审核办理程序,并简化登记程序。对达不到登记条件的社区社会组织,按照不同规模、业务范围、成员构成和服务对象,由街道办事处(乡镇政府)实施管理,加强分类指导和业务指导。鼓励在街道(乡镇)成立社区社会组织联合会,发挥管理服务协调作用。

（二）积极扶持发展。鼓励依托街道(乡镇)综合服务中心和城乡社区服务站等设施,建立社区社会组织综合服务平台,为社区社会组织提供组织运作、活动场地、活动经费、人才队伍等方面支持。采取政府购买服务、设立项目资金、补贴活动经费等措施,加大对社区社会组织扶持力度,重点培育为老年人、妇女、儿童、残疾人、失业人员、农民工、服刑人员未成年子女、困难家庭、严重精神障碍患者、有不良行为青少年、社区矫正人员等特定群体服务的社区社会组织。有条件的地方可探索建立社区社会组织孵化机制,设立孵化培育资金,建设孵化基地。鼓励社会力量支持社区社会组织发展。

(三)增强服务功能。发挥社区社会组织在创新基层社会治理中的积极作用,推动建立多元主体参与的社区治理格局。鼓励社区社会组织开展邻里互助、居民融入、纠纷调解、平安创建等社区活动,组织社区居民参与社区公共事务和公益事业,促进社区和谐稳定。支持社区社会组织承接社区公共服务和基层政府委托事项,开展社区志愿服务。建立社区社会组织与社区建设、社会工作联动机制,促进资源共享、优势互补,把社区社会组织建设成为增强社区自治和服务功能、吸纳社会工作人才的重要载体。

四、完善扶持社会组织发展政策措施

(一)支持社会组织提供公共服务。结合政府职能转变和行政审批改革,将政府部门不宜行使、适合市场和社会提供的事务性管理工作及公共服务,通过竞争性方式交由社会组织承担。逐步扩大政府向社会组织购买服务的范围和规模,对民生保障、社会治理、行业管理等公共服务项目,同等条件下优先向社会组织购买。

(二)完善财政税收支持政策。中央财政继续安排专项资金,有条件的地方可参照安排专项资金,支持社会组织参与社会服务,加强社会组织能力建设,有计划有重点地扶持一批品牌性社会组织。落实国家对社会组织各项税收优惠政策,符合条件的社会组织按照有关法律法规享受相关税收优惠政策。财政、税务部门要结合综合监管体制建设,研究完善社会组织税收政策体系和票据管理制度,改进和落实公益慈善事业捐赠税收优惠制度。鼓励银行业金融机构加大对符合条件社会组织的金融支持力度。

(三)完善人才政策。把社会组织人才工作纳入国家人才工作体系,对社会组织的专业技术人员执行与相关行业相同的职业资格、注册考核、职称评定政策,对符合条件的社会组织专门人才给予相关补贴,将社会组织人才纳入国家专业技术人才知识更新工程。建立社会组织负责人培训制度,引导其自觉践行社会主义核心价值观,增强社会责任意识和诚信意识。积极向国际组织推荐具备国际视野的社会组织人才。有关部门和群团组织要将社会组织及其从业人员纳入有关表彰奖励推荐范围。民政部、人力资源社会保障部要会同有关部门研究制定加强社会组织人才工作的意见。

(四)发挥社会组织积极作用。进一步发挥社会组织在促进经济发展、管理社会事务、提供公共服务中的作用。支持社会组织尤其是行业协会商会在服务企业发展、规范市场秩序、开展行业自律、制定团体标准、维护会员权益、调解贸易纠纷等方面发挥作用,使之成为推动经济发展的重要力量。支持社会组织在创新社会治理、化解社会矛盾、维护社会秩序、促进社会和谐等方面发挥作用,使之成为社会建设的重要主体。支持社会组织在发展公益慈善事业、繁荣科学文化、扩大就业渠道等方面发挥作用,满足人民群众多样化需求。

五、依法做好社会组织登记审查

(一)稳妥推进直接登记。重点培育、优先发展行业协会商会类、科技类、公益慈善类、城乡社区服务类社会组织。成立行业协会商会,按照《行业协会商会与行政机关脱钩总体方案》的精神,直接向民政部门依法申请登记。在自然科学和工程技术领域内从事学术研究和交流活动的科技类社会组织,以及提供扶贫、济困、扶老、救孤、恤病、助残、救灾、助医、助学服务的公益慈善类社会组织,直接向民政部门依法申请登记。为满足城乡社区居民生活需求,在社区内活动的城乡社区服务类社会组织,直接向县级民政部门依法申请登记。民政部门审查直接登记申请时,要广泛听取意见,根据需要征求有关部门意见或组织专家进行评估。国务院法制办要抓紧推动修订《社会团体登记管理条例》等行政法规。民政部要会同有关部门尽快制定直接登记的社会组织分类标准和具体办法。

(二)完善业务主管单位前置审查。对直接登记范围之外的其他社会组织,继续实行登记管理机关和业务主管单位双重负责的管理体制。业务主管单位要健全工作程序,完善审查标准,切实加强对社会组织名称、宗旨、业务范围、发起人和拟任负责人的把关,支持符合条件的社会组织依法成立。

(三)严格民政部门登记审查。民政部门要会同行业管理部门及相关党建工作机构,加强对社会组织发起人、拟任负责人资格审查。对跨领域、跨行业以及业务宽泛、不易界定的社会组织,按照明确、清晰、聚焦主业的原则,加强名称审核、业务范围审定,听取利益相关方和管理部门意见。严禁社会组织之间建立垂直领导或变相垂直领导关系,严禁社会组织设立地域性分支机构。对全国性社会团体,要从成立的必要性、发起人的代表性、会员的广泛性等方面认真加以审核,业务范围相似的,要充分进行论证。活动地域跨省(自治区、直辖市)的社会组织比照全国性社会组织从严审批。

(四)强化社会组织发起人责任。国务院法制办会同民政部推动将社会组织发起人的资格、人数、行为、责任等事项纳入有关行政法规予以规范。

发起人应当对社会组织登记材料的合法性、真实性、准确性、有效性、完整性负责,对社会组织登记之前的活动负责,主要发起人应当担任首届负责人。建立发起人不良行为记录档案。发起人不得以拟成立社会组织名义开展与发起无关的活动,禁止向非特定对象发布筹备和筹款信息。党政领导干部未经批准不得发起成立社会组织。经批准担任发起人但不履行责任的,批准机关要严肃问责。

六、严格管理和监督

(一)加强对社会组织负责人的管理。民政部门会同有关部门建立社会组织负责人任职、约谈、警告、责令撤换、从业禁止等管理制度,落实法定代表人离任审计制度。建立负责人不良行为记录档案,强化社会组织负责人过错责任追究,对严重违法违规的,责令撤换并依法依规追究责任。推行社会组织负责人任职前公示制度、法定代表人述职制度。

(二)加强对社会组织资金的监管。建立民政部门牵头,财政、税务、审计、金融、公安等部门参加的资金监管机制,共享执法信息,加强风险评估、预警。民政、财政部门要推动社会组织建立健全内控管理机制,严格执行国家有关财务会计制度和票据管理使用制度,推行社会组织财务信息公开和注册会计师审计制度。财政部门要加强对社会组织财政、财务、会计等政策执行情况的监督检查,发现问题依法处罚并及时通报民政部门。税务部门要推动社会组织依法进行税务登记,对于没有在税务机关登记的社会组织,要在本意见下发后半年内完成登记手续;加强对社会组织非营利性的监督,严格核查非营利组织享受税收优惠政策的条件,落实非营利性收入免税申报和经营性收入依法纳税制度;加强对社会组织的税务检查,对违法违规开展营利性经营活动的,依法取消税收优惠资格,通报有关部门依法处罚社会组织和主要责任人。审计机关要对社会组织的财务收支情况、国有资产管理使用情况进行审计监督。金融管理部门要加强对社会组织账户的监管、对资金往来特别是大额现金支付的监测,防范和打击洗钱和恐怖融资等违法犯罪活动。中国人民银行要会同民政部加快研究将社会组织纳入反洗钱监管体系。

(三)加强对社会组织活动的管理。各级政府及有关部门要按照职能分工加强对社会组织内部治理、业务活动、对外交往的管理。民政部门要通过检查、评估等手段依法监督社会组织负责人、资金、活动、信息公开、章程履行等情况,建立社会组织"异常名录"和"黑名单",加强与有关部门的协调联动,将社会组织的实际表现情况与社会组织享受税收优惠、承接政府转移职能和购买服务等挂钩。民政部门要会同有关部门建立联合执法制度,严厉查处违法违规行为,依法取缔未经登记的各类非法社会组织。对被依法取缔后仍以非法社会组织名义活动的,公安机关要依法处理。行业管理部门要将社会组织纳入行业管理,加强业务指导和行业监管,引导社会组织健康发展,配合登记管理机关做好本领域社会组织的登记审查,协助登记管理机关和相关部门做好对本领域社会组织非法活动和非法社会组织的查处。外交、公安、物价、人力资源社会保障等部门对社会组织涉及本领域的事项事务履行监管职责,依法查处违法违规行为并及时向民政部门通报。实行双重管理的社会组织的业务主管单位,要对所主管社会组织的思想政治工作、党的建设、财务和人事管理、研讨活动、对外交往、接收境外捐赠资助、按章程开展活动等事项切实负起管理责任,每年组织专项监督抽查,协助有关部门查处社会组织违法违规行为,督促指导内部管理混乱的社会组织进行整改,组织指导社会组织清算工作。

(四)规范管理直接登记的社会组织。直接登记的行业协会商会类、科技类、公益慈善类、城乡社区服务类社会组织的综合监管以及党建、外事、人力资源服务等事项,参照《行业协会商会与行政机关脱钩总体方案》及配套政策执行,落实"谁主管谁负责"的原则,切实加强事中事后监管。对已经成立的科技类、公益慈善类、城乡社区服务类社会组织,本着审慎推进、稳步过渡的原则,通过试点逐步按照对直接登记社会组织的管理方式进行管理。民政部要会同有关部门制定全国性社会组织试点方案,具体负责组织实施。地方社会组织试点工作,在各省(自治区、直辖市)党委和政府统一领导下,由民政部门具体负责组织实施,试点方案要根据当地情况研究制定。具备条件的地方可探索一业多会。已开展试点工作的地区要根据本意见精神进一步完善试点工作。

(五)加强社会监督。鼓励支持新闻媒体、社会公众对社会组织进行监督。民政部要会同有关部门制定实施各类社会组织信息公开办法,探索建立社会组织年度报告制度,规范公开内容、机制和方式,提高透明度;探索建立专业化、社会化的第三方监督机制,建立健全社会组织第三方评估机制,确保评估信息公开、程序公平、结果公正;建立对社会组织违法违规行为及非法社会组织投诉举报受理和奖励机制,依法向社会公告行政处罚和取缔情况。

(六)健全社会组织退出机制。对严重违反国家有关法律法规的社会组织,要依法吊销其登记证书;对弄虚作假骗取登记的社会组织,依法撤销登记;对未经许可擅自以社会组织名义开展活动的非法社会组织,依法予以取缔。完善社会组织清算、注销制度,确保社会组织资产不被侵占、私分或者挪用。

七、规范社会组织涉外活动

引导社会组织有序开展对外交流,参加非政府间国际组织,参与国际标准和规则制定,发挥社会组织在对外经济、文化、科技、体育、环保等交流中的辅助配合作用,在民间对外交往中的重要平台作用。完善相应登记管理制度,积极参与新建国际性社会组织,支持成立国际性社会组织,服务构建开放型经济新体制。确因工作需要在境外设立分支(代表)机构的,必须经业务主管单位或者负责其外事管理的单位批准。党政领导干部如确需以个人身份加入境外专业、学术组织或兼任该组织有关职务的,按干部管理权限和有关规定报批。

八、加强社会组织自身建设

(一)健全社会组织法人治理结构。针对不同类型社会组织特点制定章程示范文本。社会组织要依照法规政策和章程建立健全法人治理结构和运行机制以及党组织参与社会组织重大问题决策等制度安排,完善会员大会(会员代表大会)、理事会、监事会制度,落实民主选举、民主决策和民主管理,健全内部监督机制,成为权责明确、运转协调、制衡有效的法人主体,独立承担法律责任。推动社会组织建立健全内部纠纷解决机制,推行社会组织人民调解制度,引导当事人通过司法途径依法解决纠纷。

(二)充分发挥党组织的战斗堡垒作用和党员的先锋模范作用。社会组织党组织要紧紧围绕党章赋予党的基层组织的基本任务开展工作,团结凝聚群众,保证社会组织正确政治方向;对社会组织重要事项决策、重要业务活动、大额经费开支、接收大额捐赠、开展涉外活动等提出意见,加强对社会组织分支机构党建工作的指导,对具备条件的分支机构,督促其及时建立党组织。对住所地不在北京以及设立分支机构的全国性、跨区域社会组织,除按有关规定由中央直属机关工委、中央国家机关工委、国务院国资委党委加强党的领导外,住所地及分支机构所在地党委应当按照"条块结合"的要求,加强对有关社会组织及其分支机构党组织的日常指导和监管服务。社会组织党组织书记一般从社会组织内部产生,提倡党员社会组织负责人担任党组织书记。规模较大、成员较多或没有合适党组织书记人选的社会组织,上级党组织可按规定选派党组织书记。积极开展党员先锋岗、党员责任区、党员公开承诺等活动。注重在社会组织负责人、管理层和业务骨干中培养和发展党员。坚持党建带群建,推动有条件的社会组织建立工会、共青团、妇联等群团组织。支持工会代表职工对社会组织贯彻执行有关法律法规和政策实施监督。

(三)加强社会组织诚信自律建设。推动社会组织建立诚信承诺制度,建立行业性诚信激励和惩戒机制。支持社会组织建立社会责任标准体系,积极履行社会责任。引导社会组织建立活动影响评估机制,对可能引发社会风险的重要事项应事先向政府有关部门报告。强化社会组织管理服务意识,社会团体设立机构、发展会员要与其管理服务能力相适应。探索建立各领域社会组织行业自律联盟,通过发布公益倡导、制定活动准则、实行声誉评价等形式,引领和规范行业内社会组织的行为。规范社会组织收费行为,严禁巧立名目乱收费,切实防止只收费不服务、只收费不管理的现象。

(四)推进社会组织政社分开。支持社会组织自我约束、自我管理,发挥提供服务、反映诉求、规范行为、促进和谐的作用。贯彻落实《行业协会商会与行政机关脱钩总体方案》,稳妥开展脱钩试点。除法律法规有特殊规定外,政府部门不得授权或委托社会组织行使行政审批。国务院决定取消的行政审批事项,原承担审批职能的部门不得通过任何形式指定交由行业协会商会继续审批。严格执行《中共中央办公厅、国务院办公厅关于党政机关领导干部不兼任社会团体领导职务的通知》《中共中央组织部关于规范退(离)休领导干部在社会团体兼职问题的通知》,从严规范公务员兼任社会团体负责人,因特殊情况确需兼任的,按照干部管理权限从严审批,且兼职一般不得超过1个。在职公务员不得兼任基金会、社会服务机构负责人,已兼职的在本意见下发后半年内应辞去公职或辞去社会组织职务。

九、加强党对社会组织工作的领导

(一)完善领导体制。各级党委和政府要把加强和改进社会组织管理工作列入重要议事日程,列入地方党委和政府绩效考核内容和社会治安综合治理考评体系。地方党委和政府要建立完善研究决定社会组织工作重大事项制度;党委常委会应该定期听取社会组织工作汇报。各部门党组(党委)要加强对社会组织管理工作的组织领导,落实党建工作责任制,制定本部门管理规定,配齐配强相关管理力量,抓好督促落实。中央建立社会组织工作协调机制,地方各级要建立相应机制,统筹、规划、协调、指导社会组织工作,及时研究解决工作中出现的问题。重视和加强社会组织党风廉政建设和反腐败工作,完善社会组织惩治和预防腐败机制。

(二)推进社会组织党的组织和工作有效覆盖。按照应建尽建的原则,加大社会组织党组织组建力度,实现党的组织和工作全覆盖。暂不具备组建条件的社会组织,可通过选派党建工作指导员、联络员或建立工会、共青团组织等开展党的工作,条件成熟时及时建立党组织。新成立的社会组织,具备组建条件的应同步建立党组织。经党中央批准,全国性重要社会组织可以设立党组。各有关部门要结合社会组织登记、检查、评估以及日常监管等工作,督促推动社会组织及时成立党组织和开展党的工作。

(三)加强社会组织党建工作基础保障。推动建立多渠道、多元化投入的党建工作基础保障,提倡企事业单位、机关和街道社区、乡镇、村党组织与社会组织党组织资源共享、共建互促,为党组织开展活动、发挥作用创造条件。根据实际给予社会组织党组织书记和专职党务工作者适当工作津贴。加强对社会组织负责人的思想政治教育,引导他们主动支持党建工作。推动将党的建设写入社会组织章程。

十、抓好组织实施

(一)加快法制建设。加快修订出台社会团体、基金会和民办非企业单位登记管理条例。研究制定志愿服务和行业协会商会等方面的单项法律法规。加快调研论证,适时启动社会组织法的研究起草工作。鼓励和支持有条件的地方根据本意见精神出台地方性法规、地方政府规章。

(二)加强服务管理能力建设。各有关部门、地方各级政府要寓服务于管理中,加强社会组织管理服务队伍建设,配齐配强工作力量,确保事有人管、责有人负。各级民政部门特别是县级民政部门要有专门机构和人员负责社会组织登记管理日常工作。重点加强执法队伍建设,保障工作经费,确保服务到位、执法有力、监管有效。加快建设全国社会组织管理信息系统和社会组织信用信息管理平台,推进社会组织法人库建设,提高监管水平和服务能力。

(三)加强宣传引导。充分利用报刊、广播、电视、网络等多种方式,广泛宣传社会组织在参与社会建设和治理中的积极作用,及时总结、宣传、推广社会组织先进典型,加强社会组织理论研究和文化建设,提高公众对社会组织的认识,为社会组织改革发展营造良好社会氛围。

（四）做好督促落实工作。各省（自治区、直辖市）党委和政府要结合实际制定本地区社会组织管理制度改革的具体实施意见，做好组织贯彻落实工作。各有关部门要根据本意见要求和职责分工，抓紧制定落实相关配套政策措施和具体管理办法，做好本系统社会组织改革工作。民政部要会同有关部门做好本意见执行情况的监督检查，确保各项任务落到实处。

附录五

《中共深圳市委深圳市人民政府关于进一步 推进社会组织改革发展的意见》

（深发〔2012〕12 号）

为进一步培育发展和规范管理社会组织,引导各类社会组织加强自身建设,增强服务经济、服务民生的能力,充分发挥其在加强社会建设、创新社会管理工作中的积极作用,形成社会多元共建共治共享的局面,现就进一步推进社会组织改革发展提出以下意见。

一、社会组织改革的重要性和紧迫性

中央和省高度重视发挥社会组织在社会建设中的重要作用,明确要求加快推进社会组织登记管理改革,着力培育发展和规范管理社会组织,促进行政和社会领域关键环节改革。近年来,我市按照中央和省的部署,把加快发展社会组织作为推进社会建设工作的基本路径,坚持培育发展与管理监督并重的方针,积极改革社会组织登记管理体制,探索直接登记制度,搭建孵化和交流平台,创新培育扶持模式,加强规范建设,发挥社会组织的积极作用,得到了社会各界的关注和肯定。

但总体上,我市社会组织仍处于发展的初级阶段,总量偏少,能力偏弱,公信力不够高,与经济发展要求和社会需求之间还有较大差距。为此,亟需进一步深化社会组织改革,厘清政府、市场、社会三者的关系,推动社会组织成为社会管理和公共服务的重要主体。这既是贯彻落实中央和省、市决策部署,切实解决我市社会组织改革发展过程中存在问题的现实需要,也有助于构建新型社会治理结构,为深圳当好推动科学发展、促进社会和谐的排头兵奠定坚实的社会基础。

二、社会组织改革的基本原则与目标

以"方向要积极、步骤要稳妥"为指导,立足于改进政府服务管理社会组织的方式,营造社会组织发展的良好环境;立足于改进社会组织的运作方式,形成社会组织自治自律的良性机制。通过改革完善体制机制,发展壮大社会组织,发挥其完善市场经济体系的功能,提升其投身社会建设、服务经济社会发展的能力。

（一）基本原则。

1. 培育发展，提升质量。加大社会组织的培育力度，提升能力素质，推动社会组织成为加强社会建设、创新社会管理的重要主体，促进社会组织的规模、结构、布局及功能发挥与经济社会同步发展。

2. 明确重点，分类指导。科学、合理界定鼓励发展类别，有计划、有重点地培育服务经济、服务民生的社会组织。分类制定指导办法，细化服务管理标准，引导社会组织在经济发展、社会管理和公共服务中发挥积极作用。

3. 厘清关系，明晰边界。进一步转变政府职能，切实厘清政府、市场、社会三者的关系，大力推动社会组织的"去行政化""去垄断化"。

4. 突出本质，明确属性。强化社会组织非营利性的本质属性，规范社会组织的活动，推动形成社会资本。加大社会组织信息公开力度，广泛接受监督，确保社会组织恪守非营利性的本质特征。

5. 自主运作，第三方评估。突出社会组织的独立主体地位，强化自我发展、自我管理理念，加强内部治理指引，完善组织成员议事规程，引导其按市场规律运行。充分发挥第三方机构的评估作用。

6. 依法管理，规范运作。严格依法行政，健全登记、管理和退出机制，把社会组织管理工作全面纳入法治化、规范化轨道。明确社会组织登记管理部门、行业主管部门和其他职能部门的职责，形成任务分工清晰、信息沟通顺畅、协调配合紧密的社会组织服务与管理体系。

（二）主要目标。

7. 社会组织质量明显提升。到 2013 年，全市社会组织全面完善法人治理结构，健全诚信自律机制，100% 进入社会组织信息披露平台，基本形成社会组织诚信体系；到 2015 年，通过第三方机构完成对重点领域社会组织的全面评估，80% 以上的社会组织具备现代社会组织的基本特征，形成一批公信力强、功能完备、运作规范、具有品牌效应的社会组织。

8. 社会组织培育发展健康有序。重点发展行业协会、社区社会组织、非公募基金会、志愿者组织等社会组织，到 2012 年底，全市登记、备案的社区社会组织达到 2000 个以上；社会组织数量每年增长 15% 以上，到 2015 年，全市平均每万人拥有社会组织 8 个以上，初步形成发展有序、门类齐全、结构合理、覆盖广泛、成效显著的社会组织体系。

9. 社会组织公信力明显提升。社会组织全面实行信息公开，透明度进一步提升。社会组织行为规范，非营利性本质属性不断彰显，社会活力进一步激发。

10. 社会组织功能作用充分发挥。到 2015 年,全市社会组织从业人员达到 15 万人;大部分社会组织能够承担政府转移、委托、授权的职能,成为政府的合作伙伴;能够履行相应的社会公共管理和公共服务职能,成为社会建设的重要主体。

11. 社会组织综合监管得到加强。用 3 到 5 年时间,基本形成政府行政监管、社会组织自律、社会各界监督、社会组织党组织保障的社会组织综合监管体制,实现社会组织健康、有序、可持续发展。

三、社会组织改革的主要内容

(一)深化社会组织登记管理体制改革。

12. 扩大社会组织直接登记范围。全面清理社会组织登记前置审批程序,重点发展服务经济、服务民生的社会组织。简化登记手续,实行工商经济类、公益慈善类、社会福利类、社会服务类、文娱类、科技类、体育类和生态环境类等 8 类社会组织由民政部门直接登记,其他类型社会组织按相关规定审批登记,促进社会组织健康发展。突破"一业一会"的限制,按产业规模合理细分行业,适度引入竞争机制;推行公益慈善类社会团体名称使用字号;将异地商会的登记范围从地级以上市扩大到县(市、区),异地商会可在登记活动地域内设立分支(代表)机构;积极发挥人民团体联系社会组织、服务社会组织以及孵化培育、协调指导、集约服务、群团建设等枢纽型功能作用,推动同类型、同性质、同行业、同领域的社会组织建立枢纽(联合)型社会组织,实行协调指导、自律管理和自我服务。

13. 推动社区社会组织实行登记和备案双轨制。降低准入门槛,简化登记程序,大力培育发展社区社会组织。根据各区(新区)实际情况,授权街道办事处对社区社会组织进行备案管理,给予资金扶持,重点扶持发展贴近居民、服务居民的社区社会组织。力争 3～5 年内形成以社区服务中心为平台、多种组织类型并存、满足社会多元化需求的社区社会组织体系。

14. 探索社会组织分级分类准入和管理制度。本着鼓励发展、严格管理的方针,根据社会组织主体资质的差异,探索观察备案、法人登记、公益认定的三级准入机制,实行由宽到严的资格审查和登记注册制度,并根据权利与义务对等的原则,分别赋予其相应的权利和责任。

(二)确保社会组织的非营利性属性。

15. 引导社会组织按章程开展非营利性活动,规范社会组织的经营性活动。社会组织的资产及收入应全部用于章程规定的业务范围以及发展公益事业,不得用于分配和分红。完善社会组织的组织架构,推动社会组织从业人员的专业化、职业化建设,完善薪酬福利待遇。工作人员工资福利开支应在合理的比例内,不得变相分配该组织的财产。社会组织注销后的剩余财产,应用于发展与该社会组织宗旨相关的事业,或者转赠给与该社会组织性质、宗旨相同或相近的其他社会组织。

16.加大社会组织信息披露力度。制定"深圳市社会组织财务管理指引",增加社会组织财务信息透明度。社会团体必须定期向会员(会员代表)大会报告财务工作和财务状况并接受会员查询;民办非企业单位和基金会向理事会汇报财务工作,基金会还须根据《基金会信息公布办法》,通过媒体向社会公布其内部信息和业务活动信息。社会组织收费的服务项目、收费标准等内容必须向社会公开。社会组织的重大活动情况、资产财务状况、接受与使用社会捐赠和政府资助情况以及资金使用效果等应通过媒体或本组织网站、刊物、会员大会等多种形式进行公开,接受监督。

(三)规范与监督社会组织行为。

17.建立健全社会组织综合监管体系。完善统一登记、各司其职、协调配合、分级负责、依法监管的社会组织管理体制,健全登记管理部门、行业主管部门和各职能部门之间的信息共享、工作交流和协同监管机制,加强数据交换、应急预警和执法联动,形成监管合力。建立社会组织诚信数据库和从业人员诚信数据库,并纳入全市的诚信系统,监督社会组织及其从业人员依照法律和章程规定开展活动。诚信记录作为社会组织和从业人员考核评估的重要依据。

18.明确登记管理部门的监管职责。社会组织登记管理部门负责社会组织的准入登记,要细化登记标准,分类制定社会组织行为规范,建立社会组织信息披露平台,提高社会组织运作的透明度;加强社会组织能力建设,全面开展社会组织等级评估;完善年检、评估等检查办法,建立健全走访、巡查、抽检、专项治理等制度,综合运用教育、诚勉、整改、处罚等措施,加大执法监察的力度。

19.明确职能部门的监管职责。行业主管部门负责对社会组织实施业务指导和行业管理,市场监管、财政、税务、消防以及公安、检察、法院等部门在职责范围内对社会组织依法实施监督管理。

20.强化社会组织的责任。增强社会组织维护社会和谐稳定的责任意识。社会组织要遵守宪法、法律和政策法规,在宪法的基本原则下,维护国家的统一、安全和民族的团结,维护国家利益、社会公共利益以及其他社会组织和公民的合法权益,遵守社会道德风尚。社会组织作为独立的民事主体,依法独立承担法人责任。完善社会组织法人治理结构,建立社会组织负责人管理制度,健全社会组织内部民主和制衡约束制度,规范会员大会、理事会、监事会的运作,健全财务、捐赠资产、人事等管理制度。强化社会组织的社会责任,推动社会组织普遍建立规范运作、诚信守法、公平竞争、信息公开、奖励惩戒、自律保障等6项机制,主动公布服务程序或业务规程、服务项目和收费标准,提供优质服务,自觉接受社会监督,提高社会组织自律能力和社会公信力。

21.建立健全社会组织退出机制。加大执法力度,对社会组织的违法违规行为依法追究责任。对社会组织出现完成宗旨、自行解散、合并分立、无法按照章程规定的宗旨继续开展活动等情形的,应在进行财产清算后,办理注销手续。对活动不正常、运作能力弱和社会认可度低的社会组织,应引导其合并或注销。对不符合设立条件、弄虚作假取得登记的,组织机构不健全、管理混乱、超过一年未开展活动、符合注销条件但不办理注销手续的,连续两年或累计三年未年检的,连续两年年检不合格或连续三年年检基本合格的社会组织,实行有序退出。

22.建立行业自律机制。探索在重点领域的行业协会建立廉洁建设委员会,明确工作职责,严格控制评比、表彰等活动,建立健全规范社会组织相关活动的长效机制。引导社会组织推行廉洁从业公约,对会员加强行业职业道德教育,提高其廉洁从业、诚信经营的自觉性,强化行业规范、执业操守、违规惩戒等行业管理制度,助力深圳廉洁城市建设。

(四)推进政府职能转移委托。

23.建立政府职能转移的动态调整机制。继续清理政府职能与工作事项,界定应由政府部门自身履行的职责,进一步减少行政审批事项,并使政府职能梳理转移制度化、常态化。将政府梳理出来的职能和工作事项向市场和社会转移委托和购买服务,有计划、有重点、循序渐进地推进,实现平稳有序地承接。2012年先期确定一批可转移和可购买服务的政府工作事项。

24.完善政府购买服务机制。建立政府与市场、社会在公共服务领域的合作伙伴关系。对于满足市民群众生活需求的公共服务,凡是能由市场和社会组织提供的,政府不再设立新的事业单位,而交由市场和社会组织承担,逐步向有承接能力、公信力高的社会组织转移职能。市编办编制政府转移职能目录,明确转移职能的部门、职能、项目和原则,形成政府职能转移承接的运行机制;市财政委研究建立政府职能部门购买服务目录,并制定项目库管理制度;市民政局编制社会组织目录,明确具备资质条件承接政府转移职能和购买服务的社会组织。引入独立的社会第三方咨询评价机构参与评估工作,健全公共服务提供的绩效评估体系,确保公共服务质量。逐步形成以政府为主导、各种社会主体共同参与的社会管理和公共服务供给格局,构建新型政社合作关系。

(五)加大对社会组织的扶持力度。

25.鼓励社会资本投入。引导社会组织拓宽筹资渠道,鼓励金融机构在风险可控前提下为社会组织提供信贷支持,鼓励公益创业。修订完善《深圳经济特区捐赠公益事业管理条例》。鼓励驻社区企业等发起成立社区非公募基金会,开展社区服务,推进社区建设;鼓励企业和企业家以及社会贤达等发起设立公益慈善基金会,支持公益事业,履行社会责任。

26.保障支持社会组织发展的财政投入。建立公共财政支持制度,确立市、区财政分级负担体制,建立多层级财政经费保障体系。按照"替谁办事、由谁买单"的原则,凡社会组织承担事项属市一级事权的,所需经费由市财政负担;属区一级事权的,所需经费由区财政负担。市、区两级财政部门应将政府职能部门购买服务所需经费纳入部门预算,强化购买服务的经费保障。对提供公益性服务和行业公共服务的社会组织,经评审后给予项目补贴,或根据绩效评估考核情况,给予项目奖励。政府补贴或奖励资金从市财政资金和市福利彩票公益金、体育彩票公益金中安排。把社会组织纳入政府扶持企事业单位发展优惠政策的覆盖范畴,对具有符合政府专项资金扶持事项的社会组织给予企事业单位同等待遇。

27.加强社会组织人才的培育扶持。将社会组织人才发展纳入我市中长期人才发展规划,推动"孔雀计划"和"人才安居工程"等重大人才政策和重点人才工程惠及社会组织人才。积极引进社会组织杰出人才,发掘培育社会组织领军人物,符合条件者可申请认定为高层次专业人才。建立社会组织人才职业晋升渠道,开展社会组织从业人员技能培训,落实社会组织人才待遇,发展壮大社会组织专业人才队伍。

(六)加强社会组织支持体系建设。

28.培育支持型社会组织。鼓励发展能够为操作型社会组织提供资金、人才、能力、智力、信息支持和评估服务的社会组织。建立支持型社会组织体系,促进社会组织自助与互助,加强资源整合。

29.加快孵化培育。在已有的社会组织培育实验基地的基础上,进一步扩大规模,合理布局,运用"政府支持孵化器、专业团队管理、公众监督、公益组织受益"的孵化模式,对处于初创期的社会组织提供办公、培训、交流展示、信息咨询、能力辅导等一条龙、便捷式服务,促进社会组织快速成长。

30. 搭建交流平台。2012 年起,抓住国家民政部、国务院国资委、全国工商联、广东省人民政府与深圳市人民政府等单位每年联合举办"中国公益慈善项目交流展示会"的机遇,开展公益慈善项目展示、公益慈善体验、公益慈善沙龙、公益慈善论坛、公益慈善项目竞赛等形式多样的活动,搭建常设性的国家级、综合性公益慈善项目交流展示平台,促进社会组织之间及其与政府、企业、媒体和公众的交流沟通、资源整合、互动合作。加强与深港社会组织的交流合作,学习借鉴香港社会服务经验。吸引全国性、区域性社会组织落户深圳,努力把深圳打造成社会组织宜居集聚的城市、公益慈善之都。

(七)逐步完善社会组织法制建设。

31. 研究起草"深圳经济特区社会组织规范发展办法",明确社会组织的法律地位、准入条件、活动原则和管理制度,努力为国家层面制定社会组织管理的法律法规提供实践样本。

32. 修订《深圳经济特区行业协会条例》。充分利用经济特区立法权,从法律层面巩固行业协会登记管理体制改革成果,明确行业协会的职能定位,保障行业协会的正当权益,规范行业协会行为。

(八)加强社会组织党群工作。

33. 加强社会组织党建和群团工作。按照属地管理的原则,加强社会组织党的建设,在具备条件的社会组织设立党组织,发挥党组织战斗堡垒和党员先锋模范作用。加强社会组织反腐倡廉建设。探索建立社会组织基层工青妇等群团组织。

34. 拓宽参政议政渠道。在党代表、人大代表、政协委员中增加社会组织代表比例,鼓励社会组织代表人物参政议政,广泛反映各行各业和不同群体的意见建议。加强对社会组织代表人物的教育引导,使他们始终团结在党和政府周围,成为一支可靠力量。

35. 扩大社会组织志愿者队伍。提升社会组织特别是公益组织的社会动员能力,充分利用社会资源,广泛建立志愿者团队,创新志愿服务方式,把社会组织类型、服务项目、社区需求与志愿者的专业特长有机结合,充分发挥志愿者的潜能,推进"志愿者之城"建设工作。

(九)搭建社会组织发挥作用的平台。

36. 完善决策咨询机制。设立由社会第三方组成的咨询委员会,在涉及不同行业和群体利益的重大决策出台前,应广泛吸收相关领域的社会组织参与政策咨询、论证和决策旁听、听证,并逐步加以规范。完善社会组织信息专报制度,引导社会组织通过调研定期提出有关经济社会形势分析的可行性建议,为党委、政府和相关职能部门提供决策参考。

37.创新公共服务供给机制。引导社会组织立足社会需求提供优质高效的公共服务,弥补政府和市场的不足,形成多元化、多层次的公共产品供给格局。建立激励机制,把社会组织提供的社会服务纳入现代服务业范畴,对社会资本投入社会养老、残疾人康复等基本民生服务领域的,财政给予配套扶持和政策优惠。

38.健全社会组织参与矛盾调处机制。引导社会组织深入了解群众呼声,敏锐把握社会脉搏,及时传递社会动态,通过平等地对话、沟通、协商、协调等办法参与调处社会矛盾、缓解社会纠纷,增强社会弹性,促进社会融合。发挥社会组织精神抚慰、人文关怀的功能,积极加强社会心理疏导,落实心理民生。推广"行政调解、人民调解、行业调解＋司法确认"的联调模式,完善社会组织调解与行政手段、司法裁决之间的衔接机制。

四、社会组织改革的配套措施

(一)建立联席会议制度。市、区(新区)分别建立培育发展和规范管理社会组织工作联席会议制度,由党委、政府分管领导牵头,成员包括相关部门和群团组织负责人。要定期召开联席会议,研究协调重大问题,督促落实各项工作,形成齐抓共管的格局。

(二)充实登记管理力量。按照中央和省的要求,建立健全各级社会组织登记管理机构,保障工作经费。各街道办事处要明确人员负责社区社会组织备案工作。加强执法力量建设,强化有关执法保障。

(三)加强督查落实。各区(新区)、各部门、各单位要将社会组织培育发展和规范管理列入党委、政府社会建设绩效考核的重要内容,并加大督促检查力度,狠抓落实,确保我市社会组织改革发展取得成效。

附录六

《浙江省民政厅关于加快推进"三社联动" 完善基层社会治理的意见》

（浙民基〔2014〕135 号）

各市、县（市、区）民政局：

　　社区建设、社会组织建设和社会工作，在价值取向上具有公益性，在功能作用上具有互补性，在基层治理上具有整体性。"三社联动"，是指在党和政府的领导下，统筹协调、整体运作社区建设、社会组织建设和社会工作，使之相互支持、渗透融合，从而充分激发社会组织活力，有效开展社会工作，解决社区问题，完善社区治理的过程。现就加快推进"三社联动"提出如下意见：

一、充分认识和全面把握加快推进"三社联动"的现实背景、 重要意义、总体要求和基本原则

　　（一）现实背景。社区和社会组织突出共同关系和社会互动，越来越成为社会治理的核心单元；社会工作坚持利他主义的出发点，越来越显示出专业理念和方法在社会治理中的重要作用。当前，城乡社区建设、社会组织建设取得显著成效，社会工作人才队伍初步形成，"三社联动"总体上具备了良好基础。通过加快推进"三社联动"，激发多元参与、合作共治，构建民生保障的服务体系和有序参与的自治体系，完善基层社会治理，已成为大势所趋和现实任务。

　　（二）重要意义。实行"三社联动"，是贯彻落实习近平总书记把创新社会治理的重心落到城乡社区重要指示的具体行动，是促进社会组织激发活力的有力举措，是推进社会工作专业化、职业化发展的有效途径，有利于发挥社区组织、社会组织、社会工作机构在国家治理体系和治理能力现代化上的独特功能，对新形势下创新社会治理、提升公共服务、促进社会和谐具有重要意义。

　　（三）总体要求。确立社区建设、社会组织建设、社会工作联动理念，形成政府部门层面、街道社区层面协调配合的有效机制，取得联动综合效应。社区建设、社会组织建设、社会工作呈现多向互惠融合、全面协调发展的新格局，社区治理组织体系由垂直科层结构逐步转变为各方多元互动的横向

网络结构。社区为社会组织提供场地、资源和参与服务自治的平台空间,社会组织激发活力参与社区建设;社会组织吸纳社会工作者提升社区参与水平,社会工作者以社会组织形式实施社区参与;社会工作者参与解决社区服务自治难题,社区成为社会工作者探索实践和积累经验的场所。

争取到 2017 年,登记或备案的社区社会组织达到 10 万个以上,服务社区的专业社会工作者达到 3 万人,社区社会组织联合会和社会工作室基本覆盖城市社区,社会工作服务覆盖到三分之一以上的农村社区。

(四)基本原则。

1.需求导向:从居民群众的服务需求与自治权利出发,培育发展相应的社会组织,提升强化社会工作专业能力,以更多的资源、更好的方式,解决社区治理服务中的难题,让居民群众受益,促基层政府转型。

2.扩大参与:扩大社区服务提供的主体与方式,拓宽居民群众参与社区事务的领域与途径。鼓励社会组织和社会工作者在参与社区建设中利用优势、发挥特长。

3.共享资源:拓展对社区资源的认识,社区内外的社会组织、社会工作力量与社区资源共享,发挥各自优势,实现互用互补互促。

4.合作共赢:基层政府、社区组织、社会组织、社会工作机构在平等的基础上成为合作伙伴。在平等参与、协商互动中共同服务居民群众,共同承担参与社会治理的责任,实现社区善治的共同利益。

二、加快构建"三社联动"的基础条件

(五)树立服务型政府理念,创造"三社联动"的前提。适应建设服务型政府趋势,在社区公共服务上,基层政府努力成为政策制定者、购买者和监督者。民政部门应当率先探索服务型政府的实现形式,始终维护社区居民委员会的自治属性,为社会组织和社会工作参与社区建设疏通渠道、腾出空间,营造制度化的良好环境。

(六)培育发展社会组织和社会工作专业人才队伍,创造"三社联动"的条件。降低门槛,简化程序,支持扶助,加快社会组织培育和发展步伐。通过建立职业水平考试鼓励制度、登记管理制度、继续教育制度、薪酬保障及表彰奖励等制度,推动社区工作者向专业社会工作者转型,不断壮大社会工作人才队伍。

(七)减轻社区工作负担,营造"三社联动"的氛围。进一步理清政府与社区组织的职责边界,切实解决社区工作负担过重问题。社区居民委员会

履行组织居民开展自治活动、协助政府开展工作、组织开展监督活动职责，更多更好地运用社会组织力量、社会工作力量，以提升社区服务自治水平。

三、加快推进"三社联动"

（八）加强社区组织建设。加快社区党组织和居民委员会的组织全覆盖，完善服务设施，健全工作制度，加强能力建设，创新服务载体。不断提高社区党组织和居民委员会贴近群众、团结群众、引导群众、赢得群众的能力，更好发挥居民自治与服务的组织者、推动者作用。

（九）培育公益性社会组织。大力培育公益慈善类、城乡社区服务类社会组织，壮大承接社区公共服务的社会组织队伍。对参与社区服务的重点社会组织，应当从开办费补贴、活动经费补贴等方面进行激励扶持。鼓励招聘社会工作者作为从业人员，开发社会工作岗位，提高社会组织服务中心服务社会组织、公益类社会组织参与社区建设的能力。

（十）培育社区社会组织。鼓励居民建立各类社区社会组织，推广社会工作者运用社会工作理念、方法，发现社区需求和社区领袖。从活动场地、资金补贴、承接事务等方面进行支持，备案手续应当简单高效。鼓励引进外地知名的社会组织，推广社会工作理论，提升本地社区社会组织负责人的素质，增强开展社区活动的能力。逐步建立社区社会组织联合会体系，加强社区社会组织之间沟通协调，鼓励其承接政府的购买服务事项。

（十一）建立社会组织参与社区服务的机制。通过政府购买服务、项目补贴（公益创投）、项目奖励，以及社会组织认领服务等措施，促进社会组织参与社区文化、社区体育、社会救助、居家养老、儿童青少年保护、社区矫正等领域服务。县（市、区）政府应注重研究适合由社会组织和企业提供服务的事项，建立购买社区公共服务项目清单。在安排政府对社会组织的项目资助资金，开展社会组织评估时，应考虑其社区参与成效。

（十二）发挥社会组织在基层群众自治中的作用。把社会组织的参与作用贯穿民主选举、民主决策、民主管理、民主监督全过程。在按照村（居）民小组或若干户推选村（居）民代表的基础上，可以分配社区社会组织若干村（居）民代表名额进行推选。把社会组织作为基层协商民主制度建设的重要参与主体，可视议题需要邀请社区社会组织代表参与村（居）的恳谈会、听证会、议事会和村（居）民代表会议。在办理社区公共事务和公益事业时，吸收社会组织参与管理和监督。社区居民委员会可邀请有专长的社会组织参与指导、监督业主自治。

(十三)加快社会工作者的组织化进程。加快建立各级社会工作(者)协会,各设区市和有条件的县(市、区)应在 2015 年底前成立社会工作(者)协会,形成衔接贯通的社会工作(者)协会体系。社会工作(者)协会应当坚持民间性、自治性、专业性,开展社会工作者实务能力建设和社工机构项目运营能力建设,发挥服务支持、行业自律和专业发展作用。

(十四)鼓励兴办各类民办社会工作机构。鼓励社会工作领域的专家学者,以及从事一线服务的社会工作者,兴办民办社会工作机构。敞开胸襟,引智聚力,以购买服务的形式,吸引先进地区的社会工作机构和人才来我省,开展社会工作督导培训、社会工作实务参与等。探索建立民办社会工作机构的资金资助制度,并组织向其购买服务,使之办得起、长得大、用得好。

(十五)挖掘社区社会工作潜力。专职社区工作者中的社会工作者,是目前在社区领域开展社会工作服务的骨干力量。鼓励社区工作者参加社会工作职业水平考试,社区工作者培训应当安排社会工作课程。通过明确岗位、合理分工,保障他们有必要的时间精力开展社会工作服务。加快在社区建立社会工作室,针对社区需求进行或协调进行相应的个案工作、小组工作和社区工作,形成一批社区社会工作案例。街道和社区的社会工作站(室)应当作为社区社会组织履行备案手续。通过社会工作在社区服务与自治领域的成功运用,加快社会工作向社会救助、社会福利、救灾减灾、婚姻登记等民政社会服务领域,向司法、卫生、教育、残疾人保护、企业等众多领域推广应用。

(十六)发挥社会工作在基层群众自治中的作用。发挥社会工作者的支持、激发、协助作用,鼓励和推动居民组织起来、参与起来,从促进居民熟悉交往发展到解决社区问题。发现、挖掘和培养居民骨干,帮助居民掌握组织技巧和讨论解决问题的技巧,推动本社区各类社群关注和参与社区,引导居民制定社区公约,解决物业服务、宠物管理、环境保护和停车秩序等社区公共问题。

(十七)打造信息沟通平台。完善社会公共服务信息平台、社会组织服务中心功能,履行好信息公开、业务交流和社会监督职能,努力成为社会组织、社工机构对接社区需求、协助政府开展社区服务招(投)标的重要平台。吸纳社会组织加盟社会公共服务信息平台。社区居民委员会应当注意发现并发布社区需求,主动对接、积极协助社会组织。建立社会组织特别是民办社会工作机构参与社区服务的信用公示、警示制度,形成守信激励和失信惩戒机制。

（十八）建立合作关系。建立与高等院校、科研院所、社会组织、社工机构的合作关系。有条件的县（市、区）应确定若干街道社区，作为高校研究社区、社会组织和社会工作的观察点和社会工作专业学生的实践基地，作为社会组织和社工机构参与社区建设的实验基地。

为了加快推动"三社联动"，省民政厅将统筹考虑各地的社区建设、社会组织建设和社会工作水平，确定一批"三社联动"示范观察点。各单位应当积极行动，敢于实践，努力探索，发挥示范引领作用，形成各具特色的工作经验，谱写社区建设、社会组织建设和社会工作的新篇章，努力为实现基层治理体系和治理能力现代化做出更大贡献。

浙江省民政厅

2014 年 7 月 1 日

附录七

《杭州市民政局关于加快推动"三社联动"创新社会治理的通知》

（杭民发〔2014〕294 号）

各区、县(市)民政局,杭州经济开发区、杭州西湖风景名胜区、杭州大江东产业集聚区社会发展局,市老龄工办,机关各处室、直属各单位：

为深入贯彻党中央和省、市关于加强社会建设和创新社会治理的一系列决策部署,进一步加快建立和完善社区建设、社会组织建设和社会工作者"三社联动"机制,努力推进基层社会治理的创新实践,提升民生幸福指数,经市政府法律审查同意,现结合我市实际,就加快推动"三社联动"、创新社会治理的有关事项通知如下：

一、总体目标

"三社联动",即在明确"党委领导、政府负责、社会协同、公众参与、法治保障"的社会管理体制基础上,突出群众需求导向,构建以社区建设为基础、社会组织为载体、社会工作者为支撑的治理模式,逐步形成政府与社区、社会组织、社会工作者"互联、互动、互补"的大服务工作格局,从而真正实现由传统的社会管理方式走向现代社会治理体系的转变。加快推动"三社联动"是市委、市政府根据党的十八大和十八届三中全会精神,顺应形势需求,加强和创新社会治理体制和机制建设、提升治理能力现代化的一项具有战略意义的重要决策。

杭州力争用 3～5 年的时间,建立起统筹运作、资源共享、优势互补、整体推进的"三社联动"运行机制,全面提升杭州市社区建设和基层社会治理的综合水平,培育和发展一批服务专业、布局合理、功能多元的社会组织,提升和优化社会工作者的业务水平及培养制度。从而形成社区建设、社会组织、社会工作者多向互动互惠、全面协调发展的新格局。

二、具体内容

（一）充分发挥社区建设的基础平台作用

1.建立参与式社区治理机制。加强和巩固社区党组织在社区各类组织中的领导核心地位,注重发挥基层社会治理服务多元主体的作用,构建以社区党组织为核心、社区居委会为主体、社区社会组织为补充、各类驻区单位、公营组织、中介组织和物业服务企业密切配合、社区居民广泛参与的社区治理机制。进一步深化与驻区单位社区共建、资源共享的工作机制,探索建立驻区单位参与社区建设的责任评价体系和奖励制度。进一步理顺社区和物业支持与配合、监督与服务的互动关系,因地制宜探索物业参与社区服务和建设的多元模式。总结推广"湖滨晴雨"、"邻里值班室"、"o2o智慧社区"等民情对话机制、经验,在尊重社区居民的意愿和权利基础上,进一步加强社区居民的责任意识、民主协商及参与社区公共事务的治理能力。

2.加大新型"政社关系"的探索。在加快转变政府职能基础上,力推行政审批和公共服务规范化、制度化,减轻社区负担。厘清政府与社区的权责关系,按照"人随事转、费随事转、权随事转"要求,进一步规范明确社区准入相关事项,并对各项准入情况在市级媒体予以公告。将市级部门对社区的各类考核检查评比统一纳入市和谐(文明、平安)社区(村)的考核,以年度为单位一次性实施,并着力突出基层群众评价为主,切实推动社区功能转型和作风提升。强化社区反馈监督能力,建立社区评议部门工作制度,对部门单位在社区挂牌设机构、布置工作任务、开展创建评比、组织考核达标、落实费随事转、服务指导基层情况以及工作作风等情况,交由社区评议,并将评议结果纳入市对部门工作目标管理考核内容和民主评议机关工作的重要指标内容。

3.提升社区公共服务供给能力。结合社区党组织、社区居委会、社区公共服务工作站"三位一体"体制,着力拓宽服务领域,扩大服务覆盖面,进一步规范社区服务中心(站)功能分级设置,创新社区公共服务工作站办公模式,探索推行"全能社工"模式,打破社区机关化倾向,改变"各管一条"的分工模式,实行"一人多岗、一专多能",提高社工管理效能,提升社区服务水平。逐步扩大社区公共服务工作站覆盖面,延伸社区公共服务的范围,使工作站由"静"向"动"变化,从接待上门办理向部分老弱病残和上班族等特殊人群、向楼宇和园区等特殊地域延伸,通过建立流动工作站、楼宇社区等模式,实现"被动服务"向"主动服务"转变,确保社区公共服务的全覆盖,构建具有杭州特色的社区公共服务供给模式。

4.加大社区社会工作推进力度。将现代社会工作制度引入社区社会管理与服务,加强对社区社会工作的岗位开发、岗位设置标准、信息披露、专业督导、服务评估、行业自律等专项制度设计。推广建立社区工作者个性化工作室,打造社区社会工作品牌,努力形成社会工作人力资源开发体系。对持有专业证书、经区级社区建设指导小组同意设立的工作室,纳入市社区服务项目库,运转正常、效果良好的,每年给予一定的工作补贴。

(二)不断增强社会组织的重要协同作用

1.加快社会组织服务平台建设。进一步拓宽社区社会组织交流平台,提升服务功能,加强分类指导和功能整合。积极鼓励基金会、社会团体、高校、科研机构、企业等社会力量建立社会组织服务平台,向社会组织服务平台提供专业服务,实现多元平台共建共享。优选一批符合社区公共服务需求的社会组织入壳孵化,切实保障孵化出壳的社会组织能在社区建设中发挥积极作用。帮助社会组织服务平台建立社会支持系统。

2.健全政府购买社会组织公共服务机制。建立健全政府购买服务的价格形成机制、稳定的公共财政专项机制、透明规范的服务购买流程和绩效评估机制、公开透明的信息化操作平台,充分吸纳社会资金和社会力量参与公益性服务项目。鼓励各地进一步创新和完善公益招投标、公益创投等购买服务方式。优先将社区事务、养老助残、社工服务、公益服务、心理疏导、社区矫正、慈善救济、社会救助、法律援助等项目下放和转移的职能纳入购买服务范围,重点培育扶持城乡社区民生重点领域和居民需求的社会组织,构建并优化科学合理的城乡社区服务类社会组织结构布局。

3.鼓励兴办各类民办社会工作机构。民办社会工作服务机构可直接向民政部门依法申请登记。鼓励大专院校与民办社会工作服务机构开展产学研合作,鼓励社会工作专业教师依托专业资源创办民办社工机构。积极引导志愿者机构、公益慈善类社会组织和企事业单位按照注册登记条件成立民办社会工作服务机构,引导高校社会工作专业毕业生到民办社工机构建功立业。鼓励有条件的民办社会工作服务机构规模化、综合化发展,面向城乡基层设立社会工作服务站点。有条件的区(县、市)和街道(乡镇)可对新建立的民办社会工作机构率先组织购买服务,推动其健康稳步发展。

4.完善社会组织登记和管理方式。坚持登记和管理并重的原则,降低城乡社区社会组织登记门槛,采取登记和备案双轨制。建立促进社会组织发展督导团,引导专业及社会爱心人士参与社会组织自身能力建设。推动开展社区社会组织等级评估,引导3A等级以上的社会组织与城乡社区社会组织结对共建,打造社会组织服务品牌,实现市级社会组织与社区社会组织能力的双提升。建立健全以章程为核心的理事会、监事会等各项规章制度和法人治理结构,完善自律监督机制,提升资源整合、项目运作、组织管理和承接购买服务能力。重视城乡社区本土服务性、公益性、互助性社会组织发展,到 2017 年前,确保每个城市社区有 3～5 家正式登记注册的社区社会组织和不少于一定数目的备案社会组织;农村社区有 2～3 家正式登记注册的社区社会组织和合适数目的备案社会组织。

（三）有效发挥社会工作者的人才支撑作用

1.加大社会工作专业人才开发力度。增强配备和使用社会工作专业人才的意识,按照精简效能、按需设置、循序渐进的原则,积极开发社会工作专业岗位,通过政府购买服务等方式,引导和鼓励社区和社会组织广泛吸纳社会工作专业人才,推动各地区、各行业、各领域、各层次社会工作专业人才队伍协调发展,形成各地各部门共同推进社会工作专业人才队伍建设的总体态势。以社区为依托,因地制宜开展社会工作专业服务,在城市社区重点开展针对老年人、未成年人、外来务工人员、残疾人和低收入家庭的社区照顾、社区融入、社区矫正、社区康复、就业辅导、精神减压与心理疏导服务,在农村社区以空心村落、空巢家庭、留守人群为重点开展社会工作专业服务。社区社会工作师根据个人的特长和社区需求,可跨区域开展社会工作服务,创造条件引导和鼓励社会工作者到农村社区开展服务。到 2020 年,培养社会工作人才总量 2.5 万人左右,其中服务社区的社会工作者占 80% 左右,大幅度提升社会工作者的专业素质和职业能力

2.完善社会工作者教育培训体系。建立专业培训、知识普及、教育实习基地有机结合的社会工作人才培养体系,加快社会工作与社区建设的融合发展。充分利用、整合、提升有条件的高校、干部学院、培训机构、社会服务机构的优质教育培训资源,推进不同层次、不同领域、不同方式的系统化专业培训,重点培养高层次社会工作管理人才、服务人才及教育与研究人才等各类社会工作专业人才,到 2020 年,基本实现社会工作从业人员专业培训全覆盖。着力推进社区社会工作教育实习基地建设,利用社区资源为高校提供实习、实训平台。加大对城乡社区自治组织成员、基层党组织成员、社区专职工作者、社区服务人员的社会工作知识普及,用专业的社会工作理念方法提升社区服务管理水平。

3.加强社会工作者的职业化管理。制定和规范杭州市社会工作者招聘、任用、流动及相关职业化管理办法。完善社会工作者职业水平评价制度,制定社会工作员职业水平评价办法,形成初、中、高级相衔接的社会工作者职业水平评价体系。鼓励支持社区工作者参加全国社会工作职业水平考试,将取得职业水平证书的社会工作者纳入专业技术人员管理范围。进一步落实社会工作者职务聘任、转评兼评、登记管理、继续教育等制度。创新

方法掌握社会工作者参加继续教育情况,助理社会工作师在每一登记有效期(3年)内接受继续教育的时间累计不得少于72小时,社会工作师、高级社会工作师不得少于90小时,未满学时不得进行社会工作者职业水平证书再登记。通过成立社会工作者协会、社区工作者协会社工分会等渠道,促进社区社会工作者组织化、专业化,定期开展优秀社工案例评选、社工节、社工服务咨询、项目推介等活动,加强社会工作者理论研究和宣传普及,提升社会工作者的归属感和凝聚力。

4.推进社会工作者评价和激励工作。建立健全社会工作者培训评价、人才评价、社区社会工作者服务绩效评估机制。制定社会工作者培训质量评估政策和指标体系,加强对培训机构的评估和监督。建立以岗位职责要求为基础,以品德、能力和业绩为导向,科学化、社会化的社会工作专业人才评价机制,对工作在社区社工岗位上的人员采用社区考核、群众评价、民主评议相结合的评价方式,要求取得社会工作资格的社区社会工作者,每年至少撰写一篇社会工作案例。围绕社区社会工作服务流程、服务方法、绩效评估等关键环节,研究制定社区社会工作服务标准。按照国家政策表彰奖励业绩突出、能力卓著、群众认可的优秀社会工作者,大力宣传优秀社会工作者的先进事迹,激发广大社会工作者的工作热情和创造潜能。

三、联动机制

(一)建立健全"三社"联动开放机制。建立"三社联动"联席会议制度。研究全市关于"三社联动"工作的相关政策,向市委、市政府提出建议;组织推动和督促"三社联动"相关政策的落实;加强部门沟通,定期研究、统筹协调和着力解决"三社联动"工作的重点、难点问题,监督和指导各有关部门落实责任。

(二)建立健全"三社"联动运行机制。围绕社区需求,以民生实事项目为载体,积极培育社会组织参与社区建设,拓展社工服务的介入渠道,实现社区建设、社会组织、社会工作人才共发展的联动运行。加大对社区公共设施、社区服务项目、社区共建项目等投入力度,按照"政府扶持、社会承接、专业支撑、项目运作"的方式,形成"三社联动"运行机制。坚持社会事社会办、专业事专业办原则,通过政府购买服务等方式,逐步将街道和乡镇政府面向社区的事务性、服务性工作委托有专业能力的社会组织承接,社会组织聘用社会工作专业人才提供服务。通过"三社联动"机制,进一步放开社区资源共享,扩大社区社会工作服务范围,提升社区社会工作服务层次,创新基层社会治理方式。

（三）建立健全"三社"信息联通制度。加快建立各级枢纽型社会组织、社区工作者协会和社会工作师协会,进一步完善社会公共服务信息平台、社会组织服务中心功能,履行好信息公开、业务交流和社会监督职能,完善信息收集、反馈、调处联动机制,推动社区、社会组织、社会工作专业人才、服务对象信息数字化,促进社区服务供给与社区居民需求有效对接。

四、工作要求

（一）加强组织领导。各地要将推进"三社联动"、创新社会治理纳入经济和社会发展规划,纳入城乡社区建设总体规划和人才队伍发展规划,结合实际抓好贯彻落实,制定具体实施意见、出台具体落实措施。推动建立党委政府考核、群众评价和社会评议相结合的"三社联动"绩效评估机制,不断健全党委政府主导、社会广泛参与的社会治理格局。各区先行设立试点,加强指导以推进基层社会治理体系创新探索。要求各区每年推出 1 至 2 个"三社联动"治理试点单位。

（二）加大财政投入。确保公共财政对"三社联动"的投入力度,改善投入结构,提高投入绩效,逐步形成完善的社会治理经费保障体系。完善以项目为导向的政府购买公共服务机制,将"三社联动"纳入政府购买服务范围,通过政府采购或特定委托方式,向符合条件的社会组织和专业社工购买服务,引导社会力量参与提供公共服务,实行政府主导与社会组织协同、公民参与相结合,建立公共产品和服务供给的社会参与机制。每年从民政部门留用的福利彩票公益金中安排一定资金,用于支持"三社联动"工作。大力拓宽社会融资渠道,引导社会资金投向"三社"领域,形成财政资金、社会资金等共同参与的多元化投入机制。

（三）加强宣传推广。充分利用报纸、广播、电视、网络等宣传媒体,采用多种形式,广泛宣传"三社联动"在我市创新社会治理工作中的意义和作用,大力宣传优秀社区和社会组织的典型经验,系统宣传社会工作的专业理念和工作方法,呼吁关心支持、理解尊重社会工作专业人才,对社会效益好、作用发挥显著、居民群众公认度高的典型给予宣传和表彰,为加强"三社联动"工作营造良好社会氛围。特别在促进"三社联动"的探索实践过程中,对成功的工作机制、实践经验要及时加以总结,并以规章制度的形式加以固化,加大宣传培训力度,为有效促进"三社联动"提供更多、更完备的实践准则

（四）加强理论研究。围绕加强和创新社会治理,着眼促进"三社联动",

研究探索"三社联动"的发展运行机制及保障激励机制。加强"三社联动"实践基地建设,利用社区平台提供社会工作实习、实训机会,引导高校资源开展"三社联动"研究,及时总结提炼并利用研究成果指导实践发展,形成具有杭州特色的"三社联动"理论体系和实践途径。加强对外合作交流,学习借鉴先进地区经验,研究解决"三社联动"发展过程中的重点、难点和热点问题。

　　本通知自 2015 年 1 月 18 日起施行。

杭州市民政局办公室
2014 年 12 月 17 日印发

附录八

《关于印发〈成都市村民议事会组织规则(试行)〉、〈成都市村民议事会议事导则(试行)〉、〈成都市村民委员会工作导则(试行)〉、〈加强和完善村党组织对村民议事会领导的试行办法〉的通知》

(成组通〔2010〕18号)

各区(市)县委组织部、各区(市)县民政局:

为规范村民议事会运行机制,提高村级事务民主决策、民主管理和民主监督水平,在总结各地经验的基础上,市委组织部、市民政局制定了《成都市村民议事会组织规则(试行)》、《成都市村民议事会议事导则(试行)》、《成都市村民委员会工作导则(试行)》、《加强和完善村党组织对村民议事会领导的试行办法》四个配套制度。现印发你们,请结合实际认真贯彻执行。

推进农村新型村级治理机制,是"四大基础工程"之一。各地务必要高度重视,采取各种措施,把这项工作做深、做细、做实,做出成效。

一要加强宣传。要采取群众喜闻乐见、简便易行、方便快捷、丰富多彩的形式,加强配套制度的宣传,真正把村民议事会制度及配套制度交给农民群众,让农民群众知晓、了解、熟悉其内涵、程序、方法。

二要强化培训。要迅速开展村"两委"干部、村民议事会成员集中培训,帮助他们掌握村民议事会制度的实质要求、熟悉配套制度的运行程序,掌握民主议事规则。同时,要教育帮助村级党组织,特别是村(社区)党组织书记适应推进新型村级治理机制的需要,积极主动地转变领导方式和工作方式,迅速提高领导和支持农民群众依法自治的能力和水平。

三要依法授权。村民议事会制度重点对村民自治进行了规范,其中,村民会议的授权是整个制度规范合法的核心和正常运行的基础。请各地要认真组织广大农民群众认真学习相关文件制度,及时召开村民代表会议或村民会议依法向村民议事会授权,明确村民议事会职责范围,确保村民议事会制度规范合法、正常运行。村(社区)换届时,应按配套制度的规定进行授权。

四要规范运行。各地要对照四个配套制度,对现行的制度细则进行规范调整,并在实际运行中逐步完善,确保全市村民议事会制度的规范统一。

市委组织部和市民政局将采取重点抽查、随机督查暗访等方式,对村民议事会制度及其配套制度的落实情况进行督查,及时发现、纠正和通报执行中存在的问题。各区(市)县委组织部、各区(市)县民政局和各乡镇党委也要采取切实措施,随时了解和掌握村民议事会制度及其配套制度的落实情况,及时向上级反映相关信息。

中共成都市委组织部　成都市民政局

2010 年 3 月 5 日

成都市村民议事会组织规则(试行)

第一章　总　则

第一条　为完善村民自治制度,保障农民的主体地位和民主权利,根据《中华人民共和国村民委员会组织法》、《中共中央关于推进农村改革发展若干重大问题的决定》和《关于进一步加强农村基层基础工作的意见》(成委发〔2008〕36 号)、《关于构建新型村级治理机制的指导意见》(成组通〔2008〕113号),制定本办法。

第二条　本办法所称村民议事会,是指受村民会议委托,在其授权范围内行使村级自治事务决策权、监督权、议事权,讨论决定村级日常事务、监督村民委员会工作的常设议事决策机构。村民议事会对村民会议负责并报告工作,接受村民会议监督。

本办法所称村民小组议事会,是指受村民小组会议委托,在授权范围内行使村民小组自治事务决策权、议事权的村民小组议事决策机构。村民小组议事会对村民小组会议负责。

第三条　村民议事会和村民小组议事会在村党组织领导下开展工作。

第二章　村民议事会的职责

第四条　村民议事会在村民会议授权范围内讨论决定本村日常自治事务、行使监督职能。

村民议事会在授权范围内可以撤销和变更村民委员会不适当的行为。

第五条　对村民议事会的授权,由村民会议讨论决定。

村民会议讨论决定授权事项时,应明确对村民议事会的授权范围,并形成书面决议,或写入村民自治章程。

第六条 《中华人民共和国村民委员会组织法》规定的应由村民(代表)会议讨论决定的事项,应召开村民(代表)会议讨论决定。

村民(代表)会议有权撤销、变更村民议事会不适当的决定。

第七条 村民小组议事会的职责,由村民小组会议决定。

第三章 村民议事会成员的选举、罢免和补选

第八条 每个村的村民议事会成员不少于 21 人,其中村组干部不超过 50%。每个村民小组应有两个以上村民议事会成员名额。

村民小组议事会成员不少于 5 人。规模较小的,村民小组议事会成员不少于 3 人。

第九条 村民议事会召集人由村党组织书记担任。

村民小组议事会召集人,从村民小组议事会成员中选举产生。

第十条 村民议事会、村民小组议事会成员的选举、罢免和补选,在村党组织领导下进行。

第十一条 村民议事会成员,由各村民小组有选举权的村民从本小组议事会成员中选举产生。村民小组议事会成员,由本小组有选举权的村民选举产生。

选举实行不提名候选人直接选举的办法,也可先由村民提名候选人、再进行正式选举。

第十二条 选举时,村民议事会、村民小组议事会成员候选人,得赞成票超过本村民小组有选举权的村民半数以上的,始得当选。当选人多于应选名额时,以得票多的当选;当选人少于应选名额时,应对不足的名额另行选举。

第十三条 选举实行无记名投票、公开计票的方式,选举结果当场公布。选举时,应设立秘密写票处。

第十四条 村民议事会、村民小组议事会任期与村民委员会任期相同。

第十五条 村民议事会、村民小组议事会成员出现缺额时,由缺额成员所在村民小组有选举权的村民按照本办法第十一条规定补选。

第十六条 村民小组五分之一以上有选举权的村民联名,可以提出罢免本村民小组的小组议事会成员和本村民小组选举产生的村民议事会成员。罢免应当有罢免理由。

被提出罢免的村民议事会、村民小组议事会成员有权申辩。

第十七条　罢免动议由村党组织受理。村党组织应对罢免理由进行调查核实,并及时召开村民小组会议,通报调查结果。

第十八条　罢免须经本村民小组有选举权的村民过半数表决通过。

第十九条　村民议事会、村民小组议事会成员选举、罢免和补选结果,应向全体村民公告。

第二十条　任何组织、个人不得指定或强迫他人选举、罢免村民议事会、村民小组议事会成员。

第四章　村民议事会成员的权利和义务

第二十一条　村民议事会、村民小组议事会成员享有以下权利:

(一)提出村民议事会、村民小组议事会职责范围内的议题。

(二)就议题充分发表意见,进行表决。

(三)就涉及本村(组)利益的事项,向上级政府提出政策咨询,并要求答复。

(四)对村民委员会、村民小组长的工作进行监督,并提出质询。

第二十二条　村民议事会、村民小组议事会成员应当履行以下义务:

(一)模范遵守宪法和法律法规。

(二)按时参加会议,遵守议事规则。

(三)保持与村民的密切联系,全面、真实反映村民意见建议。

(四)带头执行并教育、引导村民执行村民(代表)会议和村民议事会、村民小组议事会决定,跟踪了解决议执行情况。

(五)尊重其他议事会成员发表意见的权利。

(六)自觉接受村民监督。

第五章　村民议事会成员的管理

第二十三条　村民议事会、村民小组议事会成员应当固定联系本村民小组村民,经常听取他们的意见建议,了解掌握村民利益诉求。

第二十四条　村民议事会成员经常无故缺席村民议事会会议或不认真履行职责的,由村民议事会提议,经其所在村民小组会议通过,终止其职务,并补选村民议事会成员。

第二十五条　村民议事会、村民小组议事会成员每年应向本村民小组村民报告其履行职责的情况。

第二十六条　各级应为村民议事会、村民小组议事会成员履行职责创造必要条件,加强对议事会成员的培训,表彰优秀议事会成员。

第六章　附　则

第二十七条　村民议事会、村民小组议事会每年应分别向村民会议、村民小组会议报告工作,自觉接受村民会议、村民小组会议的监督。

第二十八条　村民委员会应执行村民议事会决定,并接受村民议事会监督。

第二十九条　村民议事会应当设立村务监督小组,负责村务监督工作。

第三十条　村集体经济组织、群团组织以及其他服务性、公益性、互助性社会组织,按照各自章程开展工作,积极参与和支持村民议事会工作。

第三十一条　本规则适用于成都市辖区内的村、涉农社区。

第三十二条　本办法由中共成都市委组织部、成都市民政局负责解释。

成都市村民议事会议事导则(试行)

第一章　总　则

第一条　为推动村民议事会和村民小组议事会规范运行,根据《关于进一步加强农村基层基础工作的意见》(成委发〔2008〕36 号)和《关于构建新型村级治理机制的指导意见》(成组通〔2008〕113 号),制定本导则。

第二条　村民议事会和村民小组议事会接受村党组织领导。

第三条　村民议事会和村民小组议事会会议应坚持依法办事、民主讨论、公开表决和少数服从多数原则。

第四条　村民议事会和村民小组议事会讨论决定村(组)自治事务,不得违反法律法规,不得侵害村民的合法权益。

第二章　会议的召集和组织

第五条　村民议事会会议由召集人负责召集并主持。召集人因故不能主持会议的,可委托议事会成员中的党员主持。

村民小组议事会会议由召集人负责召集并主持。

第六条　村民议事会会议每季度至少召开一次。召集人认为需要时，可以召开村民议事会会议。五分之一以上村民议事会成员联名提议，应当召开村民议事会会议。经村民委员会提请、召集人同意，可召开村民议事会会议。

经村民小组议事会成员提议，应召开村民小组议事会会议。

第七条　村民议事会和村民小组议事会会议须有五分之四以上成员到会方能举行。

第八条　村民议事会召开会议时，村民委员会成员应当列席。经村民议事会同意，本村村民、其他村级组织主要负责人和非本村村民但与议题相关的人员可以列席。

上述人员列席会议时可以发表意见，但不具有表决权。

第九条　村民议事会和村民小组议事会召开会议时，会议召集人应保证其成员充分发表意见，不得随意干涉。

第十条　村民议事会召开会议时，应提前3天将会议议题通知村民议事会成员和列席人员。

村民小组议事会召开会议时，应提前将会议议题通知其成员。

第十一条　村民议事会、村民小组议事会成员应在会议召开前就会议议题征求村民意见，并在会议讨论时反映村民意见建议。

第三章　议题的提出和审查

第十二条　村党组织，村民委员会，村民议事会成员或10名以上年满18周岁的村民联名，可以向村民议事会或村民小组议事会提出议题。村民小组议事会成员可以向村民小组议事会提出议题。

其他村级组织也可向村民议事会或村民小组议事会提出议题。

议题必须是具体、明确、可操作的，一般应以书面形式提出。特殊情况下，村民议事会、村民小组议事会成员或村民以口头方式提出议题的，村党组织应如实记录议题内容、议题提出人，并由议题提出人签名(捺印)。

第十三条　村党组织负责受理村民议事会和村民小组议事会议题。

第十四条　村党组织受理议题后，应召开村党组织和村务监督小组联席会议对议题进行审查，讨论决定是否提交村民议事会、村民小组议事会审议。

经审查不同意提交村民议事会、村民小组议事会审议的，应通知议题提出人，并说明理由。

第十五条　村党组织和村务监督小组联席会议审议议题时,应当坚持少数服从多数原则。审查通过的议题应及时提交村民议事会或村民小组议事会。

对重大议题的审查,应广泛听取各方意见。

第十六条　提交村民议事会、村民小组议事会的议题应符合现行法律法规、属于村民自治范围。

第四章　议事规则

第十七条　村民议事会会议的主要程序:

(一)清点并报告到会人数。

(二)村民委员会报告村民议事会议决事项的执行情况。

(三)通报议题提出和审查情况。

(四)通报提交本次会议审议的议题内容。

(五)议题提出人对议题进行说明。

(六)议题联名人发言。

(七)议事会成员就议题依次发言。

(八)征求列席人员意见。

(九)议事会成员就议题进行讨论。

(十)对议题进行表决。

议题应当逐项讨论、逐项表决。

村民小组议事会会议参照上述程序进行。

第十八条　村民议事会、村民小组议事会成员发言应当简明扼要,明确表明态度,并说明理由。不得有人身攻击的言行,不发表与议题无关的言论。

第十九条　对意见分歧较大的议题,会议召集人应当提议搁置议题,经实到会半数以上人员同意,交由下次会议审议表决。

第二十条　村民议事会和村民小组议事会表决原则上应采用无记名投票方式进行。

表决结果应公开计票、当场公布。

第二十一条　表决议题由村民议事会或村民小组议事会全体成员的半数以上通过。

表决前,村民议事会成员或村民小组议事会成员可以以议题重大为由,提出由全体成员三分之二以上人数通过的动议。经到会人员半数以上同意,应当采纳。

第二十二条　表决前,村民议事会、村民小组议事会成员可以提出将议题提交村民(代表)会议或村民小组会议的动议。经实到会人员过半数同意,议题应提交村民(代表)会议或村民小组会议讨论决定。

第二十三条　表决时,任何人不得强迫他人赞成或不赞成某项议题。

第二十四条　村民议事会和村民小组议事会召开会议时,应做好会议记录。会议记录内容应包括会议议题、各方观点、表决结果等,经到会议事会成员签字(捺印)确认后归档。

第二十五条　村民议事会和村民小组议事会通过的决定,应予公告。

村民小组议事会通过的决定,应报村民议事会备案。

第二十六条　三分之一以上年满十八周岁村民联名,可以要求将议题提交村民(代表)会议、村民小组会议审议。村民(代表)会议、村民小组会议应就相关议题进行审议、作出决定。

第五章　决定的执行和监督

第二十七条　村民议事会通过的决定,由村民委员会负责组织实施。

村民小组议事会通过的决定,由村民小组长负责组织实施。

第二十八条　村民议事会(村务监督小组)、村民小组议事会负责监督决定执行。对违背决定内容或执行不力的行为,召集人应召集村民议事会、村民小组议事会会议进行讨论,责令整改;对造成重大损失的,应提交村民(代表)会议讨论,提出处理意见。

第二十九条　村务监督小组有权提请村民议事会审议村民委员会不适当的行为。

第三十条　对村民委员会未按规定程序实施的属于村民自治范围内的事项,村民议事会有权否决并责令整改。

第三十一条　村民议事会、村民小组议事会应采取设立意见箱、调查走访、查阅资料等形式对决定执行情况进行监督,并定期向村民公布。

第六章　附　则

第三十二条　本导则适用于成都市辖区内的村、涉农社区。

第三十三条　村民会议应根据本导则制定本村村民议事会和村民小组议事会议事规则,报乡镇政府备案。

第三十四条　本导则由中共成都市委组织部、成都市民政局负责解释。

成都市村民委员会工作导则（试行）

第一条　为适应"还权赋能，村民自治"的新型村级治理机制，促进村民委员会工作方式转变，根据《关于进一步加强农村基层基础工作的意见》（成委发〔2008〕36 号）和《关于构建新型村级治理机制的指导意见》（成组通〔2008〕113 号），制定本导则。

第二条　村民委员会是村级自治事务的执行机构，负责执行村民（代表）会议、村民议事会的决定，承接政府委托的公共服务和社会管理职能。

第三条　除《中华人民共和国村民委员会组织法》规定的职责外，村民委员会还应当履行以下职责：

（一）执行村民（代表）会议、村民议事会的决定。

（二）组织实施政府委托的公共服务和社会管理项目。

（三）研究提出本村经济发展、村级自治事务总体规划和年度计划，提交村民（代表）会议审议。

（四）研究提出本村产业化项目、规模经营项目、扶贫开发项目、其他自治事务项目及实施方案，提交村民议事会审议。其中，重大项目应提交村民（代表）会议审议。

（五）调查核实"五保"、"低保"人员资格，提交村民议事会评议；研究提出救灾救济、社会捐赠款物发放方案，提交村民议事会审议。

（六）研究提出村级自治事务范围内的其他议题，提交村民（代表）会议、村民议事会审议。

第四条　村民委员会应采取多种形式收集村民意见，研究提出提交村民（代表）会议、村民议事会审议的议题。

第五条　村民委员会提出议题应集体研究决定，并有具体方案或建议意见。

第六条　村民委员会在村民（代表）会议、村民议事会讨论议题时，应就所提议题内容、理由、政策依据、实施方案等作出说明。

第七条　村民委员会执行村民（代表）会议和村民议事会的决定应按以下程序进行：

（一）制定实施方案，明确责任人。

（二）依法依规、及时高效组织实施。

（三）加强过程监控，及时发现、纠正问题。对执行中出现的与村民（代表）会议或村民议事会决定出入较大的事项，及时报告村党组织和村民议事会。

（四）向村党组织、村民议事会报告实施结果，接受检查验收；对村民（代表）会议决定的事项，应向村民（代表）会议报告实施结果。

（五）公开执行结果。

第八条　村民委员会承接政府延伸的公共服务和社会管理项目，应了解项目实施要求、及时报告村党组织，并按本导则第七条规定组织实施。

对上级政府要求提交村民（代表）会议或村民议事会讨论决定的事项，应按要求执行。

第九条　村民委员会讨论决定执行事项，应集体研究、民主表决，做好会议记录。

第十条　村民委员会应严格遵守财务制度，加强财务管理。财务开支需经村务监督小组同意；大额开支需提交村民议事会审议。

第十一条　村民委员会应按相关规定及时公开村务，定期向村民议事会报告村务公开工作。

第十二条　村民委员会及其成员应自觉接受村党组织、村民（代表）会议、村民议事会和党员群众监督。

第十三条　村民委员会成员应分片联系村民，及时了解社情民意。

第十四条　村民委员会对村民议事会的决定有异议的，可提请村民议事会重新审议，或提议召开村民（代表）会议审议。对经重新审议后仍维持的决定，村民委员会应当执行。

第十五条　村民委员会对村民议事会成员提出的质询，应在 3 日内予以答复。

第十六条　本导则适用于成都市辖区内的村、涉农社区。

第十七条　本导则由中共成都市委组织部、成都市民政局负责解释。

加强和完善村党组织对村民议事会领导的试行办法

第一条　为适应构建新型村级治理机制的要求,加强和改进党的领导,巩固村党组织领导核心地位,根据《中国共产党章程》、《中国共产党农村基层组织工作条例》和《关于进一步加强农村基层基础工作的意见》(成委发〔2008〕36号)、《关于构建新型村级治理机制的指导意见》(成组通〔2008〕113号),制定本试行办法。

第二条　村党组织除履行《中国共产党农村基层组织工作条例》规定的职责外,还应履行以下职责:

(一)依法支持和保障村民开展自治活动,推进村民议事会制度,推动村民议事会和村民小组议事会正常运行。

(二)对本村经济社会发展整体规划、村级组织年度工作报告进行审查把关。

(三)对村级组织章程、运行规则进行审查把关。

(四)研究提出涉及本村发展和群众利益的重大议题。

(五)受理并组织审查村民议事会和村民小组议事会议题。

(六)及时向上级党组织汇报本村的各项工作,争取支持、指导和帮助。

(七)领导和监督村民委员会执行村民(代表)会议、村民议事会的决定。

(八)鼓励和支持集体经济组织、共青团、妇联、民兵和其他农村服务性、公益性、互助性社会组织参与村民自治。

(九)教育和支持党员积极参与议事会工作,发挥示范带头作用。

第三条　村党组织提出议题时,应采取多种方式广泛征求党员群众意见。

第四条　村党组织提出议题应集体研究决定,以书面形式提交。必要时,应召开党员大会讨论决定。

第五条　村党组织应及时做好议题受理、汇总、整理工作。

第六条　村党组织受理议题后,应及时召开村党组织和村务监督小组联席会议,集体研究审查。对审查通过的议题应及时提交议事会审议。

第七条　村党组织无故拖延议题审查或不按规定将议题提交议事会的,议题提出人可向上级党组织反映。

第八条　以下议题不能提交村民议事会和村民小组议事会：

(一)违反法律法规的。

(二)不属于村民自治范围的。

(三)不是议题提出人或联名人真实意思表达的。

第九条　议题涉及事项暂不具备实施条件的,应向议题提出人作出说明。经其同意,可不提交议事会。

第十条　村党组织应于议题审查结束后3日内,将审查结果告知议题提出人。

第十一条　议题审查结束后,应确定召开村民议事会的时间、地点、议题和列席人员,并于会议召开3日前通知相关人员。

第十二条　对群众普遍关心、关注的重要议题,村党组织在提交议事会议决前,应召开党员大会进行讨论。

第十三条　村党组织书记召集主持村民议事会时,应维持讨论秩序,保证村民议事会成员充分发表意见,保证利益相关人表达意见。

第十四条　党员议事会成员在议事会讨论中,应发挥引导示范作用,维护群众利益。

第十五条　村党组织应定期组织村民委员会成员、议事会成员、其他村级组织负责人和党员群众代表,就本村重大事务进行民主恳谈。

第十六条　村党组织成员应分片联系村民小组议事会成员和村民,经常听取他们的意见建议。

第十七条　村党组织应注重在议事会成员中发展党员,鼓励党员和入党积极分子积极参选议事会成员。

第十八条　本试行办法适用于成都市辖区内的村、涉农社区。

第十九条　本试行办法由中共成都市委组织部负责解释。

附录九

《首届中国治理创新 100 佳经验名单》

(2014 年 6 月 26 日首届国家治理高峰论坛暨治理创新
100 佳优秀成果大型调查发布会)

党建创新 10 佳经验

1. 贵阳市云岩区:党建品牌催生聚合效应
2. 湖北荆门市:"五个一"推进"带头人"队伍建设
3. 江西遂川县:"干部夜访"亲民不扰民
4. 深圳市龙华新区:党务工作专业化职业化建设
5. 海口市美兰区:"五联五促"推进科学发展
6. 北京市延寿镇:"五单"工作法与群众心贴心
7. 山东诸城市:构建农村"社区化党建"新模式
8. 湖南邵阳县:"三廉教育"进家庭提升官德
9. 长安汽车:党员"8—MY"承诺践诺
10. 东北师范大学:项目管理模式活化高校基层党建

县域治理 10 佳经验

1. 浙江淳安县:不考核 GDP 的"新治"
2. 山东寿光市:全域城镇化
3. 山东青州市:特色小城镇助力市域经济发展
4. 河北迁安市:大城区建设的品质靓城
5. 辽宁海城市:以人为本、产城融合的发展新路
6. 江西南昌县:现代城市和秀美乡村和谐相融
7. 湖南白沙洲工业园:保姆式服务受好评
8. 黑龙江肇东市:创建国家智慧城市
9. 四川郫县:发展成果共创共享
10. 海南定安县:绿色"慢城"

社会治理 10 佳经验

1. 长沙岳麓区:打造社会治理"岳麓模式"
2. 黑龙江大庆市:减少管理层级,突出公共服务,强化居民自治
3. 成都市温江区涌泉街道:探索"数字涌泉"基层社会治理模式

4.武汉市青山区:"他乡之家",让流动人口找到家

5.深圳市宝安区新安街道:新型安居模式的实践创新

6.北京市朝阳区:党政群共商共治工程

7.新疆克拉玛依区:创建和谐社区示范区

8.贵州市云岩区:大数据全方位激发社会活力

9.深圳市文明办:"以爱筑城"的生动实践

10.山西长子县:"为民做主"不如"让民做主"

民生发展 10 佳经验

1.湖北省食品药品监督管理局:食品药品的网格化管理

2.云南玉溪市黄官新型专业合作社:企业管理模式下的土地流转创新

3.福建省住建厅:动态打造社会保障房分配的"福建模式"

4.江苏省淮安市:半市场、半保障的共有产权住房模式

5.福建厦门市教育局:电脑派位促进教育资源公平分配

6.上海市:公交优先道解决大城市交通拥堵

7.江苏省苏州市:"五个门"实践开启城乡社保新通道

8.甘肃省陇西县卫生局:让利于民的县乡医疗一体化服务

9.辽宁省政府:"零就业家庭"动态为零的就业模式

10.浙江省公立医院:"药品零差率"解决看病贵

生态文明 10 佳经验

1.天津市宁河县:加大生态保护,为候鸟构建良好的栖息驿站

2.黑龙江省齐齐哈尔市:把生态优先理念贯穿经济社会发展全过程

3.山东省菏泽市:林茂粮丰助农增收

4.江苏谢湖:"产闲"融合的生态文明新样式

5.浙江省安吉县:设"生态日"引领风气之先

6.北京市延庆县:生态文明经济建设双发展

7.河北省唐山市:五行业刷卡排污,浓度和总量双控制

8.上海崇明岛:"造梦"水仙岛

9.西安浐灞生态区:以循环低碳的理念建设一个生态文明新窗口

10.四川省洪雅县:坚持保护与开发并举建设生态经济强县

政府创新 10 佳经验

1.四川省成都市:农村产权制度改革

2.湖南省长沙县:绿色政绩考核实践

3.内蒙古满洲里市:口岸城市的国际化共生现代治理模式

4.广东省鹤山市:县域政府绩效管理十年实践

5.山东省淄博市:政府直审"村官"模式

6.厦门市海沧区:打造全国唯一的台胞义工品牌

7.武汉市蔡甸区:打造服务基层"最政府"

8.重庆市金融办:小额贷款保证保险试点

9.陕西省商南县:广场问政用实在业绩取信于民

10.南京市江宁区:江宁财政特色的机关文化

国企改革 10 佳经验

1.中国一汽:做强做优自主事业的创新之路撑起汽车强国梦

2.华润集团:多元产业引领老国企的新发展

3.新兴际华:管理创新出效益

4.南方航空:世界航行旅途多一些中国元素

5.中国国电:新能源全面提升

6.中国航空工业集团:使命文化

7.中国移动:新技术履行社会责任

8.中国中化集团:现代农业的新典范

9.中国兵器:高技能人才培养新模式

10.中国机械工业集团:央企培养自己的卓越带头人

文化发展 10 佳经验

1.内蒙古乌审旗:打造特色文化品牌提升知名度

2.河北滦县:以文化之"心"雕发展之"龙"

3.开封宋都古城文化产业园区:打造国际文化旅游名城

4.青苹果数据中心:打造数字出版全产业链

5.山西广灵剪纸:小窗花剪出大产业

6.安徽再芬黄梅:让黄梅戏迸发出新的青春活力

7.云南和顺古镇:"保护风貌,浮现文化,适度配套,和谐发展"

8.湖南卫视:《爸爸去哪儿》两个效益双丰收

9.黑龙江五常市:以旅游文化引领文化产业大跨越

10.河南息县:弘扬传统文化,建设德行天下第一县

公益慈善 10 佳经验

1.中国社会福利基金会:免费午餐项目

2.中华少年儿童慈善救助基金会:儿童紧急救助项目

3.广东省麦田教育基金会:麦浪书舍

4.益云(公益互联网)社会创新中心:益云公益地图

5.北京星星雨教育研究所:心盟孤独症网络

6.北京市仁爱慈善基金会:"龙泉之声倾听热线"项目

7.上海仁德基金会:仁德基金会培育项目

8.北京海淀区五道口:706 青年空间

9.春风网(心理创伤援助公益平台):性侵害遭遇者家庭援助计划

10.友成企业家扶贫基金会:小鹰计划

新农村建设 10 佳经验

1.湖北荆门:突破瓶颈创新发展村级集体经济

2.浙江省萧山区航民村:全面实现城乡一体化的新农村

3.山东东平:以土地股份合作为基点破解"三农"发展难题

4.上海市闵行区虹桥镇:农村集体经济股份合作社的虹桥经验

5.广东佛山:以工业化理念发展农业

6.浙江省东阳市花园村:十村集并建设的新农村

7.广东省佛冈县大田村:"美丽大田"现代生态村居建设

8.浙江瑞安:"三位一体"农村合作协会

9.河北肃宁:农村社会治理创新——"四个覆盖"

10.广东蕉岭:以"产权"改革为导向的"三位一体"农村综合体制改革

索　引